主编　钟起煌
顾问　周銮书
副主编　邵鸿　彭适凡（常务）　方志远

江西通史

江西人民出版社
Jiangxi People's Publishing House
全国百佳出版社

《江西通史》编辑委员会

主　任　钟起煌

副主任　钟健华　傅伯言

委员（以姓氏笔画为序）

方志远　孙家骅　邵　鸿　林学勤　彭适凡

编委会办公室

主　任　孙家骅

副主任　游道勤

工作人员（以姓氏笔画为序）

王琴红　王紫林　曾　敏

常务编辑

林学勤　徐建国　游道勤

江西通史

秦汉卷

卢星 许智范 温乐平 著

① "临汾守"青铜戈　秦王政二十二年（公元前225年）长23.8厘米、胡（残）长10.8厘米　1976年遂川县藻林乡出土
② 西汉连弧缘星纹镜　面径14.9厘米　1974年南昌市出土
③ 西汉重圈纹昭明镜　面径11厘米　1974年南昌市出土
④ 东汉八乳规矩纹王氏镜　面径16.1厘米　江西省博物馆藏品
⑤ 东汉半圆方枚神兽镜　面径13.9厘米　1972年新建县出土

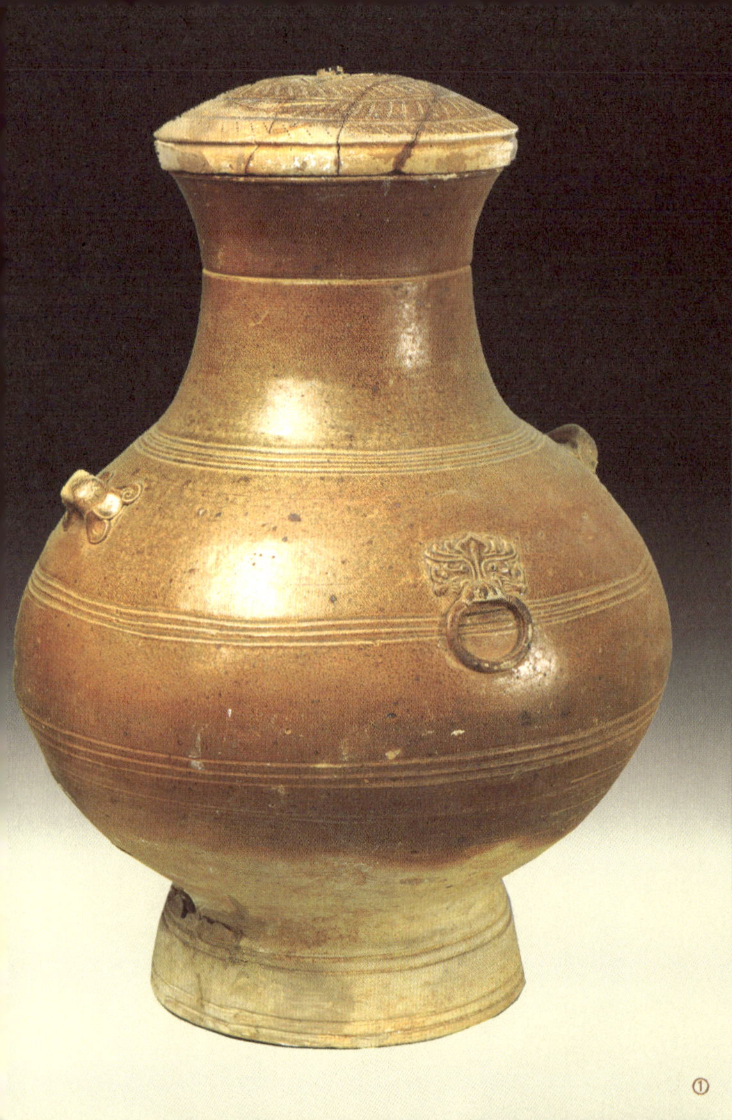

①

②

③

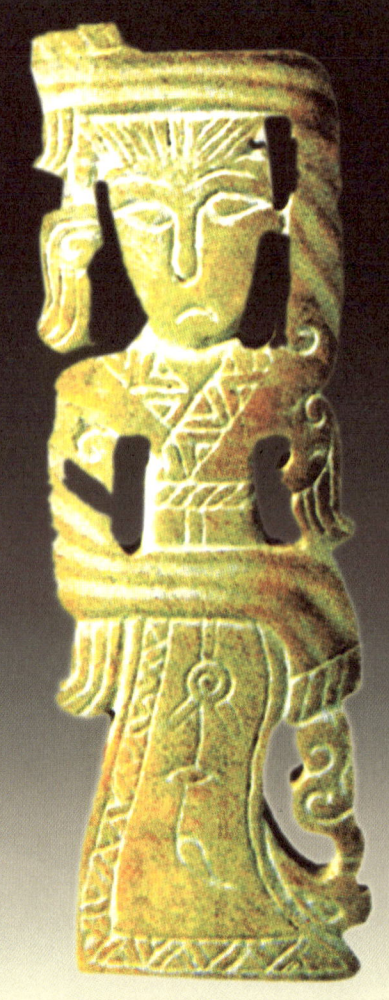

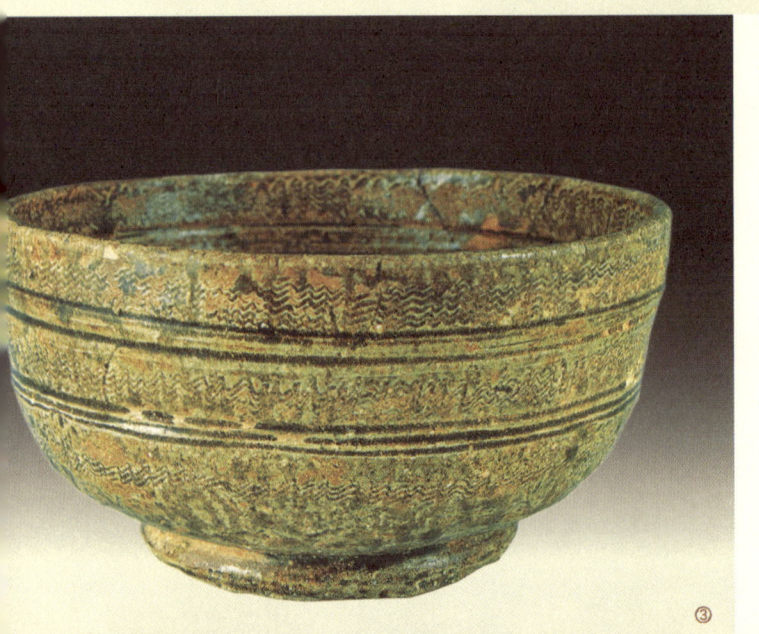

① 西汉青瓷铺首带盖壶
高44.5厘米、口径14.7厘米、底径18.7厘米　1982年南昌市出土

② 西汉镂雕舞女玉佩件
1973年南昌市郊出土

③ 西汉青瓷水波纹簋
高11.4厘米、口径22.8厘米、底径12.8厘米　1961年修水县上背圩
高岭出土

①

②

③

① 西汉石黛砚 长方板长14厘米、宽5.5厘米 圆垫板直径3.5厘米、厚0.3厘米 砚圈高0.7厘米、直径2.7厘米 1973年南昌市出土

② 东汉五铢钱铜铸范 萍乡市博物馆藏品 刘敏华供稿

③ 西汉"安成侯印"金质印章 2007年莲花县出土

④ 东汉悬山顶双间陶厕所 通高22.4厘米、长22.8厘米、宽12.5厘米 江西省博物馆藏品

④

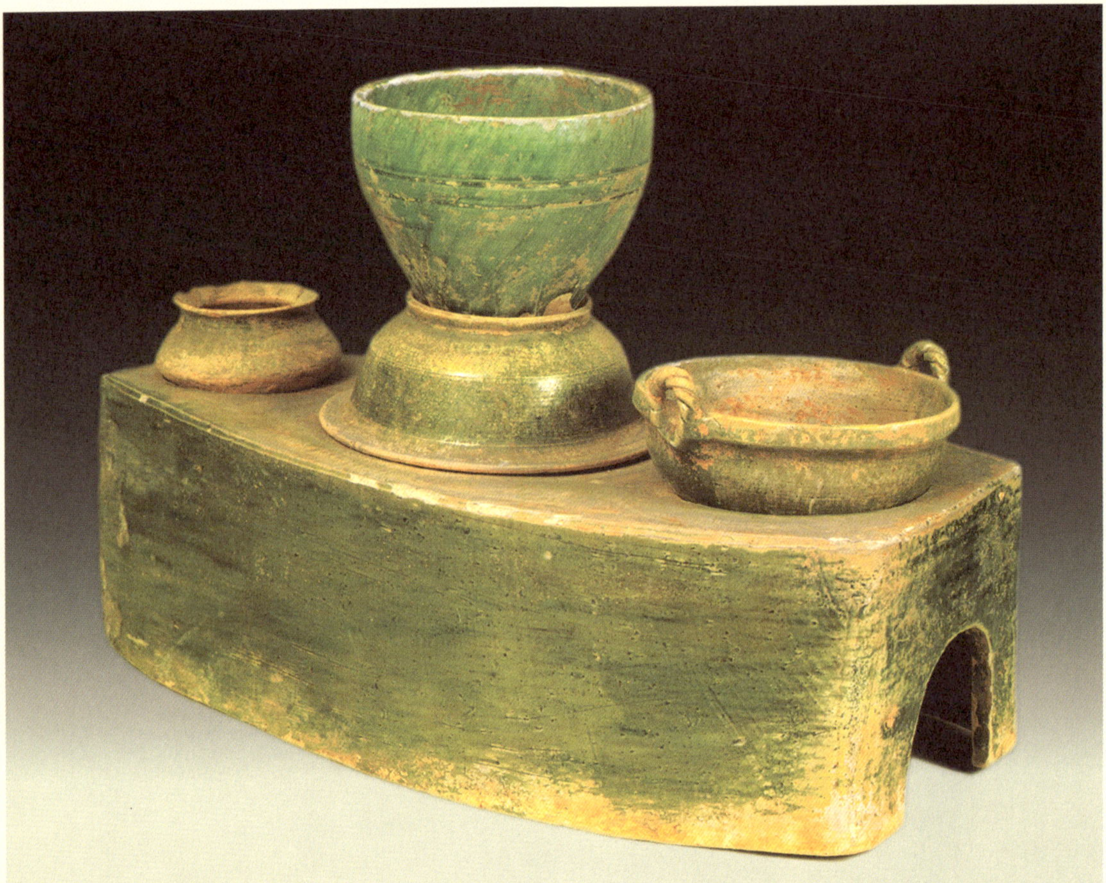

①

① 东汉绿釉陶灶　高35.2厘米、长56厘米、宽28.2厘米　1960年南昌市出土

② 东汉绿釉陶尊　1960年南昌市出土

③ 东汉绿釉三足立鸟陶仓　1960年南昌市出土

④ 东汉绿釉滑轮陶井　通高38厘米、口径19.5厘米、底径20.1厘米　1960年南昌市出土

②

③

④

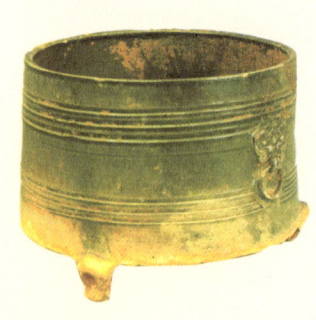

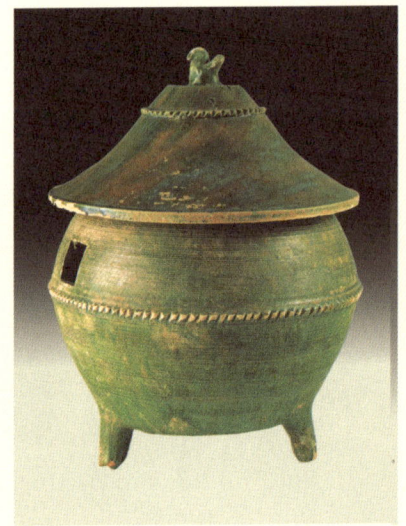

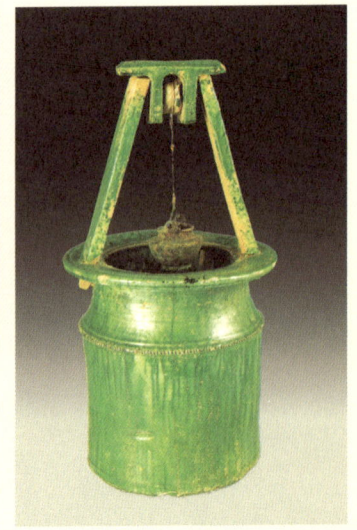

总 序

钟起煌

世界上的很多事情都是由机缘而起因执著而成,包括我们这部《江西通史》。

说由机缘而起,是因为这件事情的发生几乎纯属偶然。2002年夏天,我和彭适凡、孙家骅同志谈到江西悠久的历史、谈到江西辉煌的文化,因而产生了组织专家编撰《江西通史》的设想,彭、孙二位当即认为此举当行而且可行。

说因执著而成,是因为一旦有这个想法,而且认为这是一件研究江西历史、弘扬江西文化的重要工程,就决心去做。为此,我征询了周銮书同志的意见,并邀请邵鸿和方志远同志共商此事,得到他们的热烈响应。2002年10月18日,在江西省文物局和江西师大历史文化与旅游学院共同举办的全省文博教育成果展示与经验交流会上,我向大会通报了编撰《江西通史》的意见,引起全体代表的热烈反响,大家用长时间的热烈掌声表示支持,认为这是贯彻"三个代表"重要思想、全面挖掘和整理江西传统文化、推进江西经济文化建设的一大盛事。有了这个共识,12月13日,准备工作进入实质性阶段。在我的主持下,召开了有关专家和编辑人员的联席会议,对编撰《江西通史》的指导思想、作者人选、工作日程、成果形式等具体问题展开了比较细致的讨论。2003年2月15日,召开了第一次编撰工作会,《江西通史》的编撰工作就此正式启动。

虽然说是机缘和偶然,但新的《江西通史》的编撰,实具备诸多因素和条件。

一、江西在中国历史上具有重要的地位。根据最新的考古发现,在江西这块土地上,人类的活动至少已有20万年历史,它是中华民族发展史和古代文明发展史的重要组成部分;唐末五代以来,随着全国经济重心的南移,江西遂为全国经济文化最为发达的省份之一,其物产之富、人才之众,举世瞩目;进入20世纪,江西又因为中央苏区的建立而成为全国苏维埃运动的中心。很难想象,在十分漫长的时段里,没有江西的中国历史将会是什么样子。

二、文献与实物资料丰富。江西既有"物华天宝、人杰地灵"之誉(唐王勃语),又素称"文章节义"之邦(宋司马光语)和"人文之薮"(清乾隆帝语),存世官修私撰文献极为丰富。近年来一系列的考古发现,既可弥补文字记载之不足,更可与文献资料相互印证,为编撰《江西通史》提供了可供参考的实证材料和科学依据。

三、前期成果丰硕、学术队伍整齐。老一辈的历史学家仍然健在,他们不但学术积累深厚,而且对研究江西历史有着强烈的责任心;中青年学者正趋成熟,他们继承了前辈学者的严谨学风,又吸收了新的研究方法和研究技术,思维敏捷,勇于创新。在他们的共同努力下,这些年来已有大批高质量的有关江西历史的学术成果问世,这些成果涉及江西历史的方方面面,为编撰《江西通史》奠定了坚实的学术基础。

四、政治环境宽松、经济形势发展。盛世修志是中国的传统。改革开放以来,政通人和,国泰民安,江西经济和全国一样,有较快速度的发展。这为编撰《江西通史》提供了自由的学术气氛和比较充裕的财力保证。近年来,江西的学术事业和出版事业取得了有目共睹的成就,连续获得中宣部"五个一"工程奖和国家图书奖、中国图书奖,给江西文化艺术界和学术界以振奋,也引起了各兄弟省市的关注。这些成就的取得,为我们组织大规模著作的编撰工作提供了经验。而周边各省如湖北、湖南、浙江以及其他省市新编通史的纷纷问世,对《江西通史》的编撰是有力的推动,也提供了有益的借鉴。

五、从我个人来说,当时也恰恰能分出一些精力和时间来抓这件事情。于是尽力协调各方面的关系,为作者们、编者们排除各种障碍,以保证这项重大工程的圆满完成。

四年来,《江西通史》的编撰工作得到了各方面的关心和支持。黄智权、吴新雄省长亲自过问此事并指示有关部门给予支持,省政协将其作为一件大的文化事业进行推动,省社联将其列为重大科研项目,江西师大、南昌大学、省社科院、省文物局、省博物馆和省考古所等有关单位也对参与编撰的专家们给予各种便利,出版部门派出了强大的编辑班子并准备了足够的启动和出版资金。特别要指出的是,各位作者在繁忙的教学和科研工作中,能够将《江西通史》的

总序

写作列入重要的工作计划并全身心地投入。我在第一次全体编撰会议上指出，《江西通史》的编撰是一项挖掘和弘扬江西历史文化传统的千秋事业，希望作者和编者将其视为自己学术生涯中的事业。事实证明，作者和编者们后来都是这样要求自己的。正是因为有了各方面的支持和全体编撰人员的共同努力，11卷的《江西通史》才能顺利地完成书稿并得到如期出版。

明代中期，随着区域经济文化的发展，修撰地方志成为一大文化现象。各省、各府乃至各县的省志、府志、县志大量涌现。此后遂为传统。盛世修志也不仅仅限于修前朝历史，更大量、更具有普遍意义的乃是修当地地方史。具有全局意义的江西省志也正是在这个时候产生的。自明中期以来，江西整体史著作已编撰过多部，其中著名的有：林庭㭿《江西通志》(37卷，明嘉靖四年)，王宗沐《江西省大志》(8卷，嘉靖三十五年；万历二十五年陆万垓增修)，于成龙、杜果《江西通志》(54卷，清康熙二十二年)，白潢、查慎行《西江志》(206卷，康熙五十九年)，高其倬、谢旻《江西通志》(163卷，雍正十年)，刘坤一、刘绎、赵之谦《江西通志》(180卷，光绪七年)，吴宗慈、辛际周、周性初《江西通志稿》(9编，民国三十八年)。20世纪末，又有许怀林的《江西史稿》(1994年，江西高校出版社)，陈文华、陈荣华主编的《江西通史》(1999年，江西人民出版社)问世。这些著作在保留江西历史遗存、挖掘江西历史文化方面作出了重要的贡献。如何在充分吸取前人成果的基础上有所发展、有所创新，是对新编《江西通史》的考验。

为了使新的《江西通史》更具有时代特色和历史价值，更具有划时代的意义，我们对这部著作提出了以下的要求。

一、中国历史是一个整体，我们在研究任何地方历史的时候，都不能脱离这个整体。因此，正确认识各个历史时期江西在全国政治经济格局中的地位就显得尤其重要，必须充分关注江西与中央、与周边地区的关系，不溢美、不自卑，不关起门来论江西，将《江西通史》写成一部与中华民族的整体有着血肉联系的江西历史。

二、《江西通史》是系统记述和研究江西历史的大型学术著作，由众多学者共同参与完成。一方面，各卷是作者的个人成果，是作者最新研究成果的结晶，可以也应该有自己的风格和特色，所以希望作者精益求精，使其成为各自领域的学术精品。另一方面，甚至更为重要的是，它又必须是一个整体，是一部"通史"，所以全书11卷必须有统一的体例和统一的要求，在文风上一定要力求简洁、明快。各卷作者务必服从整体、服从大局，使自己的作品成为整个《江西通史》的有机组成部分。

三、《江西通史》必须是一部真实、动态、有可读性的信史。所谓真实，是指史料翔实、言必有据。此"据"是经过考证后认为合理的，否则，"尽信书则不如无书"（孟子语）。这就需要每个作者既尽可能地系统爬梳和挖掘史料，又谨慎辨析和使用史料。所谓动态，是指用发展的眼光看问题，既将问题放在特定的历史背景之下，又特别关注它的演进过程，因为即使是同一件事物，其状态和作用也是随着时间的推移和社会的变迁而变化的。这就需要每个作者以历史唯物主义和辩证唯物主义的观点和方法去阐释历史、去探讨历史演进的规律。所谓有可读性，是指应该用流畅的文字、叙述的方法写作，展示的是作者的观点和结论，而不是考辨的过程，它的体例是史书而不是论文。无图不成书。图文并茂是中国出版物的优良传统和重要特点，《江西通史》应该在尽可能的情况下，收集能够说明江西历史各阶段各方面状况的历史图片，以加强其历史感和可信度，同时也使其更具有可读性。

四、以人为本，以民为本，以基层社会为本。所谓以人为本，指的是要写成人的历史，以人的活动为描述对象，即使是制度、习俗，也应尽可能地有人的活动。所谓以民为本，指的是尽可能地站在大众的立场上来叙述历史、看待历史，更多地叙述大众的活动。所谓以基层为本，是因为地方史本身就是基层乃至底层的历史，要尽可能地揭示基层组织和底层社会的活动状况。在此基础上，充分重视统治者和社会精英对社会的主导作用，重视自然环境、人文环境，特别是包括传统价值观念和现实政治制度等在内的上层建筑对个人、对大众、对底层的影响和制约作用，写成一部上层建筑与经济基础互动、国家权力与基层社会互动、社会精英与人民大众互动的历史。

11卷本《江西通史》即将付梓，我们希望它的出版能够成为江西历史研究的新的里程碑、能够成为江西文化史上的一大盛事。当然，能否达到这个目标，还要由读者和历史来检验。

【目录】

引 言

第一章
秦朝对江西的统治

第一节　秦朝对江西地区短暂统治的确立 …… 2
一、秦灭六国与郡县设置 ………………… 2
二、九江郡的设立与江西境内置县情况
　　…………………………………………… 4
三、秦征"百越"与江西开发 …………… 8

第二节　反秦战争与秦统治在江西的瓦解 …… 16
一、秦政的失误与反秦战争的爆发 ……… 16
二、吴芮、英布奋起番阳 ………………… 20
三、秦朝在江西统治的瓦解 ……………… 21

第二章
两汉时期的江西

第一节　豫章郡的建立及其行政建置沿革 …… 24
一、楚汉战争与豫章郡的设立 …………… 24
二、两汉地方政权组织体系 ……………… 30
三、豫章郡辖境及其沿革 ………………… 32

	四、豫章郡官吏及其事迹 ……………	38
第二节	豫章郡在两汉时期的战略地位 ………	42
	一、豫章郡在平定南越、闽越期间的地位和作用 ……………………………………	42
	二、东汉末年孙氏集团对江西的争夺与经略 …………………………………………	47
第三节	考古发现的汉代城址 …………………	57
	一、豫章城址 ……………………………	57
	二、庐陵城址 ……………………………	59
	三、柴桑城址 ……………………………	63
	四、鄡阳城址 ……………………………	64
	五、南壄城址 ……………………………	65
	六、寻阳城址 ……………………………	66
	七、昌邑城址 ……………………………	67
	八、吴平城址 ……………………………	69
	九、丽城城址 ……………………………	70

第三章
秦汉时期江西的经济(上)

第一节	自然环境 ………………………………	71
	一、气候条件与自然资源 ………………	72
	二、自然灾害与生态环境 ………………	84
第二节	人口状况 ………………………………	93
	一、人口的民族构成 ……………………	94
	二、人口数量及其分布 …………………	100
	三、人口快速增长的原因 ………………	104
第三节	农业经济 ………………………………	108
	一、生产技术与耕作方式 ………………	108
	二、稻作种植业与渔、林、牧等业 ……	118
	三、江西农业经济在全国的地位 ………	120

【目录】

第四章
秦汉时期江西的经济(下)

第一节	手工业经济	125
	一、铜器铸造业	125
	二、铁器铸造业	131
	三、其他金属器的加工	136
	四、陶瓷烧造业	137
	五、玉石雕琢	146
	六、漆器制作	147
	七、建筑业	149
	八、造船业	156
	九、墓葬营建	157
第二节	水陆交通与商品经济	161
	一、水陆交通	161
	二、商品交换与货币经济	167

第五章
秦汉时期江西人物与文化

第一节	政治军事人物	180
	一、江西第一人杰——吴芮	181
	二、其他人物	185
第二节	儒家文化人物	190
	一、儒者程曾、唐檀、张遐	190
	二、南州高士徐稚	192
	三、陈、雷之谊	195
第三节	社会风俗文化	197
	一、杂而多端的风俗	198
	二、婚嫁丧葬习俗	203
	三、岁时节令之俗	207

第四节 巫鬼崇拜与佛道信仰 ············ 211
　一、巫鬼崇拜的盛行 ············ 212
　二、道教的初兴 ············ 216
　三、龙虎山天师道的奠基 ············ 220
　四、佛教的初步传播与发展 ············ 224

附　录

附表一　江西考古发现的汉代墓葬一览表 ········ 229
附表二　江西出土汉代钱币一览表 ············ 238

参考文献 ············ 242

后　记 ············ 247

引 言

公元前221年,秦国大军以摧枯拉朽之势突入齐都临淄,迫降齐王田建,结束了春秋战国长达550年列国纷争的分裂割据状态。中国历史从此进入了空前统一的秦汉时代。

秦汉共历441年,包括了三个前后相继的统一王朝:秦朝、西汉、东汉。两汉之际,还一度出现过由外戚王莽建立的新朝①和由绿林军拥立的更始政权。

秦朝是一个继往开来的朝代。"继往"是说秦作为正式的诸侯国,早在东周初年平王东迁时就已经出现,她既有华夏血统,又与西戎杂处,既能吸收中原先进政治、经济、文化之长处,又不受其传统礼教之束缚,遂由一个西陲小国逐渐发展壮大,直至横扫六国统一天下。"开来"是说秦始皇在短短十几年时间内,缔造了一个令世人瞩目的统一的、多民族的、中央集权的东方大帝国,他开创的一套全新的政治制度,包括皇帝制度、三公九卿制度、郡县制度以及基层乡里什伍制度,奠定了中国两千多年帝制时代政治制度的基础。虽然因其贪权暴戾,赋役繁重,刑法苛残,招致四方反叛而迅速灭亡,自汉以后历朝历代也都斥之以暴君、独夫、民贼,但直至1911年清帝被迫退位,没有一个君主愿意把秦始皇创造的"皇帝"称号去掉。

秦朝被推翻后,曾经同是反秦领袖的项羽和刘邦,为争夺最高统治权,进

---

① 王莽篡汉后建立的新朝(公元8—23年),不仅未能创"新",反而因托古改制的失败而激化了社会矛盾,招致各方反对而迅速败亡。故学界一般视之为西汉后期帝国颓势的延续,不将其单独列为朝代。

行了长达四年的楚汉战争,最终以刘邦的胜利而告终。汉高祖五年(前202年),刘邦在众臣一再请求下,半推半就地登上了皇帝宝座,定都长安(今陕西西安西北),史称西汉或前汉。

西汉可分为前、中、后三个时期:(1)西汉前期(前202—前141年),自高祖至景帝,是西汉国家机器重建、社会经济和国力恢复的时期;(2)西汉中期(前140—前75年),历武、昭、宣三代,是西汉极盛时期;(3)西汉后期(前74—公元23年),从元帝到王莽,是西汉逐渐衰亡时期。

西汉初年,一方面,以黄老"无为而治"思想作指导,实行"与民休息"的政策,致力于发展社会经济,稳定社会秩序;政治上基本承袭秦制,"萧规曹随",一切去繁就简。另一方面,刘邦在总结秦亡教训时产生严重失误,翦除异姓诸侯王的同时,又先后分封了一批同姓诸侯王。文景时,同姓诸侯王势力恶性膨胀,终于酿成"吴楚七国之乱"。叛乱被平定后,景帝、武帝降低了王国的地位,使郡国并行制名副其实。①汉武帝亲政后,"罢黜百家,独尊儒术",采取强有力的措施强化专制主义中央集权。击匈奴、平两越、通西域,奠定了疆域辽阔的统一多民族国家的版图。虽因连年征战导致"海内虚耗,户口减半",但武帝晚年下罪己诏,纠正了政策偏差,再经昭、宣两代努力,社会重趋稳定。元、成以降,西汉王朝逐渐衰落,因豪族兼并造成的土地集中、农民奴婢化问题日益严重,社会矛盾尖锐,外戚王莽趁机夺权,于公元9年建立"新"朝。王莽试图通过改制来缓解社会危机,但因其措施不当反而激化了社会矛盾,使其新朝在绿林、赤眉军的打击下,迅速灭亡。

新莽败亡后,群雄并起,全国陷于割据混战。汉宗室后裔刘秀逐渐掌控局面,并次第削平群雄,于公元25年重建汉朝,因定都洛阳(今河南洛阳东),史称东汉或后汉。

东汉一般分为两个时期:(1)东汉前期(公元25—88年),历光武、明、章三帝,是社会经济恢复发展、集权政治进一步强化时期;(2)东汉后期(公元89—220年),自和帝至献帝,是皇权旁落、缓慢衰落直至名存实亡时期。

光武帝刘秀奉行"柔道"治国思想,偃武修文,致力于发展经济,强化中央集权,至明、章两代,国力稳步上升,和帝初,达到极点。其标志性事件是,汉军大举出击北匈奴并将其彻底逐出漠北,但这已是强弩之末。此后皇帝一个接一

---

① 参阅严耕望《中国地方行政制度史》(甲部),《秦汉地方行政制度》,台北中央研究院历史语言研究所1997年版,第35页。

引言

个地早立和早夭,使得皇权旁落,外戚、宦官交替擅权,政治陷于黑暗,中央统治力削弱,内不能抑制豪族兼并和州郡势力的扩张,外无法制止鲜卑的袭扰和西羌的反抗,民族矛盾尖锐,阶级矛盾激化,终于导致黄巾大起义。利用镇压起义之机扩充实力的各州郡长官和地方豪族,纷纷拥兵割据,中央对地方完全失控,军阀混战全面爆发。献帝建安元年(196年),颇具远见卓识的曹操捷足先登,将汉献帝劫往许昌。建安五年(200年)经官渡之战击垮袁绍,统一北方。延康元年(220年),其子曹丕废献帝自立,东汉正式宣告灭亡。

对于秦汉史的断代,上限无异议,定在秦灭六国的公元前221年。但对下限的划定,长期以来学界并不一致,有189年(董卓进京,立刘协为傀儡皇帝,即汉献帝)、196年(曹操挟持献帝)、208年(赤壁之战,三国鼎立局势奠定)、220年(东汉王朝正式终结)等多种不同划分。本卷论述的是秦汉时期江西历史,时间上将以220年作为结束的标志性年份。因为,虽然189年后东汉已名存实亡,但在曹魏代汉前,各股势力都未抛开汉的旗号,相互争战也无不假借汉室正统之名。从涉足豫章的几股势力看,除袁术一度僭号瞬间败亡外,扬州刺史刘繇、豫章太守华歆、讨房将军孙策等无不领受汉朝官号。这样断限肯定会使得本卷某些内容与魏晋南北朝卷重叠,但从当时江西的实际情况及本卷的完整性看是必要的。

秦汉时期的江西,经过了一个无郡级机构到有郡级机构,再到郡级机构扩展的变迁过程。就此而言,秦代是承前启后的过渡阶段。秦统一前,江西长期处在"吴头楚尾"的中间地带,史书中只留下"艾""番"两个难以断定是否县邑的地名。楚灭越后,江西地属荆楚,但依然是不受楚国重视的边缘地区,直到秦灭六国后,今江西省境的轮廓才隐约显现出来。当时的江西属于治所设在淮水南岸寿春(今安徽寿春)的九江郡,虽然对于当时江西境内究竟设有几县,后人作过种种猜测,多者十县,少者三五县,谭其骧在其主编的《中国历史地图集》第二册"淮汉以南诸郡"里非常谨慎地标有"番"和"庐陵"两县,但真正可考或推断的只有番、艾及余汗、南壄几县。这多少会使人感到沮丧,难道占有九江郡绝大部分的江西地区只有2~4个县?其实这并不奇怪,与江西相邻的福建省,是两汉会稽郡面积最大的部分,然直至东汉也还只有一个东冶县(今福建福州)。秦汉设县并非看土地广袤,而是依户口众寡,元始二年(公元2年),辖有18县的豫章郡在籍人口才35万多人,秦时江西能有多少户口呢?所以说,当时的江西处在一个短期的过渡阶段,这个阶段虽然只有15年,但江西地区还是发生了较大变化。

史书记载秦朝的管辖范围是:"地东至海暨朝鲜,西至临洮、羌中,南至北向户,北据河为塞,并阴山至辽东。"①这是秦在兼并六国后通过北逐匈奴、南攻百越战争最终形成的疆域。用兵百越前,江西的"边缘"地位仍未改变;征服百越后,江西即成为"内地"了。

其次,秦征百越时,发兵50万分五路南下,其中有两路分别屯驻于江西境内馀汗和南壄(今南康市南大庾岭)。故《淮南子》称:"秦之时……丁壮丈夫,西至临洮、狄道,东至会稽、浮石,南至豫章、桂林,北至飞狐、阳原,道路死人以沟量。"②其中"南至豫章、桂林"显然是指戍守或转运军需物资于汉时豫章境内。可见,江西的边防战略地位及其通往岭南和闽中的交通地位已凸显出来。

至西汉,豫章郡设立,辖18县,使今天江西省区的规模初步奠定。东汉期间,郡县机构不断增多,由21县到26县(含侯国),又由1郡26县到3郡35县。这自然是当时江西经济开发、人口增长、政治地位上升的结果。然而,两汉史书中涉及豫章的记载太少太零散了。笔者收集材料时,曾检索电子版《汉书》和《后汉书》"豫章"词条,结果发现前者出现43次,后者55次,基本与豫章郡地位逐步上升保持一致。又检索左右邻郡"会稽"和"长沙",结果分别为会稽79次和115次,长沙158次和84次,都远远超过豫章。这些数字当然不足以说明实质性问题,但起码表明两汉书中涉及这两郡的人和事要比豫章丰富得多。于是,在史籍中爬来梳去的结果,看到的似乎又是秦征百越的翻版——汉武帝平定南越和闽越。不过,在这次大规模用兵两越中,豫章郡的军事地位进一步上升,不仅是通往两越的交通要道、军队集结和补给之地,还是与闽越交战的前沿阵地。故清人王谟曰:"盖秦汉之世,豫章尚为边郡,而汉制羁縻蛮越,多在此处。"③当然,如果将"秦汉之世"改为"秦与汉初"应该更为贴切,因为两越灭亡后,豫章边郡的地位就不复存在了。此后至东汉,在三百多年漫长岁月里,豫章似乎又"沉睡"了,直到东汉末年的军阀混战才把它从"梦"中惊醒。

豫章郡人口的增长是秦汉江西史上最炫目的一个方面。东汉顺帝永平五年(140年)的户口统计数字是户406496,口1668906,分别比西汉元始二年(公元2年)统计的户67462,口351965,增长6.02倍和3.74倍,人口数在扬州排名第

---

① 《史记》卷六《秦始皇本纪》。"北向户",秦时泛指岭南今广东、广西至越南北部地区。

② 《淮南子》卷一三《氾论训》。

③ [清]王谟:《江西考古录·郡邑·新淦》,北京出版社2000年版。

引言

一、全国第四,体现了较高的发展水平。在全国人口统计数字普遍下降的情况下,豫章人口逆势而涨,自然与发达地区豪族势力膨胀、隐匿人口现象严重,从而导致许多郡国户口统计失实密切相关,但豫章郡本身的经济发展应是主要原因。

当时江西的经济,正如司马迁在描述江南经济生活时所说:

> 衡山、九江、江南、豫章、长沙,是南楚也……楚越之地,地广人希,饭稻羹鱼,或火耕而水耨,果隋蠃蛤,不待贾而足,地执饶食,无饥馑之患,以故呰窳偷生,无积聚而多贫。是故江、淮以南,无冻饿之人,亦无千金之家。①

这段不足百字的记述包含了江南农业经济、社会生活及风俗的各项内容,成为本卷讨论经济问题的立论依据。综合一些零碎、间接的文献材料,借助考古成果,得出的结论是,秦汉时期,江西地区虽然还相对落后,但铁器在逐渐普及,牛耕技术也在逐渐推广,使以稻作为主的农业经济加速发展,安帝永初元年(107年)和七年(113年),连续两次调运包括豫章在内的南方诸郡租米,赈济北方灾民,②便说明了豫章郡粮食地位的上升。与此相适应,手工业和商品交换也有一定发展,从大量出土的文物及零星记载来看,铜器、铁器铸造业、陶瓷烧造业、玉石雕琢、漆器制作、建筑、造船等手工业技术都有较高水平。

在人文和风俗方面,自秦开始,出现了一批当时影响颇大的的历史人物,秦代番令吴芮响应陈胜、吴广,"率百越佐诸侯从入关",汉初受封为长沙王。西汉后期,南昌尉梅福,虽非豫章籍人,却因朝廷腐败多次上书指陈未果后,辞职隐居于当地,备受后人敬仰。其后豫章才俊更是不断涌现,何汤、程曾、唐檀、徐稚、陈重、雷义等因品行、才学闻名于世,其中徐稚(字孺子)更受世人推崇,"人杰地灵,徐孺下陈蕃之榻",历代传为佳话。虽然秦汉时期,江西尚属于欠发达地区,东汉后期还被称为"江南卑薄之域"③,豫章人物初登历史舞台,其影响及地位远不如中原地区,与邻郡会稽、江夏等也还有一定距离,但与先秦相比,毕竟告别了人文空白的历史,对后世人文风格带来较大影响。

---

① 《史记》卷一二九《货殖列传》。
② 《后汉书》卷五《安帝纪》。
③ 《后汉书》卷五三《徐稚传》。

先秦时期的江西主要是干越居住地,所谓"扬汉之南,百越之际"①。秦汉时期,随着统一王朝的建立和巩固,江西逐渐由边缘而内化。从民族成分看,经过了一个以越族为主到汉越平衡,再到汉族为主的动态演变过程。所以,其社会风俗亦呈现出多样化和复杂化倾向,既保留着楚越族系固有的传统风俗,所谓"衡山、九江、江南、豫章、长沙,是南楚也,其俗大类西楚……与闽中、干越杂俗,故南楚好辞,巧说少信",而西楚"其俗剽轻,易发怒,地薄,寡于积聚"②。又吸收、掺杂着其他各种文化,是巫风盛行的"淫祀"区域之一。由于江西颇为独特的地理位置,处在荆楚文化、吴越文化、巴蜀文化、岭南文化、中原文化传播融汇之地,使它较早地形成了中国特色的地域文化——儒、道、佛三家融汇的最早的地区之一,却依然留存着浓郁的巫鬼崇拜。因此,巫鬼、佛、道精神在赣地弥漫传播,相互作用,综合影响,深入赣民之心,对后世风俗影响巨大。

秦汉是中国封建帝制时代的第一个时期,因开创统一多民族国家之格局,奠定封建帝制政治体制之根基,而在中国历史上占有重要地位。对于秦汉史的研究,主要依据的文献资料是被称为"前四史"的纪传体史书:《史记》《汉书》《后汉书》《三国志》,及编年体史书《汉纪》《后汉纪》《资治通鉴》,再辅之以汉晋时代的各类文献古籍。但研究者往往感慨于材料的缺乏,使很多问题的研究难以深入下去。至于有关当时江西的史料更是少而又少,存在的空白点实在太多。

因而,文献资料的缺失和考古资料的单薄,是我们碰到的最大难题。与其他各卷相比较,本卷编写中遭遇的尴尬是,既不像先秦卷文字记载几乎空白,却有厚实的考古资料苦苦支撑,万年仙人洞遗址、樟树吴城文化、新干大洋洲青铜文化、赣东崖葬文化等,都是举世瞩目的考古成果;又不如魏晋以后特别是唐宋以后各卷,常为材料取舍而犯愁。秦汉江西史的资料可用三点来概括:(1)汉晋时期史料最为可靠,但少且零散,无以成体系。晋末宋初南昌人雷次宗的《豫章记》,是最早、最系统、较可靠的江西史志文献,可惜散佚已久,仅能从其他典籍中找到零星文字。(2)两宋以后有关史料似乎多了,[明]郭子章《豫章书》一百二十二卷、[清]陈宏绪《江城名迹记》二卷以及明清各版本《江西通志》,还有各地府志、县志、谱牒等,皆有大量涉及秦汉江西的材料。但利用价值极

---

① 《吕氏春秋·恃君览》。

② 《史记》卷一二九《货殖列传》。

引言

低,不是照抄正史,便是来源不明,更有虚饰、改窜者。如雍正《江西通志·人物·饶州府》载陈靖和张遐事迹,注明出自《豫章书》,而《豫章书》本身记事就繁冗杂乱,难究其源,何以为据?又同书《人物·南昌府》载羊茂传,将谢承《后汉书》中羊定的事迹并入其中,[①]等等。(3)上世纪五六十年代以来,江西秦汉考古取得了很大成就,汉代墓葬发掘不少,弥补了一些文献记载的不足。但总体而言,出土文物较少,缺乏具有本地特色、带有标志性的考古成果。由于秦汉江西史料的这些特点,我们在编写本卷时只能勉为其难、尽力而为,留下的诸多不足乃至空白点,唯有待更多的地下材料面世后由来者去完成。

---

① 周天游已指陈其谬并予以纠正,见《八家后汉书辑注·谢承后汉书卷第六·羊茂传》,上海古籍出版社1986年版,第199页。

第一章
秦朝对江西的统治

公元前221—公元前207年,江西地区处在中国第一个统一王朝秦的统治之下。秦朝存在的时间虽然短暂,但在政治、经济、军事、文化方面的举措影响深远,统一文字、货币、度量衡,全面推行郡县制,北逐匈奴、南并"百越",拆险阻、修驰道……正所谓"平定天下,海内为郡县,法令由一统。自上古以来未尝有,五帝所不及!"[①]在这个短暂而统一的大帝国里,尚未设郡的江西地区依然处于待开发阶段,除今赣北有个别县级行政机构外,大部分地区特别是赣南一带在政治上还是一片"荒凉",直至秦始皇二十八年(前219年)秦兵分五路南攻"百越"时,人们才发现这里有一条通向岭南的交通要道,大概正是依托着这条以赣江河水为主的交通要道,江西才逐渐被当时人们所认识。

秦朝还没来得及在新并土地上建立有效的统治,便因横征暴敛而被反秦势力迅速推翻。所以,秦代历史,在江西地区留下来的事迹多与军事有关:秦南征越族与英布、吴芮反秦斗争。然而,在江西发展史上这是一个转折,一个新的开端。

---

① 《史记》卷六《秦始皇本纪》。

第一节
秦朝对江西地区短暂统治的确立

在距今2000多年前,当绝大部分地区尚处于"蛮荒"状态的江西还鲜为人知的时候,中国大地正酝酿着一场重大变局。持续不断的七国兼并战争逐渐演变成为统一战争,崛起于中国西部边陲的秦国后来居上,奏响了统一全国的进行曲。素有"吴头楚尾"之说的江西地区终于获得了一次发展的契机。

一、秦灭六国与郡县设置

秦国自孝公时期(前361—前338年)商鞅变法后,奖励耕战、富国强兵的国家政策持久稳定,逐渐形成"席卷天下,包举宇内,囊括四海之意,并吞八荒之心"[①],向东扩张的战略目标明确不变,始终保持着向上发展的趋势。秦昭襄王时(前306—前251年),范雎的"远交近攻"外交政策、"毋独攻其地而攻其人"的战争策略与白起的歼灭战实践完美地配合,特别是秦、赵之间展开的长平之战,把战国时期的兼并、统一战争推向高潮。至秦王政时,"秦地已并巴、蜀、汉中,越宛有郢,置南郡矣;北收上郡以东,有河东、太原、上党郡;东至荥阳,灭二周,置三川郡"[②],秦灭六国的条件已完全成熟。

秦王嬴政亲政后,随即挥戈东进,拉开了统一战争的序幕。由于国力强盛,准备充分,决策正确,秦国的统一战争进展顺利,自秦王政十七年(前230年)彻底打败韩国,俘虏韩王安后,几乎每年消灭一个诸侯国:

秦王政十八年(前229年),灭赵;

秦王政二十二年(前225年),灭魏;

秦王政二十四年(前223年),灭楚;

秦王政二十五年(前222年),灭燕;

秦王政二十六年(前221年),灭齐。

---

① [汉]贾谊:《新书》卷第一《过秦上》。
② 《史记》卷六《秦始皇本纪》。

第一章
秦朝对江西的统治

齐国的灭亡，宣告了诸侯割据称雄时代的终结和统一的多民族国家秦朝的建立。江西地区也随着楚国的灭亡而征百越后逐渐并入秦的版图。

全国统一后，秦王嬴政按照韩非子"政在四方，要在中央，圣人执要，四方来效"①的专制主义中央集权思想来建构他的理想王国，在确定国君尊号，自称"始皇帝"，改组中央机构，首创三公九卿制的同时，废除周代的分封制度，全面推行郡县制。

郡、县是在"礼崩乐坏"的春秋战国时代出现的，早在三家分晋过程中，赵鞅就曾在作战前线宣布誓词说："克敌者，上大夫受县，下大夫受郡，土田十万，庶人、工、商遂，人臣隶圉免。"②战国变法运动后，各诸侯国程度不一地用郡县制取代了原来的分封制，与之相适应，由中央任命的地方长官——郡守、县令（长），也取代了分封制下世卿世禄的大小封君。秦并六国后，秦始皇下令，把这套全新的制度定为唯一的地方行政制度，在全国范围内实行。

先秦时期，即使到了春秋战国时代，江西这片土地在人们眼里还没有一个完整的概念，由于远离当时一致认同的政治中心——中原地区，又长期分属楚国和吴国（后为越国）领地，处于两国交界地带，因而便有了所谓"吴头楚尾"或"楚尾吴头"的说法，这也是江西在考古上虽然发现过仙人洞文化、吴城文化、大洋洲青铜文化，而在文献记载方面却几乎一片空白的原因。这种状况直到秦始皇统一中国、全面推行郡县制时才被彻底打破。

据记载，秦在统一之初，即沿袭秦国和各诸侯国原置郡县，"分天下以为三十六郡"③，后随着边境的开发和郡治的调整，逐步增加到48个。④其中，郡治设在寿春（今安徽寿县）的九江郡，辖境相当于今安徽、河南淮河以南、湖北黄冈以东和江西的赣北、赣中、赣南地区。今赣西一带包括萍乡、宜春等地则由长沙郡管辖。至此，应该说江西这块在春秋战国时期仍处于诸侯国边缘地区的"蛮荒"之地，才算确立了较明确的行政区划，纳入了秦朝统治的版图。

---

① 《韩非子》第八《扬权》。
② 《左传·哀公二年》。按：春秋后期郡、县刚产生时，县一般设在国内经济发达区，而郡多设在边地或新占领区，故县的地位高于郡。
③ 《史记》卷六《秦始皇本纪》。
④ 见谭其骧撰《中国大百科全书·中国历史·秦汉史》"秦郡"，中国大百科全书出版社1986年版，第129—131页。另见周振鹤编著《汉书地理志汇释》，安徽教育出版社2006年版，第490页。

二、九江郡的设立与江西境内置县情况

从谭其骧《中国历史地图集》秦"淮汉以南诸郡"图看(图1-1),秦代九江郡

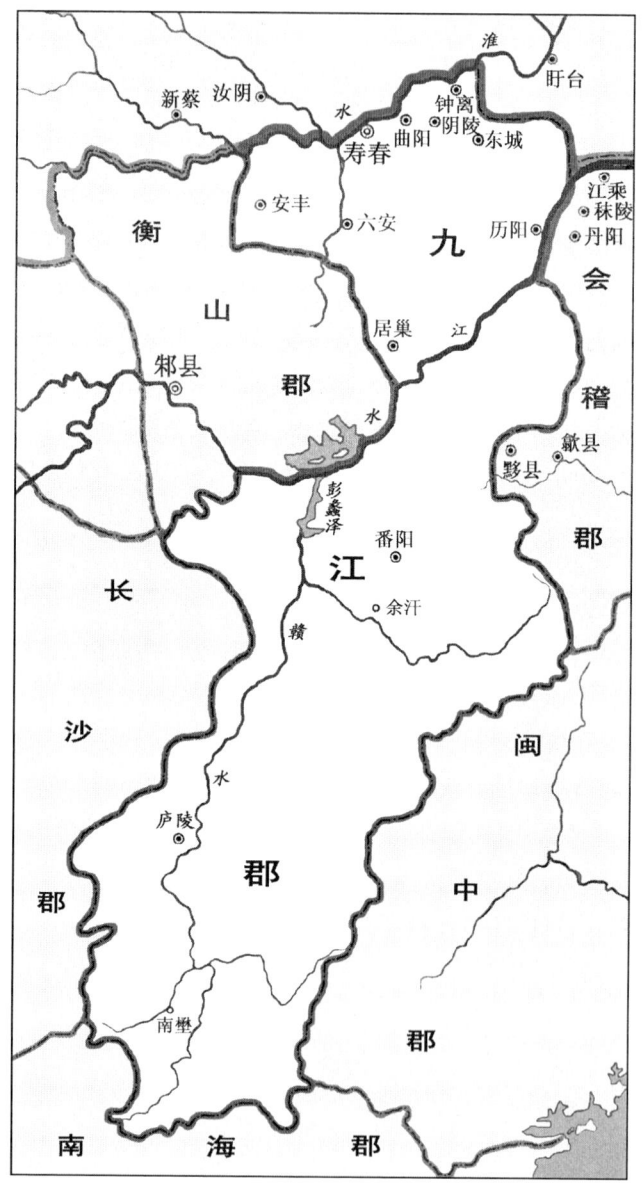

图1-1 秦九江郡示意图①

① 据谭其骧《中国历史地图集》第二册"秦'淮汉以南诸郡'"修改。

第一章
秦朝对江西的统治

境自北向南呈不规则条形状,南北相距较远(直线距离约有1000公里),而东西方向除中部(今赣北、赣中)稍宽外,其他地域相对较窄(最窄处相距不到100公里)。其辖境范围虽涉及今安徽、江西、河南、湖北4省,但以安徽、江西为主。今安徽淮河以南、长江以北地区是全郡政治、经济中心,除位于北端郡界附近的寿春(今安徽寿县)是郡治所在地外,集中了全郡10个县中的8县:历阳(今安徽和县)、东城(今安徽定远东南)、阴陵(今安徽定远西北)、钟离(今安徽凤阳东北)、曲阳(今安徽淮南市东)、安丰(今河南固始东南)、六县(今安徽六安东北)、居巢(今安徽巢县东北)。这里是秦代较为发达的地区,但面积不大,约占全郡的五分之一,其余五分之四土地基本都在今江西省境内。因而就地域广袤而论,江西是秦代九江郡的主体部分。今江西的赣北、赣东北、赣中、赣南都划归九江郡管辖,而赣西的萍乡、宜春大部则划归长沙郡管辖。在这样一个行政区划中,我们同时也注意到,在这片广阔的土地上,《中国历史地图集》秦"淮汉以南诸郡"图中标示的县级单位只有2个,即位于赣北彭蠡泽(今鄱阳湖前身)流域的番阳(今江西鄱阳东北)和位于江西中西部赣江流域的庐陵(今江西泰和西北)。另有邑聚2个:余汗(干)(今江西余干)和南壄(野)(今江西南康)①。

关于秦代江西境内设县问题,因史载不明,至今难以定论。但一个地区县级机构的设置及其数量的多寡,往往反映了该地区社会经济、文化发展的水平及其在全国的政治地位,因而秦代江西县置问题又是江西历史研究中难以绕过的重要问题。但因材料简缺,论者莫衷一是,民国以来具有代表性的意见主要有:

(1)吴宗慈《江西古今政治地理沿革图·汉前江西地理沿革图》标示秦代江西设有鄱阳、余汗、艾、新淦、安平、庐陵、南壄7个县级单位。

(2)谭其骧《中国历史地图集》第二册秦"淮汉以南诸郡"标示江西境内设有番阳和庐陵二县。

(3)许怀林认为:"秦时江西境内的县治,承前的是番、艾,新立的可能还有余汗、南壄(野)、庐陵、安平、新淦。但还有些疑点未能解决……尚待考证。"②《江西通史》基本沿用该说,认为秦至少在江西境内设立了艾县和番县,而对于该说中存疑未决的余汗、南壄、庐陵等县采取了回避的态度。③

---

① 参见谭其骧主编:《中国历史地图集》第二册,中国地图出版社1982年版。
② 许怀林:《江西史稿》,江西高校出版社1993年版,第21页。
③ 陈文华、陈荣华主编:《江西通史》,江西人民出版社1999年版,第95页。

还有研究者认为秦代江西已设有10个县,是为艾县、鄱阳县、彭泽县、余汗县、庐陵县、安平县、新淦县、宜春县、赣县和南壄县。①

上述诸说自然各有其理由,但除番、艾及余汗、南壄能够在汉晋文献中找到直接或推断的依据外,其他几县皆难究其源,可能多袭自明、清《江西通志》及元、明、清各代《一统志》。

考察秦汉史料,最无疑义的是番县。较早投入反秦战争、后被封为长沙王的吴芮就曾任秦朝番县县令。②番即汉代鄱阳(今江西鄱阳东北),春秋晚期就已出现,史载:吴王阖闾十一年(前504年),"使太子夫差伐楚,取番"③。番可能是江西境内开发最早的城邑之一,这里濒临彭蠡泽、余水(今信江),土地肥沃,水运交通便利,因而吴楚会争夺此地而秦亦在此设县。

艾是今江西修水的古称,汉初为豫章十八县之一,秦史未见其名,但《左传》哀公二十年(前475年)有"吴公子庆忌骤谏吴子(夫差),曰:'不改必亡。'勿听。出居于艾"的记载。杜预注曰:"艾,吴邑,豫章有艾县。"④显然,庆忌因与独裁、霸道的父亲吴王夫差政见不合,既不愿亲眼目睹吴国败亡,又不愿被不忠不孝之名所累,乃决定远离吴都,避居深山,因而选择较为偏僻的艾为隐居之地。从地理位置看,艾在番以西,应是公元前504年吴国占领番之后夺取的又一楚国城邑。既是新占之地,又属边境地带,则艾在当时设县的可能性较小,因为春秋时期郡县制尚处于萌芽阶段,县的地位高于郡且多设在内地富庶地区,如前所述,韩、赵、魏三家分晋期间,赵氏首领赵鞅为激励士气曾发布誓词说:"克敌者,上大夫受县,下大夫受郡,士田十万,庶人、工、商遂,人臣隶圉免。"⑤所以,杜预注"艾"只称"吴邑"而不称"吴县"或"吴县邑"。杜注接下来又说设置于汉初的"豫章有艾县"而不提秦代设县,则又说明在他之前没有关于秦设艾县的文字记载。当然,艾毕竟曾是吴国王子居住过的城邑,在人口规模、基础设施建设等方面,应该逐步具备了地方性军事、行政中心的条件,即使在楚吴、楚越先后对峙的春秋战国之际尚未设县,楚灭越后,为加强对江西地区尤其是百越

---

① 肖华忠:《秦代江西开发及其县置之蠡测》,载《秦汉史论丛》第六辑,江西教育出版社1994年版。
② 《汉书》卷三四《吴芮传》。
③ 《史记》卷三一《吴太伯世家》。另见同书卷四〇《楚世家》、卷六六《伍子胥列传》。《史记》正义:"番,又音婆。《括地志》云:'饶州鄱阳县,春秋时为楚东境,秦为番县,属九江郡,汉为鄱阳县也。'"
④ 杨伯峻编著:《春秋左传注》第四册,中华书局1981年版,第1717页。
⑤ 《左传·哀公二年》。

第一章
秦朝对江西的统治

族的控制,置艾为县而后又被秦所承袭,是完全可能的。

关于余汗、南壄是否置县问题,因无直接记载,也很难确定。秦南征百越时,曾调发50万大军分屯多个战略要地,其中有两处在今江西境内,即南壄和馀汗,所谓"一军守南壄之界,一军结余汗之水"(详后说)。后人大概是根据这一材料而认定秦朝已设置南壄县和余汗县的。其实,这两地仅仅是当时秦朝边境地区集结军队的地点,起码在公元前214年秦平百越前是如此,换言之,在南征百越期间,秦对江西的有效统治范围主要在赣北,对赣东和赣中以南地区的控制一般采用设点驻军、武力震慑的方式进行。这种点状控制为日后县级机构的设立创造了条件。也许随着百越战事的结束,余汗、南壄逐渐纳入了郡县系统,但这只是一种推测。至于后人提及的其他几县如彭泽、庐陵、安平、新淦、宜春、赣县等,因无可信史料甄辨,在此暂且存疑。

总之,在秦朝短暂的15年统治期间,江西地区虽已纳入九江郡的管辖范围,但除赣北以外,大部分地区尚在秦朝郡县直接控制之外,设县数只有2~4个。这一结论多少使人难以接受,却是符合当时实际情况的。

首先,秦汉时期设不设县,主要依据的是所谓"归化"人口的多少,而非土地广袤,秦代江西大部分地区属越、蛮之地,虽已有不少人口,但大多还未成为国家编户,即使在征服百越之后,也还有一个逐步同化的过程。在这种状况下,对一些人口分散的偏远地区只能暂派军队控制,这从秦始皇一再"以適(谪)遣戍"①岭南可以看出。

其次,当时设县稀少的地区并非江西一处,秦征百越期间就已设郡管理的闽中,几乎包括了今整个福建省境,但直到东汉也还只设一个东冶县(今福建福州),原因就在于,汉武帝平定闽越(《汉书》作"粤")后,"诏军吏皆将其民徙处江淮之间"②,使闽中地区人口大减。秦汉县级长官"万户以上为令,万户以下为长"③的制度,也说明当时在置县问题上更看重人口数量而非土地面积。

因而,就目前所能掌握的材料来看,比较合理的解释应该是,秦统一百越(前214年)前,九江郡的南境只限于赣中以北,之后,赣东、赣南等越人活动区仍然以设军事据点为主,在一些要害之地继续派军屯守。至于县级机构的增置,也许正在筹备之中,只是秦朝的灭亡来得太快了,以至没有留下文字材料。

---

① 《史记》卷六《秦始皇本纪》。
② 《汉书》卷九五《闽粤传》。
③ 《后汉书志》第二八《百官五》注引应劭《汉官》曰。

此外,值得一提的是,宋元以后的文献中留下了一些关于秦人为避暴政而躲入江西山区的传说,如:

> 吉州山,在府城北一百八十里,其上居民数千家,相传秦时移此。①
> 秦人峰,在麻姑山西南,与桃源相值,旧传秦人避乱于此,后有樵者见之,面黛黑,追之则疾如飞鸟。②

这些材料说明,秦时江西的大片地区还比较偏僻,虽然已纳入秦朝的地方行政区划,但今赣中以南的大部分地区尚处在"无政府"状态,严密的政区管理尚未建立,县级机构寥寥无几,人们尚未纳入秦之编户系统,以致成为人们躲避苛政乱世的理想去处。东晋江西人陶渊明(籍贯今九江,一说今宜丰)虚构的《桃花源记》应是取材于这些传说。当然,即使秦朝在江西境内只设置了3个左右的县,对江西历史的发展来说也是一个重大的突破。

三、秦征"百越"与江西开发

秦朝是我国统一多民族国家的初创时期,秦始皇二十六年(前221年)虽用武力扫平六国,但版图并未形成,直到秦始皇三十三年(前214年)南定"百越"、北逐匈奴后,秦朝版图才最终形成。其中对"百越"的用兵,早在秦始皇二十五年(前222年)就已拉开序幕,史称,老将王翦率秦军灭亡楚国之后,随即"因南征百越之君"③,也许因当时燕、齐尚未平定,牵制了秦军的进一步行动,或因百越之地水网密布、地形复杂,以擅长陆地作战的北方人为主干的秦军准备尚不充分,"南征百越之君"的活动并未持续下去,史书亦未明载。

所谓"百越",乃是对分布于今浙、闽、赣、粤、桂及苏南、皖南、湘南和越南北部地区古越族的泛称,应包括了先秦时代的"扬越"和"干越"。《吕氏春秋·恃君览》称:"扬汉之南,百越之际。"其中曾在先秦时期以今浙江绍兴为中心建立越国的干越,自周赧王九年(前306年)楚灭越,至秦始皇二十五年(前222年)秦

---

① 雍正《江西通志》卷七。《明一统志》卷四九:"吉州山,在府城北一百八十里,其上居民数千家,相传秦时移此。"
② 雍正《江西通志》卷十。《明一统志》卷五三:"秦人峰,在麻姑山西南,相传昔秦人逃难於此,后有樵者见之,面黎黑,追之则疾如飞鸟。"
③ 《史记》卷七三《白起王翦列传》。

第一章
秦朝对江西的统治

灭楚,先后归并楚、秦统治。其余越人依然比较分散,"自交趾至会稽七八千里,百越杂处,各有种姓"①。其分支主要有:居住在今浙江境内和江西东部、以温州一带为中心的东越(或称东瓯、瓯越);以福建福州一带为中心的闽越;分布于今广东、广西和越南北部的南越和西瓯(图1-2)。百越有着与中原地区明显不同的文化特征,其族属众多,分布广泛,互不统属,各部族之间既有共同特征

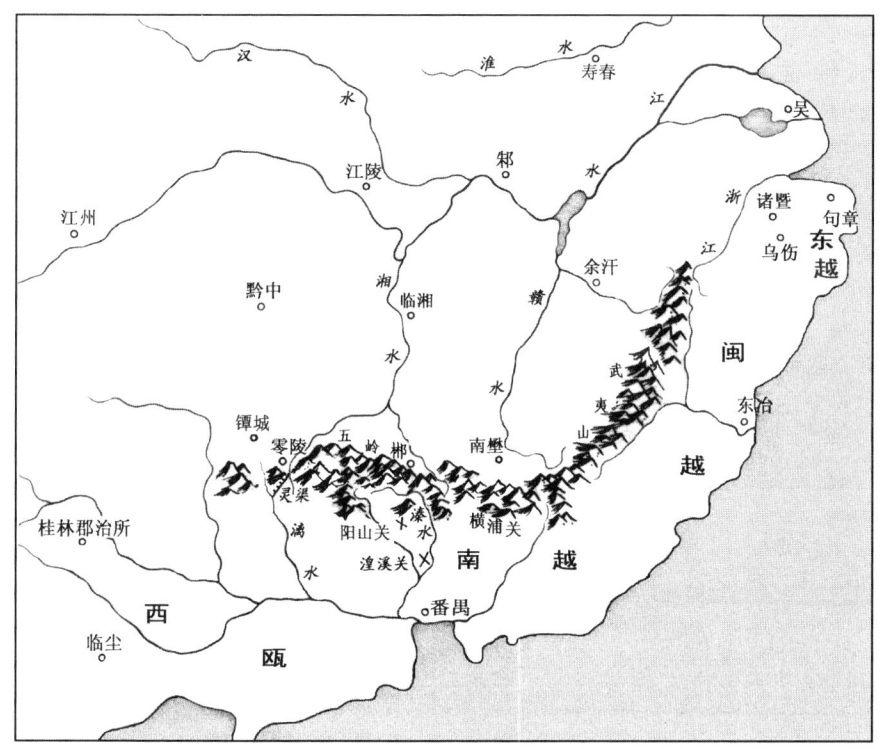

图1-2 百越分布示意图②

亦存在较大差异。秦汉时期他们仍然保留着一些原始的社会习俗,如"无嫁娶礼法,各因淫好,无适对匹,不识父子之性、夫妇之道"③、"兄死弟妻其嫂"④,以及"断发纹身""悬棺葬""船棺葬"等。长期以来,他们一直过着落后而相对安定

---

① 《汉书》卷二八下《地理志》注引臣瓒曰。
② 据霍印章《秦代军事史》(《中国军事通史》第四卷)附图3修改,军事科学出版社1998年版。
③ 《后汉书》卷七六《任延传》。
④ 《三国志》卷五三《吴书·薛综传》。

的生活,中原地区持续数百年的列国纷争对他们影响甚小。然而,随着兼并战争的结束,百越地区的宁静被打破了。公元前219年,秦灭六国后的第三年,秦始皇即挥师南下,正式开始了统一"百越"的战争。

关于这场战争的具体情况,秦史几乎没有留下什么记载,《史记》《汉书》略有追述,主要有:

《史记·平津侯主父列传》:"又使尉屠睢将楼船之士南攻百越,使监禄凿渠运粮,深入越,越人遁逃。旷日持久,粮食绝乏,越人击之,秦兵大败。秦乃使尉佗将卒以戍越。"①

《汉书·严助传》载淮南王刘安上书汉武帝云:"臣闻长老言,秦之时尝使尉屠睢击越,又使监禄凿渠通道。越人逃入深山林丛,不可得攻。留军屯守空地,旷日引久,士卒劳倦,越乃出击之。秦兵大破,乃发適戍以备之。"

《淮南子·人间训》载,秦始皇"使尉屠睢发卒五十万为五军:一军塞镡城之领;一军守九嶷之塞;一军处番禺之都;一军守南野之界;一军结余汗之水。三年不解甲弛弩,使监禄无以转饷,又以卒凿渠而通粮道,以与越人战,杀西呕君译吁宋。而越人皆入丛薄中,与禽兽处,莫肯为秦虏。相置桀骏以为将,而夜攻秦人,大破之,杀尉屠睢,伏尸流血数十万。乃发適戍以备之"。

从这些材料可以看出,秦定百越的战争不仅投入的兵力多、经历时间长,而且打得异常艰苦、惨烈。50万大军分五路进击,分屯五个战略要地②,这种规模在秦灭六国的战争中也是不多见的。

---

① 此处原文为"又使尉佗屠睢将楼船之士南攻百越","佗"应是衍字,据《汉书》卷六四下《严安传》改。

② 有人估计,"当时逾岭南进军的顶多十万、八万人",而"发卒五十万"应是秦军"占据整个百越地区(包括岭南)的总部署",见何维鼎《秦统一岭南投放了多少兵力》(《华南师范学院学报》1982年第2期)。林剑鸣亦认为,"发卒五十万""乃是部署于南方边疆的总数,而进军百越的人数约十万人"(《秦汉史》上册,上海人民出版社1989年版,第88页)。笔者以为,如果"发卒五十万"数字无错的话,则从战略上看,秦征百越动用了50万大军也是说得通的,战略部署的人数应该包含了战术进攻的兵力,而战术进攻的兵力则不能代表整个战略部署的人数。另,《淮南子》所载秦军集结地点存在不合逻辑之处,其中最明显的是"番禺之都",当时尚属南越腹心之地,不可能成为秦军集结地点,应是秦军后来攻占的一个据点。而从汉人对这场战争的追述中似乎可以推断,遭越人夜袭而大败的当是深入越人腹地、苦守番禺的这支秦军。

第一章
秦朝对江西的统治

秦朝为打好这场战争,在兵力部署、集结地点、进军方向和路线等方面都作了较充分的准备,其最初的战略企图"是以优势兵力南下,分途进军,略取各地,一举平定百越"①。由于江西东、南部也散居着不少越族部众,又东邻浙江、福建,南靠广东等越人密集地区,这一特殊的地理位置决定了江西地区既是秦朝用兵百越的战略前方,又是进攻岭南越族腹心之地的最理想的战地后方。因此,《淮南子》所提到的"一军塞镡城之领;一军守九嶷之塞;一军处番禺之都;一军守南野之界;一军结余汗之水"中的地名,除镡城在今湖南靖县西南、九嶷在今湖南宁远南、番禺即今广东广州外,其余二处则在今江西的赣北和赣南地区:所谓"南野之界"即指今南康市南大庾岭,②包括今南康、上犹、大庾等地界;"余汗之

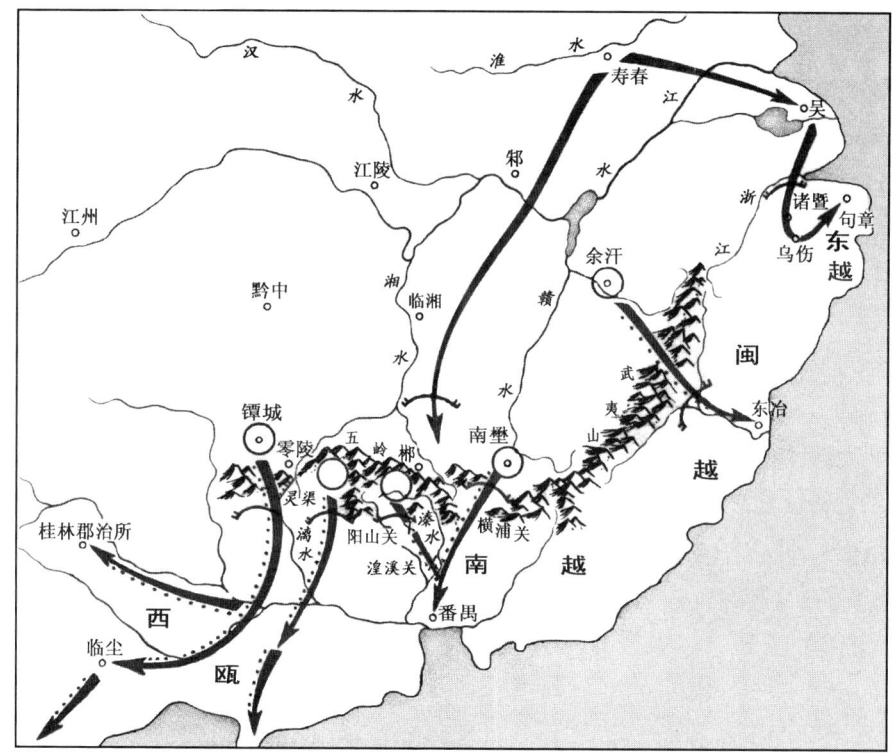

图1-3 秦军南平百越示意图③

---

① 霍印章:《秦代军事史》(军事科学院主编《中国军事通史》第四卷),军事科学出版社1998年版,第123页。

② 参阅岑仲勉:《评〈秦代初平南越考〉》,《史学专刊》(中山大学)第二卷第3期(1936年4月)。

③ 据霍印章:《秦代军事史》(《中国军事通史》第四卷)附图3修改,军事科学出版社1998年版。

水"即指今余干、乐平一带的信江。显然,秦军的这个部署由东向西分别锁定了三个目标:福建境内的闽越、广东境内的南越和广西境内的西瓯(图1-3)。

起初,几路大军进展较为顺利。东路秦军从余汗出发,逆信江而上,越武夷山向闽中推进,迅速征服闽越,并在当年设置了闽中郡。于是,闽中、会稽两郡连成一片,闽越、东瓯皆入秦朝版图。由"镡城之领"和"九嶷之塞"出发的西路秦军,分别翻越今广西兴安县境的越城岭和今湖南江华县境的萌渚岭,一路清剿不断抵抗而分散的西瓯各部落,并杀死了西瓯首领译吁宋。也许捷报很快传到了朝廷,秦始皇在二十八年东巡途中树立的琅琊刻辞里,已经迫不及待地添上了"南尽北户"的颂词。① 由"南壄之界"出发的中路秦军也越过大庾岭进入粤北,对毫无防备的南越部众实施打击,并迅速攻占番禺。这时,问题出现了。一方面,突遭秦军攻击的越人纷纷遁入深山丛林,长期隐匿不出,"与禽兽处,莫肯为秦虏",使秦军"不可得攻"。并重新选择首领,整合力量,"相置桀骏以为将",利用其熟悉地形、适应环境的优势,不断袭扰秦军;另一方面,习惯于大兵团正面作战的秦军,虽以水军"楼船士"为主,一路势如破竹,占领了许多战略要地和大片土地,但致命的弱点也很快暴露了出来,其中最突出的是战线过长、交通不便,兵粮补给供应不上,以至于"粮食绝乏""士卒劳疲""三年不解甲弛弩",秦军将士持续处于高度警戒和极度疲劳之中。终于有一天,驻屯番禺的中路秦军遭到越人大规模的夜间袭击,"伏尸流血数十万",主帅尉屠睢也被杀身亡。

惨重的损失迫使秦始皇作出一项重大决定:疏通粮道,加强后勤补给。为此,秦始皇命监御史禄(史称"监禄"或"史禄")负责开凿渠道,大约两年后(前214年),在今广西新安境内修成了一条沟通湘水和漓水的人工渠——灵渠。灵渠的通航,使长江水系和珠江水系连接起来,解决了秦军粮草物资运输的困难,为秦朝征服百越创造了条件。

源源不断的军需物资通过灵渠运抵岭南,再由陆路转运到各个城防要塞,秦军得到了补充,力量逐渐恢复。在此基础上,秦朝进一步增兵岭南,"发诸尝逋亡人、赘婿、贾人略取陆梁地"②,对那些藏在深山密林继续顽强抵抗秦军的

---

① 《史记》卷六《秦始皇本纪》。"北户"即"北向户",秦时泛指岭南今广东、广西至越南北部地区。
② 《史记》卷六《秦始皇本纪》。所谓"陆梁地",据[唐]张守节《正义》曰:"岭南之人,多处山陆,其性强梁,故曰'陆梁'。"霍印章认为,当时"岭南各要害之处和平川之地早已被秦军占领",因而,"陆梁"当指那些"莫肯为秦虏"并常常"夜攻秦人"的越人所据守的山林高地,详见其著《秦代军事史》第125页。

第一章
秦朝对江西的统治

越人,实施最后的清剿,终于把南越、西瓯划入了秦朝的版图。

为了加强对这片新征服地的统治,秦朝分别设置了桂林(治今广西桂平西南;一说在今广西贵县境内的布山)、象(治临尘,今广西崇左;一说治象林,在今越南广南境)和南海(治番禺)三郡,以秦将任嚣为南海尉,赵佗为龙川令,① 并于次年(前213年)将一批违法犯科的所谓"治狱吏不直者"谪罚到岭南地区。至此,"以適(谪)遣戍"的罪犯多达50万人。②据《史记·淮南衡山列传》载伍被言,为安定戍守将士,赵佗曾"使人上书,求女无夫家者三万人,以为士卒衣补。秦皇帝可其万五千人"。这是秦汉时期内地人口向岭南地区规模较大的一次迁徙,50万戍边将士加1.5万未婚女子,散处于各城防关隘(包括江西境内大庾岭上的横浦关),与越人杂居共处,对于岭南及赣南的开发、民族间的交往是有积极意义的。

秦朝征服百越的战争是统一的多民族国家形成进程中的重大事件,从某种意义上说,公元前221年秦灭六国,只是把周朝封邦建国所造成的诸侯割据政权变成统一强大的中央集权体制下的郡县,而公元前214年平定百越才使秦始皇的统一事业画上一个圆满的句号。从此,岭南、闽东等边区与中原内地的经济、文化交流加强了,江西、湖南等地的开发也加速了,特别是相对封闭的江西地区获得了一次发展的契机。

先秦时期,文献记载中涉及江西的事迹几乎近于空白,仅有"吴王(阖闾)使太子夫差伐楚,取番"和吴公子庆忌"出居于艾"等零星记载,这说明江西在当时的社会政治中是无足轻重的。春秋战国时代,南方虽有幅员辽阔的楚国和先后崛起的吴国和越国,但它们都无一例外地把目光锁定在中原地区,而对于江西、湖南等与越族犬牙交错的地区尚未引起足够重视,这应是这些地区政治、经济、文化长期滞后不前的重要原因。随着六国的覆灭,秦始皇把扩张的目标指向了岭南,江西地区也因地理位置的重要而开始受到秦朝的重视,成为秦军集结重兵的据点和进剿越人的后援地。

秦朝用兵百越的主力是"楼船士"即水军,其来源应主要在江淮及其以南地区,运动、集结的方式主要靠水路交通。而秦军在江西境内选定的两个集结点余汗和南壁,正好可以依托两条便捷的自然水道:一是与长江相通的彭蠡

---

① 任嚣、赵佗都是统率南征秦军的尉,从零散记载推测,任嚣可能是与尉屠睢并列的主帅之一,赵佗则是副帅或一个方面军的统帅,地位略次于任嚣、屠睢。

② 见《史记》卷六《秦始皇本纪》"集解"引徐广曰:"五十万人守五岭。"

泽，二是纵贯江西南北的赣江。余汗北通彭蠡、长江，南连龙窟河，是闽越出江淮之南的交通要道。集兵于此，进可扼守武夷山隘道，防备闽越的反抗，退可掌控赣鄱水运交通，确保军需物资的转运安全。"南壄之界"地处赣江上游、大庾岭北端，是南越出入南岭口的通道。可以想见，当时秦军的粮草物资经由赣江水道运集于此，再拓宽大庾岭山路运抵南越，最后在今广东南雄沿溱水（今北江）南运而至番禺。①从此，原有的赣江天然水道与新开辟的大庾岭山道连成一体，成为秦汉以降中原进入岭南的主要交通干道之一。

由于史料的残缺，历史的原貌是否如此，已很难断定，但当年秦军在江西境内活动的足迹，特别是史书上留下的"一军守南壄之界"的记载，已在两千多年后的今天证实了。

1976年春，在遂川县藻林乡鹅溪村附近的左溪河边，出土了一批青铜矛、镞、戈等兵器，计有：

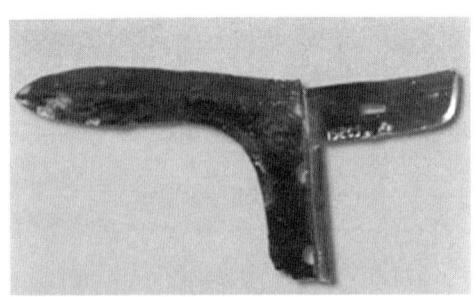

图1-4 秦"临汾守"青铜戈，1976年遂川县出土

青铜戈，1件。长援，长胡，胡下端略有残失，内端有刃。现存胡上有三半月形穿，内中一长方形穿。援部中间有脊突起，两边凹下成血槽。援上刃与内上刃联线呈弧形，两端略上翘。援长15.4厘米，内长8.3厘米，胡残长10.5厘米（图1-4）。

青铜矛，1件。短骹式，双穿，叶最宽处在基部，而收于骹，骹末端略粗，銎口成椭圆形。矛身横断面略呈菱形，脊部两侧有血槽。通长15.3厘米。

铜镞，出土时散失不少，

---

① 参阅许怀林《江西史稿》，江西高校出版社1993年版，第33页。

第一章
秦朝对江西的统治

仅存80余支。分两式(图1-5)①。

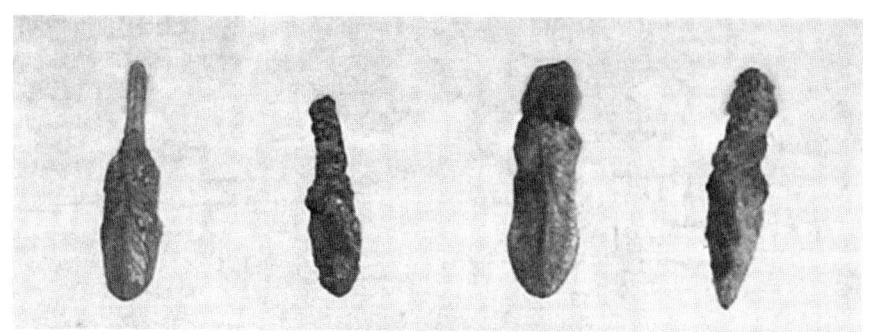

图1-5 秦青铜镞,1976年遂川县出土

这批兵器的造型与河南汲县、辉县、洛阳以及长沙等地战国末期墓中出土的同类文物极为相似,青铜矛与秦兵马俑坑出土的Ⅱ式矛完全一样,这说明这批兵器的时代应是战国末期。引人注目的是,在铜戈内上刻有两行铭文(图1-6):

廿二年临汾守瞫
库係(?)工歂造

据彭适凡考证,"廿二年"当是秦始皇廿二年,"临汾守"是指河东(今山西东)郡守,亦即遂川出土的这件青铜戈是在秦始皇廿二年(前225年)瞫任河东郡守期间,由武库官员係监督、工匠歂铸造的。②铜戈铸造的年份距秦统一时间4年,距秦发兵南征百越时间6

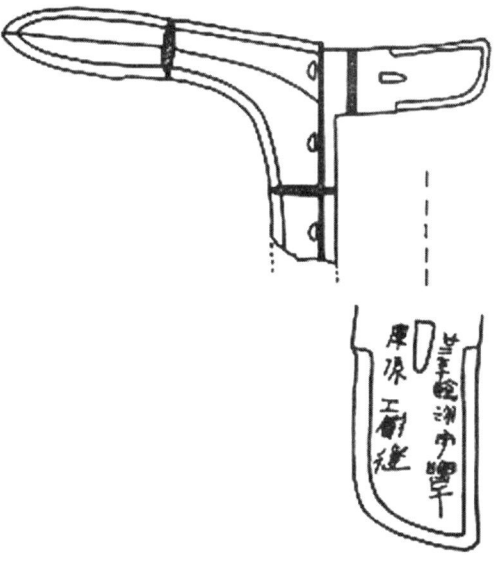

图1-6 "临汾守"青铜戈铭文临摹图

---

① 彭适凡、刘诗中:《遂川出土一批秦始皇时兵器》,《江西历史文物》1976年第5期。
② 彭适凡:《遂川出土秦戈铭文考释》,《江西历史文物》1980年第3期。

年;在出土现场及其附近未发现墓葬迹象,换言之,可排除随葬品性质;出土地点在今遂川县境,属于秦时"南壄之界"的范围。因此,这批秦代兵器应该是当年"守南壄之界"的秦军留下的,它们的重见天日印证了《淮南子》的记载,是秦军扩展延伸赣江航道、凿通大庾岭山路的历史见证,对于探讨秦始皇统一岭南战争的过程及具体进军路线诸问题,同样也是珍贵的实物资料。

第二节
反秦战争与秦统治在江西的瓦解

秦始皇之所以在历史上留下赫赫声名,主要缘于三方面事迹:一是扫平六国,创建统一的多民族的秦帝国;二是首称皇帝,开创了一套成为日后历朝制度根基的政治、经济制度;三是"举措暴众",视民众为草芥,把繁重的赋税徭役压在刚刚摆脱战乱之苦的农民身上,用严刑酷法压制人们的不满和反抗。虽然前两项的历史功绩是辉煌的,有人盛赞"秦皇扫六合,虎视何雄哉"[1],但在绝大多数人的眼里,因其"举措暴众"所带来的黯淡淹没了他的辉煌,使他成为人们无情抨击和血泪控诉的残暴之君。公元前209年,就在他死后仅仅一年,一场由几个戍边农民发动的反秦战争就全面爆发了,两年后,由他亲手缔造并苦心经营的秦帝国大厦就轰然倒塌了。纳入秦朝版图不久的江西,在秦朝任命的鄱阳县令吴芮的带领下,响应陈胜、吴广起义,树起了反对秦朝的大旗。

一、秦政的失误与反秦战争的爆发

秦灭六国后,秦始皇的心态出现多重分化,一方面,统一战争的一帆风顺,使他踌躇满志,在大臣们"今陛下兴义兵,诛残贼,平定天下,海内为郡县,法令由一统,自上古以来未尝有,五帝所不及"[2]的颂扬下,自封为"始皇帝",并一厢情愿地描绘了嬴氏秦朝万世一统的宏伟蓝图——"后世以计数,二世、三世至于万世,传之无穷"[3]。另一方面,秦帝国版图的空前扩大、六国势力的残存及其祈求长生却又意识到不会不死的矛盾心理,使他深感忧虑乃至恐惧,于是一些

---

[1] [唐]李白:《古风》,《全唐诗》卷一六一,上海古籍出版社1986年版。
[2] 《史记》卷六《秦始皇本纪》。
[3] 《史记》卷六《秦始皇本纪》。

第一章
秦朝对江西的统治

政策措施在实行过程中被推向了极端,一个在历史上具有诸多建树的大一统王朝很快陷入重重危机。

对于秦朝统治的失误,汉初政论家陆贾在其《新语·无为》中作过较为中肯的论述:

> 秦始皇设刑罚、为车裂之诛以敛奸邪,筑长城于戎境以备胡、越,征大吞小,威震天下,将帅横行以服外国,蒙恬讨乱于外,李斯治法于内。事逾繁而天下逾乱,法逾滋而天下逾炽,兵马益设而敌人逾多。秦非不欲治也,然失之者,乃举措暴众、刑罚太极故也。

的确如此,秦始皇并非不想把国家治理好,如中央设三公九卿,地方废除分封制,实行郡县制,有利于政令的统一;"使黔首自实田",在全国范围内确立土地私有制;统一货币、度量衡和文字;拆险阻,修驰道,有利于社会经济的发展和各地经济文化的交流。然而,在秦始皇当政的短短十二年之内,急功近利,诸事并举:北击匈奴、修筑长城、南征"百越"、戍守五岭,建阿房宫,修骊山墓……饱受割据混战之害的民众根本来不及享受全国统一的乐趣,便又遭受着"举措暴众、刑罚太极"的痛苦煎熬。

秦政的失误主要表现在两个方面:一是赋税徭役繁重,二是刑罚严酷。

秦代的赋税名目繁多,有基于土地、税率10%的田租,有按人口多少征收、"头会箕赋"[①]的口赋,还有种种附加税和工商杂税。农民要交"刍稾",且不论占有土地多少或耕种与否,都必须交纳,因为秦律规定:"入顷刍稾,以其受(授)田之数,无垦(垦)不垦(垦),顷入刍三石,稾二石。"[②]各种赋税加在一起,要占去农民收入的三分之二以上,这对于刚从长期战火中摆脱出来的农民来说,无疑是难以承受的。所以,董仲舒说,秦代"田租,口赋,盐铁之利,二十倍于古"[③]。

与赋税相比,徭役更是压在人民身上的沉重负担。秦朝徭役分兵役和力役

---

① 《淮南子·氾论训》云:秦代"头会箕赋,输于少府"。高诱注:"头会,随民口数,人责其税;箕赋,似箕然,敛人财多取意也。"《汉书·陈余传》亦云:"秦为虐政,头会箕敛,以供军费。"服虔注:"吏到其家,人人头数出谷,以箕敛之。"

② 《睡虎地秦墓竹简》,文物出版社1978年版,第27—28页。

③ 《汉书》卷二四上《食货志》载董仲舒语。

两种,秦制规定,普通男子17岁进入服役期,60岁老免,在这个役龄期间必须"月为更卒,已复为正一岁,屯戍一岁"①,就是说,一个男子一生中须服两次兵役,一次为"正卒",即充任材官、骑士等地方兵一年;一次为"戍卒",即守卫京城或屯戍边疆一年。此外,每年还要充当"更卒"一个月,即在本县、郡内服劳役一个月。然而,实际上的徭役项目、服役量和服役期限远不止于此。长期不断的征伐、戍守及其带来的水陆转运负担,为满足骄奢淫逸生活和专制统治需要而兴起的大型工程项目——长城、阿房宫、骊山墓、驰道、直道、灵渠、边塞等等。数以百万计的人力在秦统治者的皮鞭下痛苦劳作。据统计,秦代全国人口约2000万,但每年被征调服役的人数不下200万,"丁男被甲,丁女转输"②,"力役三十倍于古"③。这种竭泽而渔式地滥用民力,给人民带来了深重的灾难,给社会经济造成了巨大的破坏。

秦始皇三十六年(前211年),有人把郁闷于心的怨恨之气宣泄了出来,在东郡陨石上刻下了"始皇帝死而地分"几个字,得知消息后的秦始皇立即"遣御史逐问,莫服,尽取石旁居人诛之"④。在抓不到案犯的情况下,竟不问青红皂白,把陨石附近的居民全部杀害,这一惨案突出地暴露了秦始皇外强中干的变态心理,更反映了秦律的随意性和残酷性。

秦始皇特别迷信刑法的镇压功能,以至于"专任狱吏","乐以刑杀为威",把法家的暴力思想任意曲解并推向了极端,当作维护专制统治、对付民众反抗的唯一手段,使秦朝的法律制度深深地打上了"严刑酷罚"的烙印。因此,人民摇手触禁,动辄陷刑,整个嬴秦帝国如同一座大监狱。阿房宫、骊山墓工地上的隐宫、刑徒多达70万,谪发到边疆征战、戍守的违法犯科者不计其数,仅在秦始皇三十三年"以谪遣戍"岭南的就达50万众,诚所谓"赭衣塞路,囹圄成市,天下愁怨"⑤,广大民众被逼上了绝路。

公元前210年(始皇三十七年)秦始皇死后,其继承人二世皇帝胡亥在赵高的挟持下,更是昏庸残暴,不仅对乃父之苛政"因而不改,暴虐以重祸"⑥,"赋敛

---

① 《汉书》卷二四上《食货志》载董仲舒语。
② 《汉书》卷六四下《严安传》。
③ 《汉书》卷二四上《食货志》载董仲舒语。
④ 《史记》卷六《秦始皇本纪》。
⑤ 《汉书》卷二三《刑法志》。
⑥ [汉]贾谊:《新书》卷第一《过秦下》。
⑦ 《史记》卷八七《李斯列传》。

第一章
秦朝对江西的统治

愈重,戍徭无已",以"税民深者为明吏,杀人重者为忠臣"⑦,还把屠刀指向了朝臣和宗亲。由于秦二世是靠"沙丘之变"阴谋篡夺帝位的,深恐大臣、宗室不服,危及自己的权位,因而在赵高怂恿下大开杀戒,军功卓著的蒙恬、曾判赵高死刑的蒙毅、左丞相冯去疾等人先后被逼死或被杀害,骨肉兄弟姐妹20余人也相继惨遭毒手。一时之间,"宗室振恐","自君卿以下至于众庶,人怀自危之心"。①

"夫秦为无道而天下叛之"②,秦朝的暴政激化了社会矛盾,使中国大地弥漫着反秦怒气,从普通农民到六国贵族,各阶层民众都在等待着起义时机的到来。

秦二世元年(前209年)七月,一支由900名贫苦农民组成的戍边队伍,正在向目的地渔阳(治今北京怀柔)进发。当他们行至蕲县大泽乡(今安徽宿县东南20公里的刘家集附近)时,因连降大雨,道路不通,无法按期到达渔阳。而秦法规定,戍卒如果误期,不论何种原因,都要处斩。戍卒们都很恐惧。在这生死抉择的关头,这批戍卒中的两个小头目——屯长陈胜(字涉)、吴广挺身而出,乘押解戍卒的秦尉醉酒行凶打人之机,杀死两个秦尉,发动戍卒起义。附近民众纷纷加入,与戍卒们一起"斩木为兵,揭竿为旗",一场声势浩大的反秦战争全面爆发。

陈胜自称将军,吴广为都尉,率领起义军迅速攻占大泽乡、蕲县。尔后分兵东向,主力则向西挺进,连下今豫东、皖北的铚(今安徽濉溪临涣集)、酂(今河南永城酂城集)、谯(今安徽亳县)、苦(今河南鹿邑县东)、柘(今河南柘城北)等地,当打到楚的故都陈县(今河南淮阳)时,已拥有兵车六七百乘,骑兵千余众,步兵数万人。

攻占陈县后,陈胜自立为王,以陈县为都城,"张楚"(意为"张大楚国")为国号,并用"伐无道,诛暴秦"的口号来激励、号召民众。一时之间,天下云集响应,"诸郡县苦秦吏者,皆刑其长吏,杀之以应陈涉",特别是原楚国境内,"数千人为聚者,不可胜数"③,其中著名的如项梁、项羽起兵于吴中(今江苏苏州),刘邦起兵于沛县(今江苏沛县东)。原属楚国的今江西鄱阳湖地区也活跃着一支反秦义军,其首领是吴芮和英布。

---

① 《史记》卷六《秦始皇本纪》。
② 《史记》卷九七《郦生陆贾列传》。
③ 《史记》卷四八《陈涉世家》。

二、吴芮、英布奋起番阳

吴芮是江西历史上第一位有据可考的人物。秦统一全国后,设置番阳县,吴芮被任命为县令。这里人口相对稀少,居民成分复杂,有华夏族,也有越族,吴芮能够管理得秩序井然,各族民众相处友好,因而,"甚得江湖间民心,号曰'番君'"①。这里的"江湖"显然是指长江和彭蠡泽,可见吴芮影响力的广泛。秦征百越时,在余汗和南壄屯军,番阳是离这两个集兵点最近的县级机构,应该负有配合秦军行动、做好后勤保障的责任。秦统一百越,固然有利于这些地区的开发及其与内地的经济、文化交流,但武力征服是以血腥的屠杀为代价的,它给越人带来了深重的灾难,也给参战或戍边的秦军士兵带来了无尽的痛苦。这一切对于深得民心的地方官吴芮来说,自然是看在眼里急在心中的。所以,当楚国故地"家自为怒,人自为斗,各报其怨而攻其仇,县杀其令丞,郡杀其守尉"②,响应陈胜、吴广时,吴芮也当机立断,号召和组织当地军民,举起了反秦大旗。

吴芮的叛秦,对起义军来说触动很大。因为大泽乡起义发生后,响应起义的多是普通民众和六国旧贵族,虽然也有刘邦、萧何、曹参等官府人物加入,但都是低级小吏。而吴芮则是主动投身于反秦战争的第一个秦朝县令,这对于瓦解秦的地方政权、鼓舞义军斗志无疑是有积极作用的。加之吴芮在当地和闽越(或称闽粤,今福建一带)民众中的影响力,使他成为闽赣一带的领军人物。因此,投靠吴芮的人越来越多,特别是英布及闽越王无诸、越东海王摇的率众来投,使吴芮的势力迅速壮大。

闽越王无诸和越东海王摇都是越王勾践的后裔,秦并天下后,发兵征服闽越,设置闽中郡,无诸和摇也都被降为君长。反秦战争爆发后,得知吴芮在番阳起义,立即率领越族部众前往参加,成为吴芮义军的基本力量。

英布是反秦战争中著名的战将,因触犯秦法而受黥刑,被押送到骊山修建秦始皇陵墓,因此又名黥布。在骊山劳作中,英布从不安分守己,暗中与刑徒中的"徒长豪杰"串联,并率领一批拥护者逃回老家九江郡,在长江一带"为群盗"。陈胜、吴广起义后,英布带领数千人投奔吴芮。吴芮见英布勇武能战,是难得的将才,更为了表示与秦朝彻底决裂,将女儿嫁给英布为妻,共同率领越人"举兵以应诸侯"③。

---

① 《汉书》卷三四《吴芮传》。
② 《史记》卷八九《张耳陈余列传》。
③ 《汉书》卷三四《吴芮传》。

第一章
秦朝对江西的统治

这时,陈胜正以陈县为中心,兵分三路西向攻秦,目标是秦都咸阳:一路由假王(代理王事)吴广率领,西击荥阳(今属河南);一路由宋留率领,从南阳(今属河南)转攻武关(在今陕西丹凤东南);一路由周文率领,在吴广、宋留两翼的配合下,直捣咸阳。另派邓宗南下进攻九江郡,遣武臣北渡黄河略取魏国故地。各路大军一齐开发,声势浩大,周文军进展更为顺利,仅数十日就突破咸阳门户重地函谷关,进抵距离咸阳不足百里的戏(今陕西临潼东)。兵力由10万迅速发展到兵车千乘、战士数十万人。

面对突如其来的起义军,秦二世急令少府章邯为将军,赦骊山刑徒为军队,派章邯率30万大军迎击周文军。周文连遭重挫后,自杀身亡。大好形势急转而下,起义军内部一再分裂。先是久围荥阳不下的吴广遭部将田臧杀死,田臧又被章邯击败而死。后是日益骄慢的陈胜众叛亲离,在章邯军攻陷陈县后,败退至下城父(今安徽蒙城西北),被其车夫庄贾杀害。与此同时,宋留军亦陷于秦军的包围之中,于走投无路下向秦军投降。

陈胜、吴广的遇害,使反秦战争一时转入低潮。但斗争并未因此结束,陈胜部将吕臣率领一支以奴隶为主力的苍头军,继续转战,一度收复陈县。当吕臣被章邯击败时,一直坚持斗争的吴芮派英布前往会合,并在清波(河南新蔡西接县界)协同作战,大破秦军。

不久后,反秦战争在项羽、刘邦等人的领导下进入了一个新的高潮。

三、秦朝在江西统治的瓦解

陈胜、吴广起义军连遭挫折期间,各地反秦势力如刘邦、吕臣、陈婴、英布和蒲将军等,纷纷投奔实力较强的项梁、项羽叔侄。秦二世二年(前208年)六月,陈胜被害的消息确认后,项梁在薛(今山东滕县东南)地召集各路首领商讨破秦方略,接受谋士范增的建议,立楚怀王之孙熊心为王,仍尊称楚怀王,使反秦义军又有了统一的精神领袖。

薛地会议后,各路义军协同作战,连创秦军,李斯之子、秦三川郡守李由亦被杀死。随后,项梁军又在秦北方重镇定陶(今山东菏泽)大破秦军。然而,在大好形势下,项梁骄傲轻敌,放松了警惕,遭到章邯军夜袭,兵败被杀,定陶得而复失。

项梁死后,项羽、刘邦等调整计划,向彭城(今江苏徐州)集结,并将楚怀王接到彭城。秦朝也把战略重心由江淮转移到河北,调戍守朔方边塞的王离大军

20余万与渡河北上的章邯军围攻赵地反秦势力。楚怀王命宋义为上将军,项羽为次将,范增为末将,率主力北上救赵;另派刘邦率军西攻咸阳。

宋义率军行至安阳(今山东曹阳)停顿下来,想让秦、赵两军争斗,坐收渔翁之利,因而连续46天按兵不动。项羽盛怒之下,杀死宋义,领兵与秦军决战。渡过漳水后,破釜沉舟,大破秦军主力,取得了反秦战争中关键性的胜利。

与此同时,刘邦乘虚西进,一路上采取军事进攻与政治怀柔相结合的政策,深得民心,进展顺利,长驱直入武关,兵临咸阳附近的灞水。

在起义军的沉重打击下,秦朝内部陷于一片混乱,权臣赵高杀死二世,立二世兄子子婴为秦王;子婴贬去帝号称秦王,又设计杀死赵高。秦二世三年(前207年)十月,当刘邦军逼近咸阳时,秦王子婴"系颈以组,白马素车,奉天子玺符"①,向刘邦投降。秦朝统治正式宣告结束。

在这场声势浩大的反秦战争中,江西地区虽然不是主要战场,但吴芮、英布较早地投入起义,转战江淮之间、大河南北,特别是"率百越佐诸侯",遣部将梅鋗助刘邦入关,深为项羽、刘邦欣赏,为江西摆脱秦朝统治乃至秦朝的灭亡作出过贡献。

秦朝灭亡的时间是公元前207年,但它对江西的有效统治应在公元前209年就基本结束了。陈胜、吴广起义发生后,曾派邓宗率领一支义军南攻九江郡,战况如何,史无明载,但九江郡长江以南的江西地区,有番令吴芮响应起义,控制了江郡一带;江西东面的会稽郡有项梁、项羽在吴中举事,杀会稽守,摧毁了秦在今江苏南部、浙江大部分地区的统治;东南闽中郡有闽越首领无诸、摇领导的越民起义,后投奔吴芮;岭南有曾参与平定百越、时任南海郡尉的赵佗,绝横浦(今大庾岭小梅关)、阳山(今广东阳山西北)、湟谿(今广东英德西南)诸关,"诛秦所置长吏,以其党为假守","击并桂林、象郡,自立为南越武王"②。所以,当时的江西成为秦统治的"真空"地带,几乎没有发生什么战斗,就从秦朝的暴政中摆脱了出来。

---

① 《史记》卷六《秦始皇本纪》。
② 《史记》卷一一三《南越列传》。

第二章

两汉时期的江西

公元前206年秦朝被推翻后,在反秦战争中立有大功的项羽、刘邦两大政治集团之间,展开了长达四年的楚汉战争。最终刘邦获胜,并于公元前202年二月正式登上皇帝宝座,建国号汉,史称"西汉"或"前汉"。西汉王朝经过70年的休养生息、汉武帝时期的开拓,成为强大的封建帝国。从汉元帝时期(前48—前33年)起,西汉社会矛盾逐渐激化,于公元前8年被外戚王莽建立的新朝所代替。王莽因篡汉及托古改制,招致普遍反对,在绿林、赤眉农民起义的打击下覆亡。公元25年,汉宗室后裔刘秀重建汉朝,史称"东汉"或"后汉"。东汉后期,外戚、宦官轮流擅权,统治黑暗,矛盾尖锐,导致黄巾大起义爆发。黄巾军被镇压后,州郡长官、地方豪强拥兵自重,割据混战,东汉王朝名存实亡。公元220年,占据北方的曹丕废汉献帝自立,东汉灭亡。

在长达400多年的两汉统治期间,江西除在军事上继续保持重要地位外,在全国的政治地位也逐渐提高。自汉初设置豫章郡后,江西境内的行政区划由西汉时期的一郡十八县,发展到东汉末年的三郡(豫章、鄱阳、庐陵)三十五县,使江西的北、中、中南部都有了郡级政治中心,初步奠定了今天江西省政区的规模;史书中留下姓名的郡县官吏,也由西汉时期的9人递增为东汉时期的21人。

随着历史的变迁,两千多年前的江西古城大多湮没在尘土之中,如今能够看到的只有庐陵(白口城)、海昏、鄡阳等汉城遗址。这些古城址特别是庐陵城址的发现,为我们认识和探索两汉时期江西历史提供了宝贵的材料。

第一节
豫章郡的建立及其行政建置沿革

一、楚汉战争与豫章郡的设立

秦朝灭亡后,反秦势力共同的目标实现了,但战争并未结束,大大小小的反秦势力在项羽的大行分封下,陷于一片混乱。究竟由谁以何种方式构建新的王朝,成为当时中国面临的最大问题。自称西楚霸王的项羽,想效法过去的周王做天下共主,其余诸王大多目光短浅,只图眼前利益,满足于占地为王。只有汉王刘邦欲打破现状,建立新的统一王朝。因此,一场新的战争在项羽和刘邦两大政治集团之间展开了。

项羽的分封并未做到论功行赏,封到王号的因封地不理想而颇有怨言,立有大功却没被封王的拥兵而无立足之地,更是愤愤不平。所以,在分封不久的公元前206年五月,齐国故地便发生了田荣反楚的战争。当项羽自彭城挥师北上全力对付田荣时,汉王刘邦"明修栈道,暗渡陈仓",乘机自汉中出兵北上,迅速占领关中。又决策东向,奔袭彭城,与项羽展开争夺天下的战争。刘邦在萧何、张良、韩信等人的辅佐下,采用"斗智不斗力"的策略,在荥阳(今属河南)、成皋(在今荥阳汜水镇西)一带与项羽主力长期对峙,另派韩信自关中东渡黄河,平定河北和齐地,并挥师南下与刘邦夹击项羽。汉王四年(前203年)十二月①,刘邦调韩信、英布、彭越等会师于垓下(今安徽固镇)。在四面楚歌声中,项羽突围至乌江(今和县境)渡口,自杀身亡。

项羽败亡后,汉军继续南下完成统一战争,收复尚未接管的地区。江西地

---

① 关于垓下之役的时间,《史记》《汉书》记载颇为混乱,《史记·高祖本纪》说五年,《汉书·高帝纪》说五年十二月,其他列传又各有出入。经后人考证,该役发生于十二月无误,但今人有用四年十二月和五年十二月者。鉴于《史记》《汉书》将汉初多起重大事件如迁都长安、燕王臧荼反、诸侯王封地调整(包括改齐王韩信为楚王、衡山王吴芮为长沙王),特别是五月"兵皆罢归家"、六月"大赦天下"等,都记在高祖五年,说明这年楚汉战争已经结束,不可能十二月还在进行垓下之役。因此,笔者采用高祖四年十二月说。

第二章
西汉时期的江西

区的统治秩序大概是在这一时期重建的。

由于《史记》、《汉书》在记载汉军略定会稽、豫章事时前后文有出入，因而，在究竟何时由何人领兵平定豫章并奉命筑城设郡的问题上，引起后人的争议。《史记·灌婴列传》云：

> 项籍败垓下也，婴以御史大夫受诏，将车骑别追项籍至东城，破之。所将卒五人共斩项籍，皆赐爵列侯。降左右司马各一人，卒万二千人，尽得其军将吏。下东城，历阳。渡江，破吴郡长吴下，得吴守。遂定吴、豫章、会稽郡。还定淮北，凡五十二县。

是说垓下之役后，灌婴奉命南下清剿残敌，并平定了会稽、豫章郡。但在《史记·高祖功臣侯者年表》（以下简称《功臣年表》）中又把"定豫章"的功劳明确地记在"堂邑安侯陈婴"名下：

> 以自定东阳，为将，属项梁，为楚柱国。四岁，项羽死，属汉，定豫章、浙江都浙自立为王壮息，侯，千八百户。复相楚元年王十一年。

而对灌婴的"侯功"也写得非常明白，主要是"以中涓从起砀，至霸上"，"入汉，定三秦"，"车骑将军属淮阴，定齐、淮南及下邑，杀项籍"，但只字不提"定豫章、会稽"事。班固对此未作更改，基本照录于《汉书》的相应传、表中。于是，后人产生分歧。北魏郦道元只信列传，在《水经·赣水注》中曰："赣水又北径南昌县城西……汉高祖六年始命灌婴以为豫章郡治，此即灌婴所筑。"[①]此后，唐《元和郡县志》、北宋《太平寰宇记》《元丰九域志》《舆地广记》、南宋《舆地纪胜》、元末明初《说郛》辑录的《豫章古今记》、明《读史方舆纪要》《明一统志》、清《江西通志》等史志皆相沿不改。但南宋赵与时则不以为然，指出：

> ……考纪及传，灌婴踪迹未尝到江南。凿空著书，可付一笑。洪驹父《豫章职方乘》亦谓：灌婴在汉初定江南，故祀以为城隍神，今江西郡县城隍多指为灌婴，其实非也。友人萧子寿（大年）考功臣侯表，始知其为陈

---

① 王国维：《水经校注》，袁英光、刘寅生整理标点，上海人民出版社1984年版。
② [宋]赵与时：《宾退录》，上海古籍出版社1993年版，第13页。

婴。②

清人王先谦集众家之长而作《合校水经注》，始在正文中将"灌婴"改为"陈婴"："赣水又北径南昌县故城西……汉高祖六年始命陈婴为豫章郡治，此即陈婴所筑。"并注称："官本曰：'按陈婴原本及近刻并讹作灌婴。'今改正。《史记·高祖功臣侯(者)年表》称：堂邑侯陈婴定豫章。《汉书》同。"①今人亦有不少学者对此作过探讨，且多倾向于后说。②

笔者以为，虽然《史记》《汉书》在记载灌婴定豫章问题上存在一些疑点，值得指陈出来，但仅凭《功臣年表》中灌婴和陈婴的"侯功"以及其他一些推测，便否定《灌婴列传》中的记载，依据并不充分。其实，这个问题并不复杂，关键在于如何看待《功臣年表》不记灌婴"定豫章"的问题。

《功臣年表》记事言简意赅，对功臣事迹皆以寥寥数语概述，载入年表的功劳只择其要者大者。汉初封侯者多达143人，其中"功劳大小"因人而异，所获赏赐也相差甚巨，大者过万户，小者仅数百户。灌婴是名列第九、食邑5000户的开国元勋，其军功主要是"以中涓从起砀，至霸上"，"入汉，定三秦"，"定齐、淮南及下邑，杀项籍"，说明自刘邦起兵反秦到击灭项羽，几次关键战事他都参加并充当过重要角色，如逼迫项羽自杀的最后一战便是由他亲自指挥的。而"定吴、豫章、会稽郡"发生在项羽败亡、汉得天下已成定局之时，属于收拾残局之事，这对功勋卓著的灌婴来说，自然无足轻重，列传可以一叙，《功臣年表》则无需再作渲染。陈婴则不同，他自反秦战争起便跟随项梁、项羽，项羽死后才归附刘邦。作为一员四年与汉为敌的降将，最终能够成为汉初开国列侯，虽说功劳是"定豫章、浙江都浙自立为王壮息"，但更为重要的可能还在于他的出身和名望。《史记·项羽本纪》曰：

> 陈婴者，故东阳令史，居县中，素信谨，称为长者。东阳少年杀其令，相聚数千人，欲置长，无适用，乃请陈婴。婴谢不能，遂强立婴为长，县中从者得二万人。少年欲立婴便为王，异军苍头特起……婴乃不敢为王。谓其军吏曰："项氏世世将家，有名于楚。今欲举大事，将非其人，不可。我倚名族，亡秦必矣。"于是众从其言，以兵属项梁。

---

① [清]王先谦：《合校水经注》，巴蜀书社影印清光绪二十三年新化三味书室刊本，1985年版。
② 参阅陈江《灌婴定赣考证》，《江西历史文物》1986年8月增刊；许怀林《江西史稿》，江西高校出版社1993年版，第26—32页。

第二章
西汉时期的江西

可见"长者"陈婴起兵反秦与"番君"吴芮很相似,都是因声望得到拥护。大概刘邦正是看中他这点,才让他从属灌婴,参与平定江南的行动。而他也不负众望,利用自己在楚人中的威信,在定豫章及浙江方面建立功业。对陈婴来说,定豫章、浙江就是大功,否则便无功可录,封侯更无从说起了。所以,《功臣年表》记陈婴而不记灌婴"定豫章",并不否定灌婴作为汉军主帅略定江南的事实。

然而,有学者指出,"定豫章"并不等于建豫章郡,豫章建郡究竟是在汉高祖五年、六年抑或更早,《史记》《汉书》并未作明确交代,即使"定豫章"的灌婴确系陈婴之误,也并未解决建郡时间问题。有人认为秦朝已设置豫章郡[①],依据不足。其实,后人之所以在豫章建郡时间上纠缠不清,主要源于《史记》的几处记载使人产生疑问,一是灌婴"遂定吴、豫章、会稽郡",是说"定"而非"建",表明在"定"之前豫章与会稽一样已经建郡。二是《史记·黥布列传》关于定封英布为淮南王的一段文字:

> (汉高祖)四年七月,立布为淮南王,与击项籍……项籍死,天下定,上置酒……布遂剖符为淮南王,都六,九江、庐江、衡山、豫章郡皆属布。

有论者以为项羽死后,英布即以淮南王受封九江、庐江、衡山、豫章四郡,既然"九江、庐江、衡山、豫章郡皆属布",且其中三郡已被定论或被有关学者(谭其骧)考证为秦朝所置郡,则豫章也肯定建郡于秦朝。同时,英布封王就国时,豫章尚未平定,则又排除了汉朝先建郡再划归英布的可能。[②] 对于这两处记载,笔者认为:

1.仅就文字而言,根据《史记》的行文特点,灌婴"遂定吴、豫章、会稽郡"中的豫章可以理解为郡名,但并不能肯定就是秦郡,也有可能是汉代政区名称,还有可能只是一般地名。查考《史记·高祖功臣侯者年表》,在记述某人平定某地时并非全用秦朝政区名,而是有时用秦朝政区名,有时用先秦故国名或项楚封国名,有时也用汉朝政区或一般地域名,兹举几例以资说明:

> (周勃)以中涓从起沛,至霸上,为侯。定三秦,食邑,为将军。入汉,定

---

① 肖华忠:《秦置豫章郡的历史地理探讨》,见《南方文物》1996年第4期。
② 详见肖华忠《秦置豫章郡的历史地理探讨》。

陇西,击项羽,守峣关,定泗水、东海。

(灌婴)以中涓从起砀,至霸上,为昌文君。入汉,定三秦,食邑。以车骑将军属淮阴,定齐、淮南及下邑,杀项籍。

(陈贺)以舍人前元年起砀,以左司马入汉,用都尉属韩信,击项羽有功,为将军,定会稽、浙江、湖阳,侯。

其中,"定泗水、东海",泗水是秦郡名(汉改称沛郡),东海是秦汉郡名;"定齐、淮南及下邑",齐是先秦故国、项楚封国和汉封国名,淮南是汉封国或地域名,下邑是秦汉县名;"定会稽、浙江、湖阳",会稽是秦汉郡名,浙江(今富春江)应指该江流域,是地域名,湖阳是秦汉县名。前引陈婴"定豫章、浙江都浙自立为王壮息","浙",《汉书》作"渐",即浙江上源之一的渐水(今新安江),全句似乎可以理解为:平定豫章地区和自立为王、建都渐(具体地点不详)、活动于浙江流域的壮息。所以,不能因为"遂定吴、豫章、会稽郡"中豫章与会稽郡并列行文,就说豫章是郡名,更不能以此判断是秦郡。

2.关于英布剖符封王的材料,与豫章并列的九江、庐江、衡山都是秦郡不错,但也是汉郡。① 从记载来看,说英布封王就国时豫章尚未收复是缺乏依据的。首先,对于"项籍死,天下定,上置酒……布遂剖符为淮南王,都六,九江、庐江、衡山、豫章郡皆属布"的记载,论者往往忽略"天下定,上置酒"几个关键字,在时间上造成项羽一死,英布便剖符就国的错觉。实际上,高祖四年十二月项羽败亡后,汉军随即分兵各地追剿残敌,陈婴、陈贺等奉命讨平江南,进展顺利,只遇到诸如浙江壮息之类的势力抵抗,因而短期内便迅速平定了豫章、会稽等地。所以,"天下定,上置酒",庆祝胜利,然后调整诸侯王封地,如改齐王韩信为楚王,徙衡山王吴芮为长沙王,加封建成侯彭越为梁王,故韩王信为韩王。② 英布也正式剖符为淮南王,并获得九江、庐江、衡山、豫章郡作为封地。在此期间,豫章地区已经平定且新置为郡,是完全可能的。

总之,豫章是在垓下之役后的汉高祖五年(前202年)初平定的,其设郡时间大致也在这个时段。

豫章郡治南昌城,亦名豫章城。由于千百年来一直相传是由灌婴督建的,

---

① 周振鹤:《西汉政区地理》,人民出版社1987年版,第47—51页。
② 见《史记》卷八《高祖本纪》《汉书》卷二下《高帝纪》。

第二章
西汉时期的江西

所以南昌汉代故城又称"灌婴城"或"灌城"。据说南昌城共辟六门:南有南门、松阳门,西有皋门、昌门,东、北有东门、北门。① 城址在今南昌市东南郊湖坊乡的黄城寺一带,距离南昌火车站约4公里。豫章郡得名之由来有三说:

(1)因盛产樟树而得名。豫章城南"(松阳)门内有樟高七丈五尺,大二十五围,垂荫数亩。《汉官仪》曰'豫章郡(章)树生庭中',因以为名。"②

(2)因豫章水而得名。赣江,《汉书·地理志》《后汉书·郡国志》皆称"豫章水","雷次宗云似因此水为其地名"③,清人顾栋高则断言"汉豫章郡正以豫章水得名"④。雷氏并未确定,顾氏则盖棺定论,过于牵强。也许恰好相反,两汉书是以郡名而称水名,因为成书于战国至汉初的《山海经》和稍后的《水经》(大约成书于汉魏间)皆称"赣水"而非"豫章水",说明赣水之名出现更早,豫章水是赣水的别称。后豫章水又称豫章江,唐时因避代宗李豫之名讳,一度简称章江,并非有人说的改称赣江,⑤赣江之名应该出现最早。

(3)豫章北来说。据《左传·昭公十三年》载:"楚师还自徐,吴人败诸豫章,获其五帅。"杜预注云:"定(公)二年,楚人伐吴师于豫章,吴人见舟于豫章而潜师于巢,以军楚师于豫章。又柏举之役,吴人舍舟于淮,自豫章与楚夹汉。此皆当在江北淮水南,盖后徙江南豫章。"不知依据何在?既然言"盖"(大概),可见也是一种臆测。⑥又南朝宋高祖义熙八年谋伐刘毅,遣王镇恶为前锋,"镇恶受命,便昼夜兼行,于鹊洲、寻阳、河口、巴陵守风凡四日,十月二十二日,至豫章口,去江陵城二十里"⑦,此豫章显然在江北,而非汉之豫章郡,当是《左传》所记豫章。因此,所谓"盖后徙江南豫章"全不可信,只是江北豫章属于小地名而不见记载而已。

豫章设郡,是江西历史上的一件大事,是赣鄱流域自新石器时代开始物质文明不断发展的结果。江西先秦考古的重大成果如万年仙人洞新石器文化、樟树吴城遗址和新干大洋洲商墓所呈现的青铜文化、瑞昌商代铜矿遗址、鹰潭角

---

① [宋]李昉等:《太平御览》卷一八三《居处部十一》引雷次宗《豫章记》,文渊阁《四库全书》本。
② [宋]李石:《续博物志》卷四,文渊阁《四库全书》本。[汉]应劭《汉官仪》曰:"凡郡,或以列国,陈、鲁、齐、吴是也……或以所出,金城城下有金,酒泉泉味如酒,豫章章(樟)树生庭中,雁门雁之所育是也……"见[清]孙星衍等辑《汉官六种·汉官仪卷上》,周天游点校,中华书局1990年版。
③ 《水经注》卷三九《赣水》。
④ [清]顾栋高:《春秋大事表·附录》,中华书局1993年版。
⑤ 陈文华、陈荣华主编:《江西通史》,江西人民出版社1999年版,第100页。
⑥ 参阅[清]高士奇《春秋地名考略》卷九,文渊阁《四库全书》本。
⑦ 《宋书》卷四五《王镇恶传》。

山商代窑址、新干战国粮仓遗址以及贵溪崖墓文化,等等,足以证明这一点。虽然由于江西偏离各个政治中心,与越族杂居,有"吴头楚尾"或"楚尾吴头"之称,大部分地区在秦代尚未脱离荒凉、封闭状态,但在全国大统一的政治背景下,依托赣鄱地区优越的气候环境、便捷的水陆交通、丰富的土地、矿产、植物资源和先秦时期奠定的物质基础,政治、经济上新的起步已经开始,而豫章郡的设置正是一个标志。

二、两汉地方政权组织体系

汉代地方行政,基本沿袭秦朝的郡县制,所不同者,秦废分封,实行单一的郡县制,两汉则郡国并行,但仍以郡县制为主。秦统一六国之后,"分天下为三十六郡",后又增至40余郡。西汉随着疆域开拓,郡、国不断增多。据统计,汉平帝时,共有郡国103个,县邑1314个,其中郡有87个;东汉顺帝时,共有郡国105个,其中郡有79个。

郡是地方最高行政机构,其组织仿照中央,郡守相当于丞相,郡尉(都尉)相当于太尉;监御史相当于御史大夫。三者分掌一郡的行政、军事、监察之权。

郡守,汉景帝中元二年(前148年)更名太守,新莽时改称连率。太守乃一郡之长,"秩比二千石"(俗称二千石官),下设郡丞或长史为助理。郡守皆为朝廷所任命,须剖符为据(虎符或竹使符,君臣各执其半),代表皇帝治理一郡,所以除对朝廷负责外,在一郡之内则是郡守专制。其职权相当广泛,凡民政、财政、司法、教育、选举以及军事等,几乎职无不总。由于郡守官职十分重要,郡守治理的好坏,关系到整个国家的兴衰,因此,朝廷非常注重郡守人选,如宣帝每次任命刺史、守、相时,必亲自召见,听其言,察其行,劝诫勉励,常说:"庶民所以安其田里而亡叹息愁恨之心者,政平讼理也。与我共此者,其唯良二千石乎。"[①]政绩优异者必获晋升赏赐,政绩败坏者也会受到严惩。

都尉,掌佐太守分管军事,"秩比二千石",地位仅次于太守。秦时名尉,汉景帝二年(前155年)更名都尉。东汉建武六年(30年)罢郡国都尉,内郡不再设置该职。都尉负责郡内一切军事行动,每年都试(军士考核),也由都尉主持。其日常事务为维护境内治安。内地郡只设一个都尉。边郡因边防需要,往往分置部都尉,如东部尉、中部尉、西部尉、南部尉、北部尉,一般都设在郡内战略要

---

① 《汉书》卷八九《循吏传》。

第二章
西汉时期的江西

地。也有只设一个都尉而与太守分治两处的,如豫章郡都尉便设在郡治西南的新淦(今江西樟树市)。

监御史,汉初沿秦制设有此官,地位不高,但职权很大,上属中央御史大夫,掌一郡之监察。汉武帝划全国为13部州,以刺史监察郡国后,废而不用。

郡之下是县,县分为两等,万户以上的县,其长官称令,秩千石至六百石;万户以下称长,秩五百石至三百石。县令、长"皆有丞、尉,秩四百石至二百石,是为长吏。百石以下有斗食、佐史之秩,是为少吏"①。秦时全国设县,少数部族地区则置道。汉代列侯所食县称为国。皇太后、皇后、公主所食之地称为邑,同时保存了秦代的道。汉平帝时,全国有县、道、国、邑共1587个,东汉顺帝时1180个。武帝时改列侯所食县的令长为相,新莽时,县令、长更名县宰。

县令、长是一县之最高长官,下有丞1人,管文书、谷仓和监狱,相当于副令长。县尉亦为令长佐官,大县2人,小县1人,掌本县治安、捕盗贼。县级官吏除令长及其佐吏县丞、县尉由朝廷任免外,其他诸曹掾、属的设置大致和郡的掾属差不多,皆由令长自行任命。

县以下最基层的行政机构是乡,"大率十里一亭,亭有长。十亭一乡,乡有三老、有秩、啬夫、游徼。三老掌教化。啬夫职听讼,收赋税。游徼禁贼盗。县大率方百里,其民稠则减,稀则旷,乡、亭亦如之,皆秦制也"②。可见,乡里基层官吏虽非朝廷正式任命,但其地位至为重要,凡国家赋税、徭役、兵役以及地方教化、狱讼、治安等,皆由乡里官吏承担。根据户口多少,乡官的设置略有差异,有5000户以上的乡,由郡派一名有秩,不满5000户的,由县派一名啬夫。乡以下为里,里设里正一人,掌一里百家诸事,里有围墙,设监门。里之下,十家为什,五家为伍,相互监督、担保,以便国家控制。汉平帝时,全国有乡6622个。由于乡是地方行政基层组织,凡是徭役的分派、赋税的征收等,都由乡官直接督办,因事关国家财政命脉、军队来源及社会治安,所以汉代统治者非常重视乡里建设。

与郡县制并行的有王国制(分封制),直属于中央的为郡,封王的地区则为国。西汉初年,有异姓王国七个。刘邦翦灭异姓诸王后,认为秦朝之所以孤立而亡,是因为没有分封同姓子弟,乃与大臣杀白马为誓曰:"非刘氏而王者,天下共击之!"先后分封9个同姓子弟为王,是为燕、代、齐、赵、梁、楚、吴、淮南、长沙

---

① 《汉书》卷一九上《百官公卿表》。
② 《汉书》卷一九上《百官公卿表》。

国。诸侯王权力很大,在封国内除丞相由中央任命外,"百官如汉朝","皆自置之"。文帝后,王国势力日益膨胀,向割据一方的独立王国发展。他们"大者夸州兼郡,连城数十","出入拟天子",使中央直辖郡仅剩15个。终于造成吴楚七国之乱。七国之乱被平定后,景帝、武帝连续采取严厉措施削弱王国势力,王国不再领郡,只在其封国内衣食租税而已。严耕望认为郡国并立"乃西汉末年制度,亦即武帝以后制度",汉初"诸侯王国不仅极大,而且国内辖郡"[①],是不无道理的。

为了加强对地方郡国的监察,汉武帝元封五年(前108年),又把全国划为豫、冀、兖、徐、青、荆、扬、益、凉、朔方、并、幽、交等13个监察区,称为部或州,各设刺史一员进行监察。刺史原本选派秩位较低的官员(秩仅600石)担任,他们既无僚属,也无固定治所。但秩卑而权重,每年定期巡察督刺本部郡守,按六条问事:

(1)强宗豪右,田宅逾制,以强凌弱,以众暴寡;
(2)二千石不奉诏书遵承典制,旁诏守利,侵渔百姓,聚敛为奸;
(3)二千石不恤疑案,风厉杀人,怒则任刑,喜则淫赏,烦扰苛暴,剥截黎元,山崩石裂,祅祥讹官;
(4)二千石选署不平,苟阿所爱,蔽贤宠顽;
(5)二千石子弟恃怙荣势,请托所监;
(6)二千石阿附豪强,通行货赂,割损政令。

可见,六条问事主要是督刺二千石郡守。但后来监察范围逐渐扩大,凡州内朝廷命官都在督刺之列,地方政绩如何,全凭刺史上奏,郡守对刺史多敬而畏之,刺史逐渐干预地方行政,久而久之,也就演变为固定的地方最高军政长官,地方行政机构也由郡、县两级演变为州、郡、县三级。当然,地方三级制确立的时间很晚,其标志是汉灵帝中平五年(188年)刺史改为州牧,这已是东汉晚期的事了。

三、豫章郡辖境及其沿革

西汉时期的豫章郡,郡治南昌(今南昌市)。建立之初,划归异姓王英布的

---

① 严耕望:《中国地方行政制度史》(甲部)、《秦汉地方行政制度》,台北中央研究院历史语言研究所1997年版,第35页。

第二章
西汉时期的江西

淮南国,英布叛乱被平定后,为中央直辖郡,汉文帝十六年(前164年),属庐江国,汉景帝四年(前153年)复为中央直辖。汉武帝划分全国为十三部州后,属扬州刺史部[①]。豫章郡共辖18县,其名称、建置等出自《汉书·地理志》,现将原文并颜师古注文摘录如下:

> 豫章郡,高帝置。莽曰九江。属扬州。户六万七千四百六十二,口三十五万一千九百六十五。县十八:南昌,莽曰宜善。庐陵,莽曰桓亭。彭泽,《禹贡》彭蠡泽在西。鄱阳,武阳乡右十余里有黄金采。鄱水西入湖汉。莽曰乡亭。(孟康曰:"鄱,音婆。"师古曰:"采者,谓采金之处。")历陵,傅易山、傅易川在南,古文以为傅浅原。莽曰蒲亭。(师古曰:"傅读曰敷。易,古阳字。")余汗,余水在北,至鄡阳入湖汉。莽曰治干。(应劭曰:"汗音干。"师古曰:"鄡音口尧反。")柴桑,莽曰九江亭。艾,修水东北至彭泽入湖汉,行六百六十里。莽曰治翰。赣,豫章水出西南,北入大江。(如淳曰:"音感。")新淦,都尉治。莽曰偶亭。(应劭曰:"淦水所出,西入湖汉也。"师古曰:"淦音绀,又音古含反。")南城,盱水西北至南昌入湖汉。(师古曰:"盱音香于反。")建成,蜀水东至南昌入湖汉。莽曰多聚。宜春,南水东至新淦入湖汉。莽曰修晓。海昏,莽曰宜生。(师古曰:"即昌邑王贺所封。")雩都,湖汉水东至彭泽入江,行千九百八十里。(师古曰:"音于。")鄡阳,莽曰豫章。南壄,彭水东入湖汉。安平。侯国。莽曰安宁。[②]

按上文记载顺序,十八县依次是:南昌、庐陵、彭泽、鄱阳、历陵、余汗、柴桑、艾、赣、新淦、南城、建成、宜春、海昏、雩都、鄡阳、南壄、安平。这些县具体的辖区范围很难查考,今参照吴宗慈《江西省古今地理沿革总略》和谭其骧《中国历史地图集》第二册,略述如下:

南昌县,豫章郡治所在地,治今南昌市东南。辖区范围包括今南昌、新建、丰城、进贤等地。汉高祖五年(前202年),灌婴奉命"定豫章",后人据此认为南昌城乃灌婴督建,遂有"灌婴城"或"灌城"之称。南昌位于长江流域赣江东岸,水陆交通方便,秦时便可能是用兵百越的一个中转之地。汉初,其镇守南疆的战略地位日益彰显,成为汉武帝平定南越、闽越时集结军队的重地。此后,在全国的地位逐渐上升,至今仍是江西地区政治、经济、文化的中心。

---

① 参阅周振鹤《汉书地理志汇释》,安徽教育出版社2006年版。
② 《汉书》卷二八上《地理志》。

庐陵县,治今泰和县西南,辖地范围较大,估计相当于今吉安、泰和、永丰、遂川、万安、永新、井冈山和吉水一部分。地处赣中地区的赣江南岸,是豫章通往岭南的必经之地,东汉末孙吴政权以其为中心设立庐陵郡,后历经变迁,东晋后逐渐废弃。今在泰和县西南3公里处发现一座大型古城遗址,经勘查即汉代庐陵城址,亦称白口城。

彭泽县,治今湖口县南,辖地包括今彭泽、湖口县全境,都昌县及安徽宿松、望江、东至县一部分,以"《禹贡》彭蠡泽在西"而得名。鄱阳县,秦称"番",治今鄱阳县东,辖地大致相当于今鄱阳、景德镇、浮梁及万年的一部分。因位于汉之鄱水北岸而得名。历陵县,治今德安县东,辖境与今德安县大致相近。柴桑县,治今九江市西南,辖地相当于今九江、瑞昌、星子等市县。海昏县,治今永修县,辖地包括今永修、安义、奉新、靖安、武宁等地。鄡阳县,治今都昌县东南,大致管辖今都昌和鄱阳的各一部分。

彭泽、鄱阳、历陵、柴桑、海昏、鄡阳六县,是在秦置番县的基础上发展而来的,这里地靠长江、彭蠡泽,地理位置优越,物产丰富,既是鱼米之乡,又拥有铜矿、黄金等矿物资源,因而成为江西历史上开发最早、发展最快,并藉此带动整个江西发展的地区。

余汗县,治今余干县,这里是越人活跃的地区之一,具有东控闽越的重要地位。辖区较为广阔,今之赣东地区大部分及赣北、赣中的一部分如余干、乐平、德兴、余江、上饶、弋阳、贵溪、鹰潭、广丰、横峰及万年、玉山、铅山、东乡的一部分,可能都在其辖区之内。当然,受自然条件等因素限制,终两汉之世,很多地方都是它无力直接控制的。

艾县,治今修水县西,辖境相当于今修水和铜鼓县。位于修水上游、幕阜山脉和九岭山脉之间,今赣、鄂、湘三省交界处。艾地虽然山高林密,地方偏僻,却是江西历史上见于记载的最早的地名,也可能是江西历史上最早的县级机构所在地。

建成县,治今高安市筠阳镇,辖区范围大致包括今高安、上高、宜丰等地及万载的一部分。建成位于赣江支流锦江(汉称蜀江)流域,煤矿资源丰富,是历史上最早发现和使用煤炭的地方。①

新淦县,治今樟树市,辖地相当于今樟树、新干、峡江及新余、乐安一部分。

---

① 《后汉书志》第二十二《郡国志四》注引《豫章记》曰:"县有葛乡,有石炭二顷,可燃以爨。"

第二章
西汉时期的江西

这里是豫章郡通向赣南的第一个中继点,军事战略地位重要,故是郡都尉治所。

宜春县,治今宜春市,辖地相当于今宜春、分宜、萍乡等地及万载、新余一部分。

安平县,治今安福县东,辖区大致包括今安福大部和吉安、吉水各一部分。

南城县,治今南城县东,位于赣中的东部,类似于馀汗,地方较广而仅设一县,所辖范围可能包括今南城、资溪、黎川、南丰、广昌、乐安、宜黄、崇仁、临川、抚州、金溪全部及东乡南部、宁都北部。这里也是闽越活动区域,在此设县的初衷,当是与馀汗遥相呼应,以扼制闽越。

赣县,治今赣州市西南;雩都县,治今于都县;南壄,治今南康县。这三县显然是在秦军事据点南壄(后可能设县)的基础上发展而来,辖地几乎包含了整个赣南地区。三县地处赣江源头,紧密相邻,以赣县为中心互为犄角,扼守南越出口的意图相当明显。汉武帝时成为汉军出击南越的桥头堡和休整地。

综上所述,豫章十八县分布的特点,一是依凭自然形势,靠近江河湖泊;二是分布密度小,地区间置县不平衡;三是军事战略意图明显,边防地位突出。这与当时江西的地理位置、开发程度等实际情况是相一致的。同时表明,豫章郡所辖十八县虽然主要集中在赣北、赣中、赣南、赣东、赣西分布稀少,但其辖境已相当于今江西省境的西北、西南、东南和南部等区域,从谭其骧《中国历史地图集》第二册西汉"扬州刺史部"看,今赣东北的婺源在丹阳郡,赣西的莲花和永新东北、安福西境小部分在长沙国,其余地区基本与今天相仿而稍有出入(图2-1)。

西汉末年,王莽以新朝代汉,为缓解社会矛盾而托古改制,在推行新的经济政策的同时,滥改制度、名称,地名亦在更改之列。于是,如前引《汉书·地理志》载文,豫章郡更名九江郡,南昌、庐陵、鄱阳、历陵、余汗、柴桑、艾、新淦、建成、宜春、海昏、鄡阳、安平等县,分别改称宜善、桓亭、乡亭、蒲亭、治干、九江亭、治翰、偶亭、多聚、修晓、宜生、豫章、安宁。豫章十八县竟有十三县更名,一度引起地名混乱。

刘秀重建汉朝后,拨乱反正,恢复了西汉时期的郡、县名称,西汉武帝时期设置的地方监察区域——州,亦在东汉晚期中央集权削弱、地方势力膨胀的政治环境下,逐渐演变成为地方最高行政机构,郡县两级制遂被州郡县三级制所取代。在东汉一代近200年间,随着经济开发的加快和人口的持续增长,隶属于

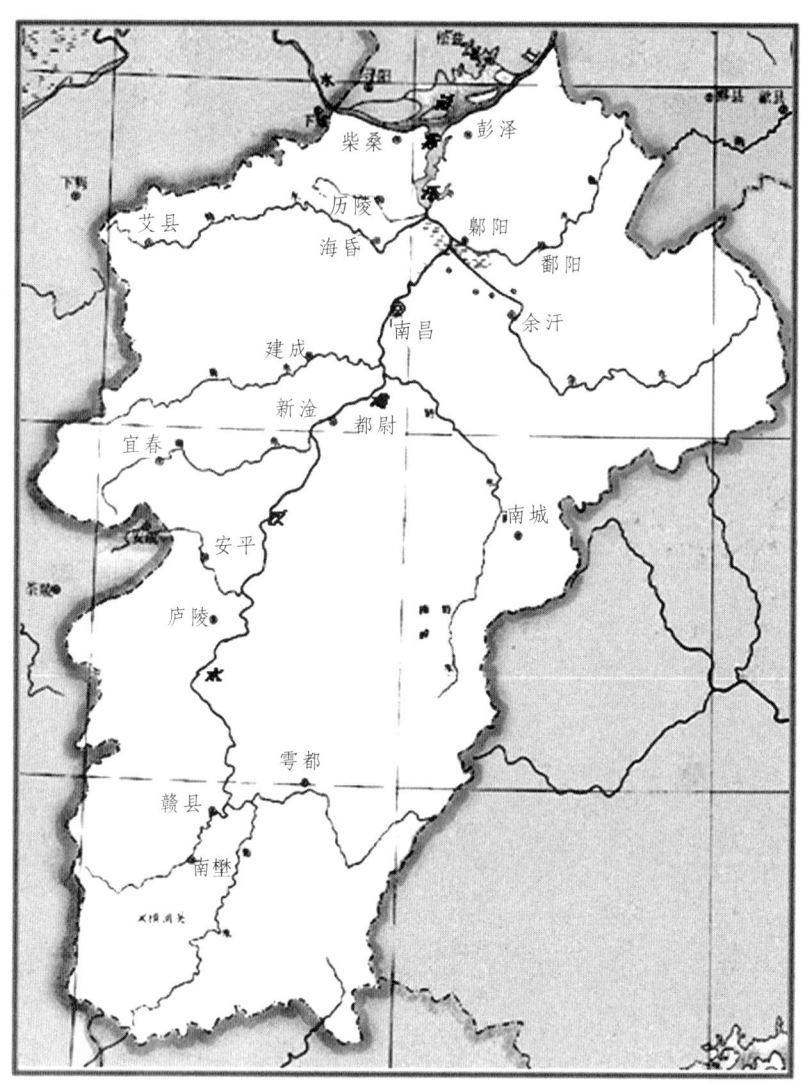

图 2-1 西汉豫章十八县示意图[①]

扬州的豫章郡所辖县数亦有所增加。对此,司马彪《续汉书·郡国四》记载了 21 个(含侯国 2 个),刘昭注引《豫章记》增补 5 个,原文并注文如下:

[①] 据谭其骧《中国历史地图集》第二册"西汉'扬州刺史部'"修改。

第二章
西汉时期的江西

豫章郡(高帝置。雒阳南二千七百里。)二十一城,户四十万六千四百九十六,口百六十六万八千九百六。(《豫章记》曰:"新吴、上蔡、永修县,并中平立。豫章县,建安立。上蔡民分徙此地,立名上蔡。")

南昌 (《豫章记》曰:"江、淮唯此县及吴、临湘三县是令。")建城(此地立名上蔡者。《豫章记》曰:"县有葛乡,有石炭二顷,可燃以爨。")新淦 宜春 庐陵(兴平元年,孙策分立庐陵郡。)赣有豫章水。雩都 南野有台领山。南城 鄱阳有鄱水。黄金采。(建安十五年,孙权分立鄱阳郡,治县。)历陵有傅易山。余汗 鄡阳 彭泽彭蠡泽在西。柴桑 艾(《左传》哀二十年吴公子庆忌所居。)海昏侯国。(在昌邑城。《豫章记》曰:"城东十三里,县列江边,名慨口,出豫章大江之口也。昌邑王每乘流东望,辄愤慨而还,故谓之慨口。")平都侯国,故安平。石阳 临汝永元八年置。建昌永元十六年分海昏置。①

由此可知,汉和帝永元八年(95年),从新淦、庐陵两县中分出石阳县(今吉水县北),从南城县中分出临汝县(今临川县);永元十六年(104年),从海昏县中析出建昌县(辖境相当于今奉新、靖安县);汉灵帝中平年间(184—189年),增设新吴(今奉新县西)、永修、汉平(今樟树市西南)、上蔡(今上高县)四县;汉献帝建安年间(196—220年),增设豫章县。至此,豫章郡由18县增加为26个县②。

东汉末年随着黄巾起义的失败,天下大乱,大小军阀纷纷拥兵割据,东汉王朝在大军阀董卓、曹操的先后把持下,名存实亡。当时的江西处于孙吴境内,且因其位于东吴腹地而成为东吴仰赖的人力、物力和财力供应基地之一。所以,孙吴集团对江西地区的经济开发和政区建置十分重视,郡县数量骤然增多,由东汉时期的一郡二十六县猛增为三郡三十五县③:

豫章郡,治南昌。辖十六县:南昌、海昏、新淦、建城、上蔡、永修、建昌、吴平、西安、彭泽、艾、宜丰、阳乐、富城、新吴、钟陵。

---

① 《后汉书志》第二十二《郡国志四》并注引雷次宗《豫章记》。按:范晔《后汉书》90卷,无志,[南梁]刘昭注《后汉书》时补入[晋]司马彪《续汉书·志》30卷。百衲本合为120卷,中华书局标点本则以《后汉书志》编于范本《后汉书》后。
② 许怀林:《汉代江西的农业》,《农业考古》1987年第2期。
③ 以下郡县设置情况引自许怀林《江西史稿》江西高校出版社1993年版,第57—58页。案:《三国志》卷五一《吴书·孙贲传》裴注引《江表传》:"丹杨僮芝自署庐陵太守……"后豫章太守孙贲弟辅得周瑜之助,进占庐陵。则知庐陵设郡实乃僮芝所为,孙吴因而不改。

庐陵郡,治西昌(今泰和)。辖十县:西昌、高昌、石阳、巴邱、南野、东昌、新兴、吉阳、兴平、阳城。

鄱阳郡,治鄱阳。建安十五年(公元210年),孙权在镇压了彭虎等数万人的反抗后"分豫章为鄱阳郡"。辖九县:鄱阳、广晋、乐安、余汗、鄡阳、历陵、葛阳、上饶、建平。

豫章郡的设置及其发展,是秦汉统一局面形成的结果,也是江西政治、军事地位上升和经济、文化发展的标志。汉代豫章郡虽不完全等同于后来之江西,但作为行政区划,江西源自于豫章,人们也常用豫章指代江西,可见其对后世影响之深远。

四、豫章郡官吏及其事迹

见于记载的豫章郡官吏不多,且事迹简单,有的甚至只留下了名字。但两汉相比较,东汉明显增多,从中可以看出当时江西地区在全国地位的变化。这些官员除个别外,多数皆为官清正,颇有政绩,且有不少饱读经书、学识渊博者,这对维护地方安定、移风易俗、发展经济都是大有裨益的。因记载事迹的官吏有限且简略,故仅列表介绍,注明史料来源,以供研究者参考。又由于孙吴时期的庐陵、鄱阳等郡皆由豫章析出,所以也都列在表内。另,豫章郡内曾封过几个侯国,如建成侯、宜春侯、海昏侯、安平侯等,因非郡县行政官职,一概不予列入。

表2-1 西汉豫章郡官吏表①

姓名	籍贯	官职	任职时间	在职事迹	史料出处
唐蒙		番阳令	武帝时	出使南粤、西南夷等	《汉书》卷九五《西南夷南粤王闽粤王朝鲜列传》。
孙万世		豫章太守卒史	昭帝末宣帝初	问海昏侯刘贺前被废时缘何听人夺其玺绶,又以贺且王豫章,不久为列侯。	《汉书》卷六三《武五子传》。

① 本表及表2-2,据郑州大学张文敏硕士论文《扬州官吏考析》而增改。(见中国知网:www.cnki.net)

第二章
西汉时期的江西

续表:

姓名	籍贯	官职	任职时间	在职事迹	史料出处
廖		豫章太守	宣帝时	神爵三年(前59年)海昏侯刘贺薨,廖奏言宜以礼绝贺。	《汉书》卷六三《武五子传》
梅福	九江寿春人	补南昌尉	成帝时		《汉书》卷六七《梅福传》
母将永	兰陵人	豫章都尉	平帝时		《汉书》卷八八《儒林传》
庆普		豫章太守	西汉末		同上
夏侯定国		豫章太守	西汉末		《汉书》卷七五《夏侯胜传》
邓宏	南阳新野人	豫章都尉	西汉末		《后汉书》卷一五《邓晨传》
贾萌		九江连率	新莽时	守郡不降,为汉兵所诛。	《汉书》卷九九《王莽传下》

表2-2 东汉豫章郡官吏表

姓名	籍贯	官职	任职时间	在职事迹	史料出处
周生丰	太山南武阳人	豫章太守	建武七年	清约俭惠	《后汉书》卷二八注引《冯衍传》注引《豫章旧志》
李忠	东莱黄人	豫章太守	建武十四年		《后汉书》卷二一《李忠传》
张躬		豫章太守	和帝时	筑塘以通南路,兼遏此水。	《水经注》卷三九《赣水注》。

续表：

姓名	籍贯	官职	任职时间	在职事迹	史料出处
刘祇		豫章太守	安帝时	元初七年，郡界有芝草生，太守刘祇欲上言之，以问檀。檀对曰："方今外戚豪盛，阳道微弱，斯岂嘉瑞乎？"祇乃止。	《后汉书》卷八二下《方术列传》
栾巴	魏郡内黄人	豫章太守	顺帝时	郡土多山川鬼怪，巴素有道术，乃剪理奸巫，后妖异自消。百姓始颇为惧，始皆安之。	《后汉书》卷五七《栾巴传》
张云		豫章太守	顺帝时	举郡人陈重孝廉，明年举郡人雷义孝廉。	《后汉书》卷八一《独行列传》。
虞续		豫章太守	顺帝末		《后汉书》卷六《质帝纪》。
陈蕃	汝南平舆人	豫章太守	桓帝时	性方峻，不接宾客，士民亦畏其高。	《后汉书》卷六六《陈蕃传》。
王永		豫章太守	桓帝时	陈翔为扬州刺史，奏其阿附宦官。	《后汉书》卷六七《党锢列传》。
刘宠	东莱牟平人	豫章太守	桓帝时	宠简除烦苛，禁察非法，郡中大化。	《后汉书》卷七六《循吏列传》
祝恬	卢奴人	豫章太守	桓帝时		《风俗通义·穷通第七》
朱皓	会稽上虞人	豫章太守	献帝时		《后汉书》卷七一《朱儁传》。
步骘	临淮淮阴人	海盐长、鄱阳太守	献帝时		《三国志》卷五二《吴书·步骘传》。
诸葛玄	琅邪阳都人	豫章太守	献帝时		《三国志》卷三五《蜀书·诸葛亮传》

第二章
西汉时期的江西

续表：

姓名	籍贯	官职	任职时间	在职事迹	史料出处
华歆		豫章太守	灵帝时	郡人徐胤笃行孝悌，欲礼请相见，胤固病不诣。	《后汉书》卷五三《徐稚传》。
孙贲	吴郡富春人	豫章太守	献帝时	建安十三年（208年），使者刘隐奉诏拜贲为讨虏将军，领郡如如故。在职十一年。	《三国志》卷五一《吴书·宗室传》。
孙辅	吴郡富春人	庐陵太守	献帝时		《三国志》卷四六《吴书·孙破虏讨逆传》。
顾邵	吴郡吴人	豫章太守	献帝时	下车祀先贤徐孺子之墓，优待其后；禁其淫祀非礼之祭者。小吏资质佳者，辄令就学，择其先进，擢置右职，举善以教，风化大行。	《三国志》卷五二《吴书·顾雍传》。
张敦	吴郡人	海昏令	献帝时	甚有惠化。	《三国志》卷五二《吴书·张顾诸葛步传》裴注。
封祈	汝南人	豫章太守	不详		《风俗通义·十反第五》
函熙		豫章太守	不详		《风俗通义·佚文》

第二节
豫章郡在两汉时期的战略地位

豫章郡背依西山,面向鄱湖,"襟三江而带五湖,控蛮荆而引瓯越"①,所辖范围"地方千里,水路四通"②。在西汉建立之初,因南越尚在汉境之外,闽越、东瓯又时怀异心,豫章郡东连闽、南通粤的交通地理位置,特别是"控蛮荆而引瓯越"的边防地位,很快凸显出来。

一、豫章郡在平定南越、闽越期间的地位和作用

西汉前期,百越地区形势错综复杂,南越、闽越、东海三个王国虽然都接受了汉朝的册封,向汉朝通使称臣,但各有割据一方之野心。汉初采用羁縻政策,对其加以笼络,勉强维持南疆稳定。汉武帝即位后,依靠70多年积累起来的强盛国力,对南越、闽越实施打击,彻底粉碎了南越相吕嘉、东越王(由闽越分出)余善的叛乱,使百越之地尽入汉朝版图。

1.汉武帝平定南越相吕嘉的叛乱

秦汉之际,延续7年之久的战乱波及全国各地,秦定百越后设置的闽中、南海、桂林、象等郡也发生了重大变化。岭南因山隘阻隔,早在陈胜、吴广起义爆发后即断绝了与秦朝的关系,原南海龙川令、真定(今河北正定)人赵佗,在郡尉任嚣病故后接任其职,"即移檄告横浦、阳山、湟谿关曰:'盗兵且至,急绝道聚兵自守!'"并"诛秦所置吏"而安插自己的亲信。秦朝灭亡后,赵佗趁楚汉相争正酣时,于汉高祖三年(前204年)出兵吞并桂林和象郡,"自立为南越武王",建立起一个割据岭南的南越国。③

西汉初年,因天下新定,百业待举,汉高祖无暇顾及南疆之事。直至高祖十一年(前196年),才始命陆贾携印玺至南越都城番禺,拟册封赵佗为南越王。陆贾施展口辩之才历数南越与中原交好的利害关系,使赵佗由轻慢、猜疑到欣然

---
① [唐]王勃:《滕王阁序》。
② [宋]乐史:《太平寰宇记》卷一○六《江南西道四》引雷次宗《豫章纪》。
③ 事见《史记》卷一一三《南越列传》《汉书》卷九五《西南夷两粤朝鲜传》。以下引文未注出处者皆见本传。

第二章
西汉时期的江西

接受南越王封号,"与剖符通使,和集百越,毋为南边患害",成为汉朝与长沙国、豫章郡结境的地方王国。

汉朝的羁縻政策在"和集百越"方面起到了一定作用,赵佗基本能够做到"称臣奉汉约"①,每年定期向汉贡献地方特产,并在边关开市,与汉互通有无。但这种君臣关系又很特殊,南越王在政治上的独立性远大于中原王国,因此,汉与南越的关系一直磕磕绊绊,时好时坏,南越既防汉朝吞并,汉朝更对南越怀有高度戒备心理。高祖去世后,惠帝尚能继续执行"和集百越"政策,吕后掌权后,因担心南越经济强盛对汉不利,一改过去互通贸易的方针,于高后五年(前183年)夏五月,下令禁止向南越输出铁器和雌性马、牛、羊,以遏制南越农、牧业生产的发展。赵佗深为不满,遂迁怒于长沙王,认为汉朝此举必是长沙王逸言所致,②因此遣使至长安交涉,希望解除禁令,恢复贸易。但吕后非但不依,还扣押南越使者。同时,赵佗又风闻在真定的祖坟被毁,宗族被杀,一怒之下,于高后五年(前183年)自立为"南越武帝",并发兵攻打长沙国,连破边境数县而去。

赵佗的公开为敌,使吕后决心铲除南越国,于高后七年(前181年)发兵讨伐。但因南方炎热,汉军士兵不服水土,疾疫弥漫,大军驻留于湘粤边界一年多。次年,随着吕后的去世,汉朝欲用武力解决南越国的企图以失败告终。汉文帝即位后,迫于北方匈奴的巨大压力,恢复高祖的"和集百越"政策,再次起用陆贾持诏书出使南越,劝谕赵佗去掉帝号,继续与汉保持君臣关系。为表诚意,赵佗当即进献白璧、翠鸟、犀角、紫贝、生翠、孔雀等珍物,并表示"愿奉明诏,长为藩臣,奉贡职"。

汉武帝即位后,西汉经长期休养生息,经济发展,府库充实,国力强盛,南越国君更希望以汉朝为宗主和靠山。因而,武帝建元四年(前137年)赵佗去世后,先后继立的赵胡、赵婴齐,一直保持亲汉关系。武帝元鼎四年(前113年)赵兴继位后,因其母太后樛氏乃赵婴齐为质长安时所娶邯郸女,自己又出生于长安,所以更亲近和依赖于汉朝。但热衷于开疆拓土的汉武帝并不愿意看到这个半独立王国的存在,派樛氏的婚前情人安国少季出使南越,宣召南越王太后和南越王赵兴入朝,并遣卫尉路博德率军屯驻于桂阳(今广东连县),以为后援。太后欣然接受,与赵兴准备行装北上朝见汉武帝,但遭到丞相吕嘉的阻挠。

① 《汉书》卷四三《陆贾传》。
② 高祖徙封吴芮为长沙王时,是以海南、桂林、象郡属长沙国的,而后又立实际拥有此三郡的赵佗为南越王。可能赵佗认为长沙王会因此忌恨自己,于是迁怒于他。

吕嘉乃南越国三代老臣,"宗族官贵为长吏七十余人,男尽尚王女,女尽嫁王子弟宗室,及苍梧秦王有连",他在南越国中威望很高,"粤人信之,多为耳目者,得众心愈于王"。南越王太后设谋欲除掉吕嘉,汉武帝也派韩千秋与王太后之弟樛乐率两千汉军,进入南越。吕嘉见汉军入境,孤注一掷,煽动越人反汉,于元鼎五年(前112年)三月带兵包围王宫,攻杀南越王兴、王太后及汉朝使者,另立婴齐之越妻所生子建德为王。同时,设计在距番禺城40里处围歼了韩千秋军2000人。汉武帝见吕嘉公开反叛,乃大赦罪人充军,征调江淮以南10万水师,以路博德为伏波将军,出桂阳,下湟水;以主爵都尉杨仆为楼船将军,出豫章,下横浦;以故越降将归义侯二人为戈船将军和下濑将军,分出零陵郡(治泉陵,今湖南零陵),一下离水(今广西漓江),一抵苍梧(今广西梧州);以故越降将驰义侯率巴蜀罪人,发夜郎兵,下牂柯江。五路大军合计20余万人,分从东、北、西三面合击番禺。次年冬,杨仆所部精锐士卒率先攻破寻陕(今广东韶关曲江至番禺以北一带)、石门(今广东番禺西北20里)等地,与迟到的路博德军会合后,两大主

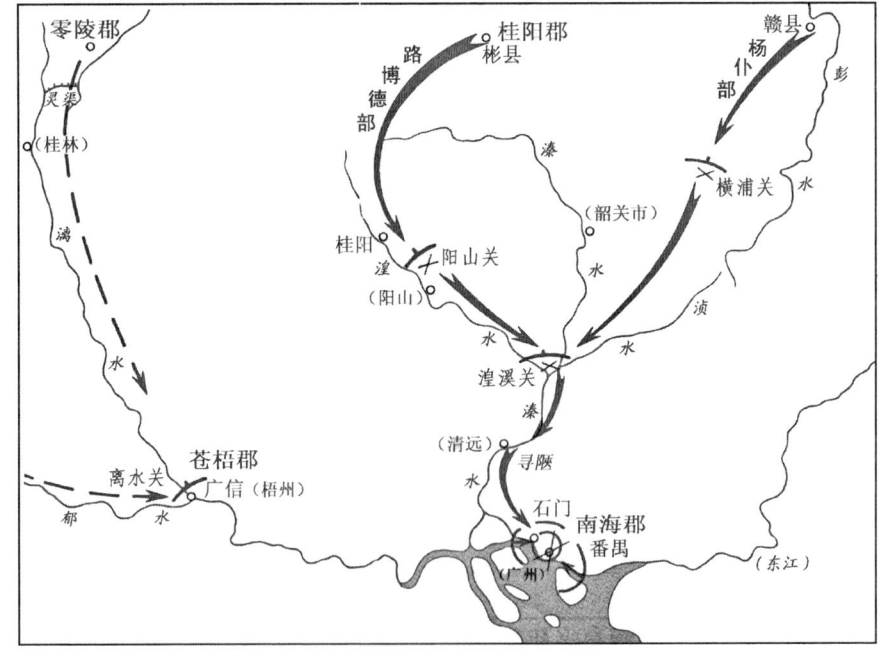

图2-2 汉平南越之战示意图①

---

① 据陈梧桐、李德龙、刘曙光《西汉军事史》(《中国军事通史》第五卷)附图7修改,军事科学出版社1998年版。

第二章
西汉时期的江西

力迅速攻入番禺,守城越兵纷纷投降,吕嘉及南越王赵建德被抓获并处死。

随着吕嘉叛乱的平定,南越国宣告灭亡。汉武帝在岭南地区分置九郡:南海(治今广州市)、郁林(治今广西桂平)、合浦(治今广东合浦东北)、珠崖(治今海南琼山东南)、苍梧(治今广西苍梧)、儋耳(治今海南儋县西北)、交阯(治今越南河内西北)、九真(治今越南清化西北)、日南(治今越南广治西北)诸郡,从此,岭南地区全部纳入汉朝直接统治之下。

2.汉武帝时对闽越叛乱的平定

闽越和东瓯原是分布在今福建和浙江南部的部族,属百越诸族之一。秦征百越时,最先平定闽越,并在其地设置闽中郡。因不满秦朝歧视政策,闽越君无诸、越东海君摇追随番阳令吴芮,加入了反秦行列。秦亡后,项羽大行分封,却未给无诸、摇王号,所以二人怀忿反楚,"率越人佐汉",在楚汉战争中立有战功,汉高祖五年(前202年),无诸被册封为闽越王,都东冶(今福建福州市),统辖原闽中郡故地。摇则因势力较小,直到汉惠帝三年(前192年),"举高帝时越功,曰闽君摇功多",深得其民之心,才被立为东海王,都东瓯(今浙江温州),俗称东瓯王。①

闽越、东瓯的形势十分复杂。汉景帝前元三年(前154年),吴王刘濞联合吴楚等七国叛乱时,曾拉拢闽越王和东瓯王参与。闽越王无诸明辨事理,拒绝介入,而东瓯王则参与其事。但后来刘濞事败逃到东瓯时,东瓯王又杀濞于丹徒。而刘濞之子刘驹逃至闽越,无诸却待之若上宾,并在刘驹的挑拨、鼓动下,于建元三年(前138年)发兵进攻东瓯。汉武帝应东瓯王之请,发兵救援,无诸不等汉军到来,赶紧退兵而去。东瓯王担心再遭闽越攻击,在得到武帝恩准后,率部众4万多人迁入江淮之间,定居于庐江郡。于是,东瓯故地尽为闽越王所占。

面对闽越王的骄横,汉朝许多大臣视而不见,主张任其自流,致使闽越王更加有恃无恐。汉建元六年(前135年),闽越王乘南越武帝赵佗新死,发兵攻打南越。南越王赵胡上书武帝,请求裁决。武帝决定教训闽越,遣大行王恢出豫章、大司马韩安国出会稽,兵分两路合击闽越。闽越王之弟余善与同宗贵族合谋杀死闽越王郢,向汉军投降。汉武帝先后册封无诸之孙丑为越繇王,余善为东越王,使闽越一分为二,以便控制。但余善"狼戾不仁",多行不义,表面忠于汉朝,暗地却与南越相吕嘉勾结。杨仆觉察其心怀不轨,在平定吕嘉之乱后,上书建议汉军立即挥师东进,讨伐余善。武帝担心"士卒劳倦",令汉军留屯豫章、

---

① 《史记》卷一一四《东越列传》"正义"引《括地志》云:"梅岭,在虔化县东北二十八里。"虔化,今江西宁都。

白沙(今江西鄱阳西)、武林(今江西余干东北)、梅岭①,待机行事。

余善见汉兵压境,自知反迹败露,乃于元鼎六年(前111年)秋,起兵反汉,自立为"武帝",封将军驺力等号"吞汉将军","发兵距汉道",攻入白沙、武林、梅岭,杀汉三校尉。汉武帝乃命楼船将军杨仆出武林;横海将军韩说出句章(今浙江慈溪);中尉王温舒出梅岭;弋船、下濑二将军出若邪(今浙江绍兴)、白沙,数路并发,进攻东越。元封元年(前110年)冬,汉军攻入东越。余善虽然凭险拼死抵抗,其徇北将军还曾在武林"败楼船军数校尉,杀长吏"。但在汉军优势兵力打击下,内部发生分化,东越建成侯敖与繇王居股合谋杀死余善,率部向横海将军韩说投降。叛乱迅速被平息,闽越国也随之覆亡。

3.豫章郡在汉朝用兵南越、闽越中的地位和作用

豫章郡在汉初的地位一如秦代的江西地区,且在交通、边防方面的地位和作用进一步上升。秦代江西之地尚无郡级政治中心,县级机构也寥寥无几,秦征百越屯兵于余汗、南壄,主要是依托这里的自然条件。豫章郡的设置,使汉初南疆有了一个郡级政治中心和边防重镇。今人论著每言"南昌"之意,必说"昌大南疆"或"南方昌盛",不论其出处何在,是否建城时取名之本意,考察汉初闽、粤、赣形势,结合"南昌"字义,得出这一结论是符合实际情况的。《汉书·地理志》云:"新淦,都尉治。"新淦,治今江西樟树市,位于南昌城西南约80公里的赣江中游地段。西汉都尉一般与太守同治郡城,大概因豫章郡域呈狭长形状,而郡治又稍偏北方,作为与南越、闽越相邻的边郡,不利于对南方的军事行动,故而设都尉于新淦,是为边防需要考虑的。再从县级机构设置来看,秦征百越时的两个集兵点余汗、南壄皆升级为县,其边防意义自不待言。值得注意的是,又在通往闽西北的贡水边上新设雩都县(治今江西于都东北),在章、贡交汇附近的河套上新设赣县,还在赣与新淦之间赣水旁增设庐陵县。这样布局固然有经济、人口等社会因素,但东控闽越、南制南越的军事意图也是很明显的。故王谟所言"盖秦汉之世,豫章尚为边郡,而汉制羁縻蛮越,多在此处"①,是有其道理的。

记载表明,在汉武帝用兵南越、闽越的过程中,豫章郡始终起着桥梁和桥头堡的作用。水陆交通比秦代更为畅通。这次南征汉军的主力依然是楼船士,出豫章的主帅杨仆称楼船将军,出桂阳的主帅路博德称伏波将军。这两支大军

---

① [清]王谟:《江西考古录·郡邑·新淦》,北京出版社2000年版。

第二章
西汉时期的江西

的楼船,据王谟考证,都是庐江郡寻阳县(治今湖北黄梅西南)建造的,其依据当是《汉书·地理志》:"庐江郡……有楼船官。"寻阳位于彭蠡、江水之滨,"名属庐江,实通豫章。汉设楼船将军于此,无事则资其弹压,有事则易为调拨。汉制御越,此为要策"①。所造楼船可经过鄱阳湖而入赣江,溯江而至大庾岭下,再过横浦关进入岭南。从作战进程看,杨仆军与路博德军同时出发,但杨仆军进展迅猛,在连破寻陕、石门之后,路博德的先头部队1000余人才迟迟赶到,可见从豫章至岭南番禺的道路更为顺畅,杨仆因此役而出尽风头,其侯功便是"以楼船将军击南越椎锋却敌"②。

平定南越的战争之所以顺利,当然是与汉朝准备充分密切相关的,据载,"是时粤欲与汉用船战逐,乃大修昆明池,列馆环之。治楼船,高十余丈,旗织加其上,甚壮"③。有意思的是,有人称:"汉武帝宝(元)鼎二年,立豫章宫于昆明池中,作豫章水殿。"④又有说,汉武帝时,曾命人在长安昆明湖制造"可载万人"的大船,并以"豫章"命名。⑤长安昆明池主要是用来演练水战。如果这两处记载可信,则豫章可能不仅仅是楼船的集结和修缮之地,还是供应点之一。

在镇压闽越叛乱的战争中,豫章郡就不光是汉军集结和后勤补给地,还是前线和战场。这次战争打响前的屯兵点多在江西,几个重要战场如白沙、武林、梅岭也在江西境内。

二、东汉末年孙氏集团对江西的争夺与经略

汉武帝平定南越、闽越之乱后,分布广泛的百越诸族发生分化,原南越国统辖下的诸越如南越、西瓯、骆越等逐渐融入南蛮和西南夷,而闽浙赣越人则除部分继续生活在边远山区外,基本纳入汉朝的直接统治之下,汉越之别在逐渐缩小(详后"人口的民族构成")。江西地区虽然在较长时间内还属"江南卑薄之域"⑥,但已不是边防地带了。此后汉朝历经变更,由强盛到衰落,由王莽改制到帝国覆亡,又由光武中兴到军阀纷争。其间帝国周边多有不宁:北方匈奴、鲜

---

① [清]王谟:《江西考古录·故事·楼船将军》。
② 《汉书》卷一七《景武昭宣元成功臣》。
③ 《汉书》卷二四下《食货志》。
④ [南梁]任昉《述异记》卷上。
⑤ 《三辅黄图》卷四引《庙记》。
⑥ 《后汉书》五三《徐稚传》。

卑相继为敌,西边羌族长期反抗,西南中南蛮夷时而暴动,唯独东南地区相对安定,豫章郡境尤显平静。即使在两汉之际的战乱时期,也只有九江连率贾萌"守郡不降,为汉兵所诛"①,涉及江西。所以,江西获得了平稳发展的机会,境内越人加速同化于汉族。直至东汉末年军阀割据混战,豫章郡的战略地位再次凸显,这里的平静才被打破。

1.军阀混战与孙策夺占豫章

东汉后期外戚、宦官的轮流专权,使皇权低落,统治黑暗,社会矛盾激化,导致黄巾大起义的爆发。中央力量的弱小使其不得不借助日益坐大的地方州郡势力和遍布全国的私家豪强武装,共同镇压黄巾军。然而,随着黄巾军的失败,中央政权制御全国的力量加速丧失,地方州郡长官及豪族武装趁机扩张势力,军阀混战一触即发。少帝光熹元年(189年),外戚、大将军何进谋诛宦官,密泄被杀,河北大族袁绍兄弟入宫大杀宦官两千余人。关西军阀、并州牧董卓乘东汉朝廷极度混乱之机,率军进入京师洛阳,废少帝,立献帝(时年9岁),独揽朝政大权。"(董)卓性残忍不仁,遂以严刑胁众,睚眦之隙必报"②,其之专权招致天下不满。献帝初平元年(190年),以渤海太守袁绍为盟主、讨伐董卓为名义的军事联盟——"关东军"成立,军阀混战全面爆发。

初平三年(192年),董卓被其部将吕布与司徒王允合谋杀死,关东军随之瓦解,全国陷入了军阀林立、分裂割据、相互攻伐的混乱局面,所谓"大者连郡国,中者婴城邑,小者聚阡陌,以还相吞灭"③。在群雄逐鹿过程中,中原地区成为袁绍、曹操两强争夺的目标,其他军阀无力插足,纷纷向周边地区寻求安身之处。于是,一些偏离中原的州郡战略地位陡然上升,成为各股势力注目之地,豫章郡便是其中之一。

最先染指豫章的是世族出身的汝南汝阳(今河南汝南)人袁术,这个野心勃勃却眼高手低的大军阀,依靠家世名望与堂兄袁绍一同起兵,在镇压黄巾起义、讨伐董卓的过程中,势力逐渐壮大。后与袁绍不和,兄弟俩分道扬镳。曹操乘隙而入,与袁绍连兵,大败袁术。袁术无法在中原立足,被迫率部南下,赶走扬州刺史陈瑀,进占寿春(扬州治所,今安徽寿县),自领扬州。袁术急于站稳脚跟,试图通过军事进攻与人事任命来控制扬州各郡,但因其能力平庸,又心术

---

① 《汉书》卷九九下《王莽传》。"九江连率"即豫章太守,王莽改。
② 《三国志》卷六《魏书·董卓传》。
③ 《三国志》卷二《魏书·文帝纪》注引《典论·自叙》。

第二章
西汉时期的江西

不正、妒贤嫉能,往往事与愿违。兴平元年(194年),豫章太守周术病逝,袁术即署琅玡阳都人诸葛玄为豫章太守。豫章暂时归属袁术。

这时的东汉朝廷虽已徒具虚名,但仍在发号施令。在袁术自为扬州刺史及私任豫章太守时,也先后任命刘繇为扬州刺史、朱皓为豫章太守。于是,一场争夺豫章郡的角逐遂在袁术与朝廷命官刘繇之间展开了。刘繇走马上任时,扬州治所寿春已被袁术占领。袁术虽是败军南下,但实力依然较强,刘繇自知不是对手,乃暂屯曲阿(今江苏丹阳)。连遭孙策攻击后,退守丹徒(今江苏镇江东南),自忖丹徒难保,又打算逃往会稽。谋士许劭不以为然,认为奔会稽不如去豫章,他分析说:

> 会稽富实,策之所贪,且穷在海隅,不可往也。不如豫章,北连豫壤,西接荆州。若收合吏民,遣使贡献,与曹兖州(指曹操)相闻,虽有袁公路(即袁术)隔在其间,其人豺狼,不能久也。足下受王命,孟德(曹操)、景升(刘表)必相救济。①

刘繇采纳许劭建议,调整战略目标,率领数万军队溯江而西,进驻豫章彭泽。这时,朝廷任命的豫章太守朱皓正被袁术私任的豫章太守诸葛玄击败,走投无路之下向刘繇借兵攻玄。刘繇正为豫章而来,遂派笮融协助朱皓攻打豫章。不料笮融心术不正,在逼走诸葛玄后,设计杀害了朱皓,自领豫章太守。但有过多次滥杀无辜劣迹的笮融,不得人心,在刘繇大军的进攻下,败亡山中,为山民所杀。刘繇以扬州刺史身份进驻豫章。与此同时,汉廷新任命的豫章太守华歆亦到达郡治南昌。华歆乃当世名士,"清纯德素"②,礼让重贤,又与刘繇同属朝廷命官,故能两无猜忌,和融共事。

建安三年(198年),刘繇病逝于豫章。③士众万余人欲奉华歆为主,但"歆以为因时擅命,非人臣之宜"④,坚辞不受。结果,刘繇部众群龙无首,一个多月后

---

① 《三国志》卷四九《吴书·刘繇传》注引袁宏《后汉纪》。按:"北连豫壤"与"西接荆州"相应,按字义应是"北连豫州",但显然不确。依许劭之意,在于比较豫章与会稽距离外援之远近,不论荆州还是豫州,会稽皆远不如豫章联系便捷。故"北连豫壤"之"连"疑是"通"或"近"之误。

② 《三国志》卷一三《魏书·华歆传》。

③ 《三国志》本传只云"繇寻病卒",未载时间,此处采[清]万斯同《三国汉季方镇年表》,见[宋]熊方等:《后汉书三国志补表三十种》,中华书局1984年排印版。

④ 《三国志》卷一三《魏书·华歆传》注引《魏略》。

仍然无所归附。至此,豫章局势逐渐明朗。

袁术,曾拥有豫章,但一年左右便被驱逐。此后势力迅速衰落,再也无力收回失地。然而,令人惊讶的是,自身难保的他,野心却丝毫不见收敛,建安二年(197年)春正月,竟冒天下之大不韪,公然在寿春称起帝来,其结果自然可想而知。建安四年(199年),在各方势力打击下,众叛亲离,呕血而死。

华歆,天下名士,德高望重,为政清廉,人人敬仰。但书生一个,既不懂军事,更不识世间险恶,天下大乱还死守臣节不放。其所作所为表明他不属也不可能成为军阀,他只是在为一个垂死王朝徒劳而已。因而,对于觊觎豫章的军阀来说,豫章只是暂寄华歆名下。

刘勋,袁术任命的庐江(治今安徽庐江西南)太守,目光短浅,能力胆略有限,充其量属于乘乱浑水摸鱼之类的地方军阀。袁术败亡后,尽得其余部3万余人,又获扬州名士刘晔相赠数千部曲,加上自己原有人马,实力大大增强。但粮草需求也随之增加,小小庐江郡难以承受,因此把目光投向了邻郡豫章。

孙策,江淮以南唯一具备霸王气质的人物,史称:"策为人,美姿颜,好笑语,性阔达听受,善于用人。是以士民见者,莫不尽心,乐为致死。"①献帝初平二年(191年),17岁的孙策继承亡父孙坚遗业,势孤力单,投靠父亲当年的盟友袁术,虽屡遭其欺压蒙骗,却忍气吞声,继续奋力破敌,势力从无到有逐渐扩充。袁术称帝前后,孙策与其关系从疏远到彻底决裂,先后攻占吴郡、会稽、丹阳,并以此三郡为腹心,寻求开创江东基业的方略,②因而也把战略目标锁定在邻郡豫章。

于是,对于豫章郡的争夺,便在孙策、刘勋、华歆三股势力之间展开,但主动权始终掌握在孙策手中。

刘繇去世时,豫章太守华歆谨守臣节,不敢"因时擅命",拒绝接收其万余部众。正虎视豫章的孙策认为机不可失,即刻派遣大将太史慈前往招抚刘繇部众,并伺机侦查豫章态势。不久,太史慈不仅收编了刘繇部分部众,使孙策的军事力量进一步壮大,而且带回了有关豫章局势的重要情报:

---

① 《三国志》卷四六《吴书·孙策传》。
② "江东"是一个历史地理概念,因长江在今安徽境内向东北方向斜流,而以此段江域为标准确定东西和左右,汉末泛指芜湖以下长江下游南岸今苏、浙、皖地区,在东汉的行政区划上主要包括丹阳、吴、会稽三郡。古人以帝王坐北南南为基准,在地理方位上以东为左,西为右,故江东又称江左,今江西则称江右。但汉末江西(江右)是指今皖北和淮河下游一带的庐江、九江郡,豫章郡则应属江东范畴。

第二章
西汉时期的江西

> 华子鱼良德也,然非筹略才,无他方规,自守而已。又丹杨(即丹阳)僮芝自擅庐陵,诈言被诏书为太守。鄱阳民帅别立宗部,阻兵守界,不受子鱼所遣长吏,言'我以别立郡,须汉遣真太守来,当迎之耳'。子鱼不但不能谐庐陵、鄱阳,近自海昏有上缭壁,有五六千家相结聚作宗伍,惟输租布于郡耳,发召一人遂不可得,子鱼亦睹视之而已。①

由此可知,豫章郡已陷入乱局,丹阳人僮芝诈称奉诏自命为庐陵太守;鄱阳宗民另起山头,"阻兵守界",拒纳华歆(字子鱼)所遣长吏;就连靠近郡治的海昏上缭壁(今靖安县境)宗民,都敢不听号令。所以,华歆对豫章郡已完全失去控制。根据对局势的分析和判断,孙策决意吞并豫章,同时解决染指豫章的刘勋,夺取庐江。

刘勋为解决粮草问题,于建安四年十一月遣堂弟刘偕"告籴于豫章太守华歆",而"歆郡素少谷"②,又不想得罪实力颇强的刘勋,便派属吏带领刘偕前往上缭壁,要求诸宗帅卖给刘偕3万斛粮食。可是,上缭宗帅并不买账,刘偕逗留月余,才得数千斛米。刘偕派人告知刘勋,请求发兵攻打上缭,夺取粮草。与此同时,孙策正想诱使刘勋离开皖城(庐江郡治,今安徽潜山),以便乘虚袭取庐江。见其因粮草问题陷于困境,乃顺势推其一把,派使者携带亲笔书信,献上珠宝、葛布,假意巴结刘勋并怂恿他说:

> 上缭宗民,数欺下国,忿之有年矣。击之,路不便,愿因大国伐之。上缭甚实,得之可以富国,请出兵为外援。③

刘勋不知是计,部下文武皆来祝贺,惟有刘晔看出其中诡诈:

> 上缭虽小,城坚池深,攻难守易,不可旬日而举,则兵疲于外,而国内虚。策乘虚而袭我,则后不能独守。是将军进屈于敌,退无所归。若军必出,祸今至矣。④

---

① 《三国志》卷四九《吴书·太史慈传》注引《江表传》。
② 《三国志》卷四六《吴书·孙策传》注引《江表传》。
③ 《三国志》卷一四《魏书·刘晔传》。
④ 《三国志》卷一四《魏书·刘晔传》。

刘勋急于筹粮,不听劝告,执意亲自率军经彭泽袭击上缭。然而,兵至海昏城下,探知刘勋动静的上缭宗帅,皆"空壁逃匿,勋了无所得"。

这时孙策正奉诏讨伐荆州牧刘表所署江夏(治西陵,今湖北新洲)太守黄祖,途中获悉刘勋中计离开皖城,立即部署孙贲、孙辅率8000人屯驻彭泽,阻击回军的刘勋;自己与周瑜率领轻装步兵2万,顺道直取皖城,迅速攻占庐江郡,俘获、收编袁术余部3万余人。刘勋从海昏无功而还,突遭孙贲等部截击,渡江西逃,向黄祖求援。黄祖令其子黄射率水军5000人助战,孙策大破刘、黄联军,收编降兵2000人、船1000艘。再乘胜攻破黄祖,迫其退回江夏,不敢轻举妄动。刘勋被彻底击垮,被迫北投曹操而去。

刘勋势力覆灭后,孙策已无后顾之忧,得以放心大胆地南下豫章,同年十二月,进驻椒丘(今江西新建东北)。孙策素闻华歆之名,知其不善用兵,又不欲刀兵相加,因而采取武力威慑和政治说降双管齐下的策略,先派功曹虞翻进城劝降。史称:

> (虞翻)谓歆曰:"君自料名声之在海内,孰与鄙郡故王府君?"歆曰:"不及也。"翻曰:"豫章资粮多少?器仗精否?士民勇果孰与鄙郡?"又曰:"不如也。"翻曰:"讨逆将军,智略超世,用兵如神,前走刘扬州,君所亲见,南定鄙郡,亦君所闻也。今欲守孤城,自料资粮,已知不足,不早为计,悔无及也。今大军已次椒丘,仆便还去,明日日中迎檄不到者,与君辞矣。"①

华歆本是清高之人,不会被恐吓吓倒,但深知孙策善于用兵,抵抗只会徒增牺牲,便自找台阶,声称:"久在江表,常欲北归;孙会稽来,吾便去也。"②次日晨,去官服以平民身份迎接孙策入城。孙策亦行弟子礼拜歆,待之为上宾。至此,孙策在很短时间内便兵不血刃夺取了豫章。

孙策取得豫章后,扬州六郡除九江(治今安徽阴陵)外,吴郡、会稽、丹阳、豫章和庐江五郡均已控制,初步奠定了东吴立国的根基。但北有曹操,西有刘

---

① 《三国志》卷五七《吴书·虞翻传》注引《江表传》。按:虞翻曾是孙策击败的会稽太守王朗的功曹,故称会稽为"鄙郡",王朗为"王府君"。又曹操为笼络孙策对付袁术,曾表荐其为讨逆将军,故称"讨逆将军"或"孙讨逆"。"刘扬州"指已故扬州刺史刘繇。

② 《三国志》卷一三《魏书·华歆传》注引胡冲《吴历》。按:"江表",指长江以南地区;"孙会稽"即孙策。

第二章
西汉时期的江西

表,对其构成很大威胁,巩固新占地区是其当时要务。豫章作为其西境,在防御或进攻荆州刘表方面具有至关重要的战略地位。因此,孙策从豫章郡分出庐陵郡,以堂弟孙贲为豫章太守,贲弟孙辅为庐陵太守。这时,僮芝还盘踞在庐陵,为稳重起见,孙策留孙贲守南昌,让周瑜屯巴丘(今江西崇仁),遣孙辅直奔庐陵。军未到而僮芝病死,孙辅遂顺利进驻庐陵。

建安五年(200年),官渡之战爆发,孙策欲趁曹操与袁绍相持于官渡、后方空虚之机,偷袭许都,迎取献帝。在关键时刻,孙策遇刺不治身亡,年仅26岁。

2.孙氏政权"镇抚山越"

孙策死后,未竟事业由其19岁的长弟孙权继承。孙权虽不如其兄英武善战,但15岁即出任过县长并跟随兄长征战的他,已经积累了一定的军事、行政经验,才能和见识也日益见长。①正如孙策临终所言:"举江东之众,决机于两陈之间,与天下争衡,卿不如我。举贤任能,各尽其心,以保江东,我不如卿。"②孙权遵照孙策遗言,放弃偷袭许都、逐鹿中原的计划,确立了"保江东"、"观成败"的战略方针,其重点是巩固已有成果,确保江东稳定。按照这个方针,孙权开始对丹阳、吴、会稽、豫章、庐陵和庐江六郡进行全面开发和治理,其中一个重要方面是将山越驱逐出山,以增加孙氏政权所控制的人口,即所谓"分部诸将,镇抚山越"③。

孙氏拥有的扬州诸郡正是原闽越、东越活动区域。自汉武帝平定闽越之乱、迁徙东越部众于江淮之间后,东南地区的越族基本内化,成为汉朝编户,汉越之间的民族界限越来越淡薄,许多郡县控制范围内的居民已逐渐消除了民族隔阂。但仍有一些越人继续居住在山区,过着与世隔绝的化外生活。因此,《后汉书》中已见不到"百越"或"东越""闽越"等有关越族的记载,直至东汉后期灵帝建宁二年(169年),也只发生过一次"丹阳山越贼围太守陈夤,夤击破之"④的事件,这也是《后汉书》关于山越的唯一记载。

所谓"山越",胡三省作过很好的诠释:"山越本亦越人,依阻山险,不纳王租,故曰山越。"⑤胡氏所说的山越,当是编外越人的后裔,是孙权镇抚的主要对

---

① 参阅马植杰《三国史》,人民出版社1993年版,第63页。
② 《三国志》卷四六《吴书·孙策传》。
③ 《三国志》卷四七《吴书·孙权传》。
④ 《后汉书》卷八《灵帝纪》。
⑤ 《资治通鉴》卷五六《汉纪》"灵帝建宁二年"条胡三省注。

象。随着孙氏江东政权势力范围的扩张,与山越的冲突与日俱增,且经久不息,犹如捅破了马蜂窝,驱之不散,杀之不绝。在今江西境内,各种暴动也是频频发生,如:

《三国志》卷四七《吴书·孙权传》:"(建安)八年,权西伐黄祖,破其舟军,惟城未克,而山寇复动。还过豫章,使吕范平鄱阳,程普讨乐安。太史慈领海昏,韩当、周泰、吕蒙等为剧县令长。"

《三国志》卷六〇《吴书·贺齐传》:"(建安八年)贼洪明、洪进、苑御、吴免、华当等五人,率各万户,连屯汉兴,吴五六千户别屯大潭,邹临六千户别屯盖竹,同出余汗。军讨汉兴,经余汗。齐以为贼众兵少,深入无继,恐为所断,令松阳长丁蕃留备余汗。蕃本与齐邻城,耻见部伍,辞不肯留。齐乃斩蕃,于是军中震慄,无不用命。遂分兵留备,进讨明等,连大破之。临陈斩明,其免、当、进、御皆降。转击盖竹,军向大潭,三将又降。凡讨治斩首六千级,名帅尽擒,复立县邑,料出兵万人,拜为平东校尉。(建安)十年,转讨上饶,分以为建平县。"

《三国志》卷六〇《吴书·贺齐传》:"(建安)十八年,豫章东部民彭材、李玉、王海等起为贼乱,众万余人。齐讨平之,诛其首恶,余皆降服。拣其精健为兵,次为县户。"

《三国志》卷五二《吴书·张昭传》:"(建安十八年)权征合肥,命昭别讨匡琦。又督领诸将,攻破豫章贼率周凤等于南城。"

《三国志》卷五四《吴书·吕蒙传》:"(建安十九)蒙还寻阳,未期而庐陵贼起,诸将讨击不能擒……复令蒙讨之。蒙至,诛其首恶,余皆释放,复为平民。"

《三国志》卷六〇《吴书·贺齐传》:"(建安)二十一年,鄱阳民尤突受曹公印绶,化民为贼,陵阳、始安、泾县皆与突相应。齐与陆逊讨破突,斩首数千,余党震服。"

《三国志》卷五五《吴书·潘璋传》:"潘璋……迁豫章西安长……比县建昌起为贼乱,转领建昌,加武猛校尉,讨治恶民,旬月尽平,召合遗散,得八百人,将还建业。"

从上述记载看,江西境内的暴动事件主要集中在赣北、赣东北和赣中地区,波及鄱阳、寻阳、余汗、乐安(今乐平)、上饶、西安(今武宁)、建昌(今奉新)、

第二章
西汉时期的江西

海昏、南城等县。值得注意的是,这里是秦汉时期开发较早、郡县建置相对密集、经济文化相对发达的地区,土著越人已基本汉化,为何会突然冒出如此之多的山越?而赣南、赣东南郡县建置疏散、经济文化落后的地区反而相当安静,直至东吴立国后增置数县,亦少见山越群起反抗?对于这个问题,应从多方面去认识。

首先,孙氏镇抚山越是其"保江东"、"观成败"战略的重要步骤,目的在于扩大人力资源,使"强者为兵,羸者补户"①,增加赋税收入,增强战争动力。这必然会破坏山越的社会秩序,招致他们的反抗。因此,并非山越"好为叛乱,难安易动",而是孙氏政权的逼迫导致他们的反抗。策略用得好,他们是不会起来反抗的,如《三国志·诸葛恪传》:

> 恪以丹杨山险,民多果劲。虽前发兵,徒得外县平民而已,其余深远,莫能擒尽,屡自求乞为官出之,三年可得甲士四万。众议咸以:"丹杨地势险阻,与吴郡、会稽、新都、鄱阳四郡邻接,周旋数千里,山谷万重。其幽邃民人,未尝入城邑,对长吏,皆仗兵野逸,白首于林莽。逋亡宿恶,咸共逃窜。山出铜铁,自铸甲兵。俗好武习战,高尚气力,其升山赴险,抵突丛棘,若鱼之走渊,猿狖之腾木也。时观间隙,出为寇盗,每致兵征伐,寻其窟藏。其战则蜂至,败则鸟窜,自前世以来不能羁也。"恪盛陈其必捷。权拜恪抚越将军,领丹杨太守,授棨戟武骑三百。
>
> 恪到府,乃移书四部属城长吏,令各保其疆界,明立部伍,其从化平民,悉令屯居。乃分内诸将,罗兵幽阻,但缮藩篱,不与交锋。候其谷稼将熟,辄纵兵芟刈,使无遗种。旧谷既尽,新田不收,平民屯居,略无所入。于是,山民饥穷,渐出降首。恪乃复敕下曰:"山民去恶从化,皆当抚慰,徙出外县不得嫌疑,有所执拘。"

这里所说的"平民"是指编户人口,"其余深远,莫能擒尽"者则是山越。诸葛恪用计使他们自动出山,"去恶从化"成为平民,这应是镇抚山越的最佳办法,因而得到孙权的嘉奖。

其次,汉末以后的山越成分复杂,"山越"是一个泛称,并非全是山中越人,

---
① 《三国志》卷五八《吴书·陆逊传》。

诚如有些学者分析的那样：

> 三国时期史书中所说的山越，也并非一个民族的名称，而是一个地理名词，即指那些居住在古代越人分布地区的山民，他们的成分为同化在汉人中的古代越人的后裔和因逃避赋役与避罪而入居山区的汉民及其后裔。①

> 夫越之由来亦旧矣。乃终两汉之世，寂寂无闻，至于汉魏之间，忽为州郡所患苦、割据者所倚恃如此，何哉？曰：此非越之骤盛，乃皆乱世，民依阻山谷，与越相杂耳。其所居者虽越地，其人固多华夏也。②

但应该强调的是，史书记载的系列山越暴动中，真正意义上的山越可能只占一部分，甚至一小部分。他们的反抗力量是有限的，而且往往是被人利用的。如：早在孙权全面进剿山越前，袁术就曾暗中笼络丹阳宗帅陵阳人祖郎等，"使激动山越，大合众，图共攻策"③；太史慈在归附孙策前，也曾"大为山越所附"④，与孙策抗衡。

第三，《三国志》中所记载的"好为叛乱，难安易动"者，更多的并非山越，而是那些被"宗帅"利用去对抗孙氏政权的汉人或早已汉化的越人后裔，他们曾是汉朝编户，但天下大乱，已摆脱户籍约束，不愿再去服役纳税，所以容易被煽动。前引《三国志·太史慈传》称"鄱阳民帅别立宗部，阻兵守界，不受子鱼所遣长吏……上缭壁，有五六千家，相结聚作宗伍，惟输租布于郡耳，发召一人，遂不可得"，就正好说明了这个问题。《三国志·诸葛恪传》所载"虽前发兵，徒得外县平民而已"，也能证明这一点。

第四，江西境内历次反抗事件，几乎全由"宗帅""民帅"发动，其中有名有姓的就多达十余人，如洪明、洪进、苑御、吴免、华当、吴五、邹临、尤突、彭绮、吴遽、彭虎、董嗣等。这些所谓"宗帅"用的几乎全是汉族姓名，因此可以断定他们不是山越，而是汉人或已完全汉化了的越人后裔。又从他们聚族而居，控制宗民成千上万，"别立宗部，阻兵守界"等行迹来看，已与东汉时代的兵长大姓、强

---

① 唐长孺：《孙吴建国及汉末江南的宗族与山越》，《魏晋南北朝史论丛》，三联书店1995年版。
② 吕思勉：《吕思勉读史札记》（上），上海古籍出版社1982年版，第578页。
③ 《三国志》卷五一《吴书·孙辅传》注引《江表传》。
④ 《三国志》卷四九《吴书·太史慈传》。

第二章
西汉时期的江西

宗豪右十分相似。正是他们不想把依附于自己的人口拱手让给孙权,才挑动宗民、利用山越,对抗孙权。豫章郡因开发晚,起点低,豪族势力尚未形成,所以,永和五年(140年)人口统计时,少有豪强隐户,人口数字较为真实,人口绝对数和增长率都在全国各郡中名列前茅。而汉末以后,随着豪族势力的兴起和发展,隐匿人口日益增多,因而西晋太康初年(218年)的户口统计,江西7郡的户口数大大减少。这种不合情理的人口变迁状况,正反映了江西豪族势力兴起较晚的事实。

总之,汉末孙氏政权境内山越的反抗,原因是复杂的。孙氏政权的逼迫,山越、"平民"抗税抗役,"宗帅"从中煽动、利用,都是重要因素。而宗帅的作为往往具有主导性。赣北、赣东北和赣中地区之所以成为山越"重灾区",是因为当地"宗帅"势力已发展起来;赣东南和赣南地区缺乏这个因素,也就失去了对抗政府的组织者和领导者。所以,山越事件看起来是下层民众反抗压迫、奴役的斗争,实质上反映的是豪族势力与政府争夺民力的矛盾和冲突。

通过对山越的镇抚,孙权加强了江西境内的政区建设,建安十五年(210年),在原有豫章、庐陵2郡基础上,再设鄱阳郡,使赣北、赣中北、赣中南都有了郡级机构,县级机构亦随之增加,达到36个。从此,江西成为三国鼎立后东吴政权颇为倚重的军事、经济重地。

第三节
考古发现的汉代城址

秦代江西境内县级机构很少,可能只有番、艾等三四个县。西汉豫章郡则设有十八县,其中豫章、庐陵、柴桑、鄡阳、南壄五县的城址尚有遗存。除此之外,江西还发现有寻阳、昌邑、吴平、丽城等几处汉代城址。

一、豫章城址

据《汉书·地理志》和《汉书·灌婴传》记载:西汉初年,汉高祖刘邦在统一今江西地区之后,便设立了豫章郡,并命大将灌婴建筑郡治。郦道元在《水经注》中也记载:"汉高祖六年(公元前201年),始命灌婴以为豫章郡治,此即灌婴所筑也。"古今虽有学人考证,灌婴当系陈婴之误,但无有力证据,千百年来人们认定的还是灌婴,"灌婴城"已深入人心。

这座以"灌婴城"或"灌城"闻名于世的豫章郡城城址,不在今天的南昌市区范围内,而在市域东南,大约东起顺化门外7.5公里的隍城桥(黄城桥),西至顺化门外的兴福庄,延袤数公里,也即距今南昌火车站东南约4公里的黄城寺一带(此地新中国成立初期属黄城乡,后属萧坊乡,现属湖坊乡范围)。据说,为了营建灌城,灌婴委任本地的章文具体总管建城事宜。

该城自西汉初建立之后,历东汉、三国、西晋,共计500余年。灌婴城的四周,有高大的夯筑土城墙,周围长达"十里八十四步"。豫章城的兴建和扩展,留下了不少事迹,但似乎都与战争相关。《读史方舆纪要》云:

> 《古今记》:汉豫章城,颍阳侯灌婴所筑,亦曰灌婴城,即今城东之黄城寺。又有刘繇城,在今府城东北三十里,相传汉扬州刺史刘繇所筑。《水经注》:孙策略地至曲阿,扬州刺史刘繇奔豫章筑城自保处也。又有西城,在子城西。刘繇尝使豫章太守朱皓攻袁术所用太守诸葛玄,玄退保西城,即此。《城邑考》:汉城周十里八十四步,开六门,南曰南门、松阳门,西曰皋门、昌门,东北二门,各以方隅为名。①

又据称,当时的豫章城内外盛产樟树,如《太平寰宇记》引《豫章记》说,松阳门内有大樟树,高达十七丈,大四十五围,"枝叶扶疏,庇荫数亩"。故此有不少人认为,豫章当以此树得名,如应劭《汉官仪》云:"豫章樟树生庭中,故以名郡。"郦道元《水经注》和陈宏绪《江城名迹记》都同意其说。另有认为当以"豫章水"得名的说法,盖因雷次宗《豫章记》所言"似因以水为其地名"而来。对此,前文已有辩说,毋庸赘述。

考古资料表明,昔时灌婴城的西北部,即今日南昌市主要城区,尚属沼泽水网地带。其中较大湖泊称为太湖(即今东湖)。湖的四周间有山阜丘陵之地,分布着一些村舍。考古工作者曾在墩子塘人防工地发现一口两晋时的民用水井;又先后在老福山、丁公路、永和门外等地发现有西汉墓葬;在今省一附院、永和门外、光辉巷南口、墩子塘、都司前、京山、七里街、新溪桥、绳金塔、徐家坊、青云谱等地,在距今地表五六米的地下均发现有东汉、三国和西晋时期的

---

① [清]顾祖禹:《读史方舆纪要》卷八四《江西二》,中华书局2004年版。

第二章
西汉时期的江西

墓葬。

汉、晋时期的太湖,与今日的东湖亦不同。它绵延"十里""南缘回折",与位于灌婴城西南的南塘连接豫章江,常因豫章江涨水而形成水患。东汉永安年间(89—105年)豫章太守张躬组织群众筑堤修塘,藉以捍江,人们称为南塘水,这是最早疏浚开发东湖的一项水利工程。

自豫章建城以来,赣江水道行船如梭,日益繁忙。位于郡城西南滨江的南浦亭,就是当时重要的码头,凡南来北往的客人都在此处上岸或登船。之所以称南浦,乃取《九歌·河伯》"子交手兮东行,送前人兮南浦"之意。当时诗文中多以"南浦"泛指送别之地。

在豫章城西北七里的滨江地带,大江冲下来的淤沙绵亘五六里,蜿蜒如龙形,故而亦称其为龙沙或北沙。此地因属豫章城外最高点,故是九九重阳节登高远眺的好去处。

宋代乐史在《太平寰宇记》中称,汉晋以来,豫章地区有五大姓:熊、罗、雷、谌、章。1973年在今城区老福山上窑湾发掘过一座大墓,根据墓内出土的一方铜印得知,该墓主即姓谌。墓内还出土有铜、铁、玉、石、漆器和金银器皿共30余件,证实该墓主为当地地方豪强,这也从侧面反映了当时豫章地区社会经济的发展状况。

东晋南朝之后,郡城开始迁移,灌婴城的历史亦告结束。①

二、庐陵城址

庐陵(白口)城址位于今泰和县城西南3公里的赣江南岸(图2-3)。

城址面积23万平方米,形状呈倒梯形,分为内外城。外城全长1941米,除北部由于赣江涨水冲刷部分损毁外,大都保存完好。内城平面呈方形,处在城内北侧,全长861米,面积4.3万平方米。外城现存7处豁口,西北角、南正中及北正中3处豁口可以肯定为城门。内城有东、西北、南面3处豁口,均可定为城门。西北角城门宽35米,其底基距现今赣江水面落差仅2米,赣水上涨时,河水可直接入城内,推测可能为水门。南正中门宽28米,为"凸"形结构,从其上残存叠压的

---

① 彭适凡:《再论古代南昌城的变迁与发展》,《南方文物》1995年第4期;王水根:《赣文化通志·考古篇》,江西教育出版社2004年版。

图2-3 庐陵(白口)城遗址全景

瓦片分析,此处原可能为一处门阙。北正中城门宽15米,人门较陡,由此可分别进入内城和外城。内城西北门为"凹"形结构,似为"瓮城",也见有大量瓦砾堆积。内城南门宽17.4米,城门两侧见有大量瓦砾堆积,并采集到一件完整的四叶云纹瓦当。内城西南角有一长方形土台,为全城最高地带,东西长47米,南北宽35米,面积1645米,高出周围平地0.8米,高出内城其他地带约2米。

城墙为土筑,除北侧部分损毁外保存基本完好。城墙高度因地势的南高北低而相反,以使城墙四周基本处于同一水平面上。南城墙距外地表高4.5米,东城墙高10.2米,北城墙高20.5米。城墙顶宽2~3米,基宽20~28米。以北城墙基最宽。

城外有护城河,从南城墙及南侧断面可知,南侧护城河宽16.5米,深1.5米,东西两侧护城河宽逾30米,护城河由南往北流入赣江,从现今地表地貌分析,护城河水似乎无法循环。①

---

① 徐长青等:《江西泰和白口汉城勘察记》,《南方文物》2003年第1期。

第二章
西汉时期的江西

考古试掘共布探方5个,布方面积80余平方米,分3处布方(图2-4)。第一处在内城西南角土台上,目的是认识土台的性质;第二处在内城东南方,目的是了解建筑年代;第三处为内城东南面城墙,目的是弄清筑城方式及年代。试掘结果表明,内城西南角东西长47米,南北宽35米,面积1645平方米,高出周围平地0.8米的土台为人工夯筑而成,台基平面发现有两排间距约3米的圆形柱洞,走向与台基边缘基本垂直;根据钻探及台基的形状分析,此土台可能为一组大型建筑的基址,而清理的两排柱洞可能属该建筑的附属建筑一部分。从打破该土台的数个灰坑中时代最早的灰坑出土的印有"大泉五十"钱纹砖分析,该土台不会晚于"王莽新政"时期,即应早于西汉末期。东南侧探方的发掘深达1.8米,发现有东汉的印纹硬陶罐、灰陶罐,清理出深达1米、直径0.7米的圆形柱洞和加工良好的居住面;西晋的冶铁作坊残迹内发现有十余件弯曲状风管以及

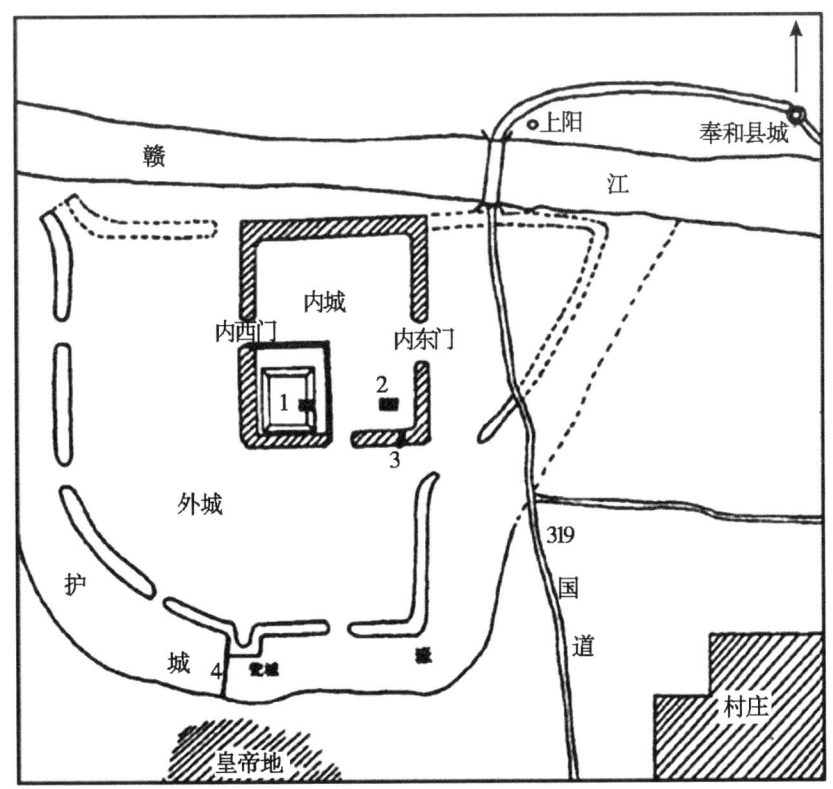

图2-4 庐陵城址调查、勘探、试掘分布图

图2-5 城墙实地勘察解剖图

粘有铁渣的窑炉壁残件和百余件铁渣残块;出土有两晋时期的盘口壶、盆、敛口钵、三足盆鼎等可复原器达50多件,值得注意的是,还出土了一批保存较完好的圆形瓦当。瓦当纹样为云纹、四叶云纹;有的云纹瓦酷似秦咸阳宫出土物,颇具秦文化风格。大型板瓦均装饰有绳纹以及瓦钉、瓦窝结构。部分板瓦长达44厘米,宽达38厘米,显然为大型建筑材料。考古发掘中还发现有大量铁渣、铜渣、铜饰件、青铜镞以及陶纺轮、陶网坠等。城墙解剖结果表明其为板筑法筑城,分层棍棒夯筑,目前层内出土物均为汉代板瓦残片,故其时代应在汉代,也就是说该城应始筑于西汉,使用年代至少延续到东晋,极有可能是赣中地区政治、经济、文化中心(图2-5、图2-6、图2-7、图2-8)。①

据《明一统志》记载:"始皇二十四年翦灭楚,虏负刍,明年置庐陵、安平、新淦三县,属九江郡。"清光绪《泰和县志》沿革表:"秦庐陵县属九江郡,唐志、旧志未载县治,疑即西昌。汉高帝二年分淮南立豫章郡,唐志故县在今泰和县西三里。"清乾隆《吉安府志》引《太平寰宇记》:"汉高帝五年,以庐陵县属豫章郡,故庐陵县在今泰和县西三里。"以上史载不但指出了庐陵县的设置时间,而且阐明了其治所的确切位置。

---

① 肖用桁:《白口城探源——庐陵文化起源之谜》,《南方文物》2004年第1期。

第二章
西汉时期的江西

从考古资料分析,白口城与古庐陵县的创建至升庐陵郡后外迁、西昌县的新建年代基本相符。再者,白口城位于赣江边,处于水陆要冲,区位优势明显,昔日秦始皇和汉武帝两次征伐岭南,数十万大军均由此经过,20世纪70年代,泰和邻县遂川出土的一批秦代铜制兵器便是证明。从泰和的行政治所的历史变迁来看,庐陵县始建于白口城,汉兴平元年(194年)升迁为郡析置西昌县时,郡县治同在白口城。

庐陵城址是江西迄今发现的规模最大、保存最好的汉代城址,它的发现与确认对推动江西城址考古及地方史研究具有重要意义。

图2-6 "货泉五铢"砖

图2-7 云纹瓦当

三、柴桑城址

柴桑县于汉初设置,隋开皇年间(581—600年)并入寻阳县。唐武德年间(618—626年)又在原柴桑县址置楚城乡,历时800余年。柴桑县系由柴桑山而得名。

《山海经》云:"柴桑之山,其上多银,其下多碧,多冷石赭。"《中国地名大辞典》则进一步说明,"晋陶渊明家于柴桑,即此。"附近尚有明代修建的陶渊明祠和墓。关于城址所在地,清光绪《江西通志》引《大清一统志》云:"柴桑故城,今治(明、清德化城)所在地西南九十里。楚城驿是其址。"明嘉靖《九江府志》载:"柴桑县在郡西九十里,汉置柴桑县,属豫章郡,隋改曰浔城,唐武德五年(626年)改楚城,今为楚城乡。"省、府、县志都认为柴桑县在楚城乡,今称荆林街或楚城坂。荆林街的

图2-8 冶炼陶管

图2-9 纺轮

《吴氏宗谱》也有所记载,明万历二十四年(1506年)河南承宣布政使司左布政使万衣在《浔阳吴氏宗谱叙》中写道:"人所称荆林路西地,即柴桑地。"现在的九江县马回岭的荆林街,即汉代至隋代的柴桑县城所在地。

荆林街三面环山,左为康阳坂,右为楚城坂。楚城坂,地势平坦,河流发源于庐山,现在聚居500余户居民。这里东倚庐山,北枕长江,南临鄱湖,是南来北往的通道。

考古工作者在访问和调查过程中搜集到一些有关柴桑城址的传说,如"东门观""西门铺""南门冲""北门桥"等。还有一些与周瑜有关的传说故事,说"周瑜死在芦花荡,葬在马头山"。相传是周瑜的"点将台""跑马埂""跑马场""系马桩""关马墙"等遗迹。

为了取得有价值的实物佐证资料,考古工作者还进行了全面调查和试掘。在荆林街的毗卢寺,开了八条探沟,清理了一座晋代残墓,采集的标本有绳纹板瓦、筒瓦、瓦当、网钱纹砖以及六系青瓷罐、青瓷碟、青瓷碗等。在距荆林街1公里的富民林场,发现了约数百亩的墓葬区,1980年发掘清理了一批东汉时期的砖室墓葬,砖纹为同心圆和网钱纹,出土的器物有陶罐、壶、钵、杯、案等,还有王莽时期的布币和五铢钱。在荆林街、富民林场和马头山采集到西周时期的实物,有印纹陶罐的系、耳和口沿,还有鼎足,陶质为夹砂红陶、灰陶、硬陶和软陶,纹饰有绳纹、云雷纹、回字纹等十余种。从调查和试掘的情况来看,这里早在西周时期就已经是人口比较稠密而分布又较广的居民定居点,在汉代这里已具备了建县所必要的人力、物力条件。从采集的标本和附近的东汉至晋代墓葬分析,初步可以断定,这里是古代柴桑城址,它是汉至隋代江西北部的政治、军事、经济和文化教育的中心。①

四、鄡阳城址

据《读史方舆纪要》记载:"鄡阳城,府城(饶州府城,今鄱阳县城)西北百二十里,汉初置县,刘宋永初二年(421年)省。"清同治《都昌县志》载:"古鄡阳城在周溪司前湖中四望山,至今城址犹存。"根据实地调查,在鄱阳湖中的四山发现有汉代城址及汉代墓葬群,其位置与史书记载相吻合,无疑此处即是汉代鄡阳城的所在地。四山即四望山,在都昌县周溪乡南端鄱阳湖中,这里春、夏、秋

---

① 李科友:《江西城址普查综述》,《江西历史文物》1985年第2期。

第二章
西汉时期的江西

三季均四面环水,湖水将群山隔成几十个孤岛,每个孤岛都有它自己的名字,如座山、石虎头、狮子山、王家山、鹞嘴山、城头山等,但总称为四望山。深冬初春为鄱阳湖的枯水季节,行人可抵达其中的一些山头。这里西南多山,东面临鄱阳湖,中部为开阔的平地,城址就在城头山上,面积约1平方公里。从显露的断层看,文化堆积厚达一米余,地上暴露的遗物甚多。

考古工作者采集的遗物有生产工具,有段石锛、网坠、陶纺轮;生活用器有陶坛、陶罐、陶缸、假圈足陶碗、矮足陶豆等。铜器有四乳蟠螭纹镜、昭明镜。建筑遗物有云纹瓦当、"长乐未央"瓦当、"万岁"瓦当、绳纹板瓦、绳纹瓦、对角几何纹砖、网钱纹砖,有的砖上有"永元七年(95年)三月十三日"铭文。陶片纹饰有细方格纹、席纹、绳纹、蕉叶纹、米字纹、附加堆纹等。遗迹有残存的城垣,上有人工修筑痕迹,东面残长28米,西面残长5米,南面残长15米,残高约4米,顶宽约3米。附近尚发现有东汉墓葬群。采集遗物除几件陶罐具有战国时代的作风外,大部分遗物均具有汉代的特征。从文献记载及实地采集的遗物都可以确认这里正是古代的鄱阳城。到南朝时期由于鄱阳湖水位上升,城址四面被水包围,群众的生产和生活都遇到了困难,才不得不迁移他乡。据《都昌县志》引《明一统志》记载:"南朝宋永初二年(421年)省鄱阳入彭泽,隶江州。"[1]

五、南壄城址

西汉建南壄县,东汉改作南野。清同治《大庾县志》引《广舆记》曰:"南野故城在大庾。"《地名大辞典》称:"南野,秦置。《淮南子·人间训》载秦使尉屠睢率五十万为五军,一军守南壄之界即此。后汉曰南野,隋初县废,故城在今江西南康西南章江南岸。"1982年考古工作者在大余县池江乡长江村寨上发现一处古城址,初步认定这是西汉南壄城址。

该城位于大余县城东北约35公里的杨柳河和章江会合处,北距南康县城仅30公里。城址在章江南岸,南面背山,东西北三面现为稻田,如一临山的土墩形台地,高出地表约8~13米。城址为长方形,东西宽约200米,南北长约230米,面积约为4.6万平方米。城址外围隐约可见护城河的遗迹。城的东南角引伸出圆锥形土墩,疑为城址角台,台径约15米,高出城垣3米许。东南城角夯土层内有粗绳纹筒瓦、板瓦和陶片叠压堆积,厚约2~3米。城址内散布有大量的筒瓦、

---

[1] 李科友:《江西城址普查综述》,《江西历史文物》1985年第2期。

板瓦和印纹陶片。采集的遗物除筒瓦、板瓦外,还有陶鼎、陶罐、铜镜、铁器、青瓷器、石器,以及饰有各种不同纹样的印纹陶片和花纹砖。遗物时代上至春秋,下至南朝。①

六、寻阳城址

汉时的寻阳县本在长江以北的今湖北省黄梅县境内,属庐江郡。《晋书·地理志》记载:"永兴元年(304年)分庐江之寻阳、武昌之柴桑二县,置寻阳郡。"历经东晋、宋、齐、梁、陈,为江州戍守处。因其城为晋孟怀玉领导所筑,故又名怀玉城。《名胜志》记载:"寻阳城离九江府城一十五里,隋代因水患迁移,历时二百八十五年。"这里曾经是县、郡、州的治所。由于滨江带湖,扼荆扬两州之冲,这里上可控楚地,下可制吴越,居有十分重要的战略地位。

经考古工作者查明,寻阳城址坐落在今九江县赛城湖水产场内。其范围以南浔铁路为轴线,东面是七里湖中的马鞍洲、围咀,七里湖堤附近,西边则是玉兔山、鹤问寨,南至赛湖村,北至赛湖闸,闸距长江仅600米,在面积约3平方公里的地域内均发现有遗物和遗迹。由于湖水的冲刷,湖中暴露了窑址、作坊、水井、房址和墓葬,在丘陵地带也发现了遗物和遗迹。有些平地因已开垦成农田,故遗物遗迹情况不明。

发现的遗迹中有一处陶瓷作坊遗址,在长约90米、宽约40米的范围之内,发现有房址一座、窑址一座、水井四口、沉淀陶瓷泥用的圆坑十多个。房址呈长方形,一边长约10米,有11个方形柱础坑,另一边长约9米,有10个方形柱础坑;一边宽约4米,亦有4个方形柱础坑。窑呈葫芦形,长约4米,最宽处为2米,最窄处为1米,该窑除烧制青瓷器外,还烧制板瓦,并残存一些网钱纹砖。水井用网钱纹砖竖砌,井径1米,填土50厘米。淘洗瓷泥的圆坑径1米,泥多呈灰白色,有的呈黑灰色。

在其他地方也发现了砖窑、陶瓷窑、水井、冶铁遗迹、墓葬等。砖窑呈圆形和方形,陶瓷窑有椭圆形和三角形两种。三角形窑特别多,一头呈尖状,另一头平齐,长约3米,两边呈等腰稍拱,最宽处的腰部约3.3米。椭圆形窑形似卧蛋,全长3.8米,腰部宽2米。水井的形制多样,多用花纹砖砌圈,有的平砌,有的竖砌,有的用拱形砖砌,有的用砖竖砌后,又用一砖支撑。有一口特殊的井选用一

---

① 张小平:《大余县发现西汉南壄古城址》,《江西历史文物》1984年第2期。

第二章
西汉时期的江西

长圆树干将中部刳空,待井挖好后,将树干放置其中,以作井圈使用。在一处似宫殿遗址的地方,发现有类似庭园的遗迹,在呈长方形的台地(长约20米,宽约10米)中间有一长方形水池(长约3米,宽约2米),四角都放置有上千斤重的作假山用的太湖石,这很可能是当时贵族花园的遗留物,是我国较早的庭园遗存。发现的冶铁遗迹,只见有残留的铁渣、铁矿石和铁钱。

在城址先后采集到的遗物多达200余件,有生产工具、生活用器、兵器和建筑材料。

生产工具有石斧、石纺轮、石臼、石磨、陶网坠、陶纺轮、瓷擂钵等。石磨与河北满城西汉中山靖王墓的出土物类似。

生活用器有陶瓷质的罐、钵、缸、坛、瓮、壶、鸡首壶、碗、盘、盅、碟、托盏、杯、扁形纽盖、笠状纽盖、砚台等。从造型特征看,其间历经西汉、东汉、西晋、东晋、南朝、隋、唐等朝。

建筑材料有粗绳纹和细绳纹砖、同心圆纹砖、车马纹砖;砖铭有"普通六年"(525年)、"大通元年"(527年)以及"周"字纹砖。瓦有粗绳纹和细绳纹板瓦、素面板瓦、棋纹筒瓦。有块梯形板瓦特别大,长38厘米,一头宽28厘米,另一头宽33厘米。瓦当饰有兽面纹、卷云纹及莲瓣纹等。

城址西邻,绵延2公里的丘陵地带,即龙门山、玉兔山、鹤问塞等处,散布有大量的西汉、东汉至南朝的花纹砖室墓,1976年以来曾配合基本建设清理残墓30余座,出土有大量随葬器物,为判断城址年代提供了佐证。①

七、昌邑城址

据《太平寰宇记》记载:"昌邑城在州北,水路一百三十七里。"雷次宗《豫章记》记载:"昌邑城在县西北六十里慨口,……今名游塘城。"①

刘贺,西汉昌邑哀王刘髆之子,汉武帝之孙。刘髆曾封为昌邑王,立国于山阳郡(今山东省境内)。始元元年(前86年)刘贺继承昌邑王位时,恰是风华正茂的年岁,可惜他放荡不羁,我行我素,随心所欲,自甘堕落。元平元年(前74年)汉昭帝死后,没有儿子继承帝位,朝廷在焦虑中因担心帝位旁落,大将军霍光便奏请皇后征昌邑王刘贺继帝位。刘贺在接太后懿旨赴长安途中,亦性情不改。先皇去世,继承帝位的王子本应悲哀大恸,但他却整日酒宴笙歌,以至进入

---

① 刘晓祥、李科友:《九江县发现古寻阳城址》,《江西历史文物》1985年第2期。

长安城以后,仍无悲伤之状,尽管有谋臣在旁边耐心劝导,他却当作耳边风。刘贺继承帝位之后,位极人臣,却昏庸无度,整日寻欢作乐,不理朝政,终因"行淫乱"而被废,在位仅短暂的27天,却触犯法规百余条。汉宣帝继位后,先将刘贺贬回原封地山东昌邑,后又考虑到刘贺在此早有根基,恐其羽翼成熟,招兵买马,觊觎帝位,于是改封其为海昏侯,诏曰:"盖闻象有罪,舜封之,骨肉之亲,析而不殊。其封故昌邑王贺为海昏侯,食邑四千户。"刘贺被封为海昏侯后,就国来到南昌,筑昌邑城。昌邑古城在今新建县城东北60公里的昌邑乡游塘村南600米处,西临赣江,东依恒湖、联圩,距昌邑街2公里,土城平面略呈长方形,长600米(《新建地名志》称长约3公里),宽400米。土城面积约2平方公里。南墙现已改作防洪圩堤,西墙较低,东墙与北墙保护较好,宛如小山岗。城墙为夯土筑成,高约10米,基宽12米,设有四个城门。北墙与正中有两个相距4米、略高于城墙的驼形土堆,即城门所在。城内采集有饰粗绳纹的大型汉代板瓦及青灰色花纹砖。

另外,在新建县铁河垦殖场南面的陶家山发现一座土城遗址。铁河城址规模较大,为大小不等的三座城组成,坐落在铁河和赤岸山、陶家山和舒家山一带。大城东西直径约2公里,南北为3公里,西南陶家山有一小城与大城相邻,直径约400米。据一方墓碑碑文得知,大城曾名为"紫禁城"。小城呈长方形,长约300米,宽约250米,方圆7.5万平方米,四周都是用黄土堆积的高大土围墙,城墙高3~5米。陶家山的土城还可以与舒家山、大塘方向的另外两座土城连起来,形成6~7华里长的大土城。陶家山土城在东、南、西、北方向偏中尚存4个缺口,可能是原来的城门。城墙上有几处略高于城墙的方形台地,应是箭楼遗迹。城的北面有铁河,远望可看到鄱阳湖。现城内已辟为农田、旱地,并见有少数近代墓葬。在耕地上和城墙内发现有不少绳纹板瓦和瓦当,采集到许多印纹陶片,饰有方格纹、绳纹、网结纹、叶脉纹、米字纹等纹样,器形有双耳陶罐、陶盆、陶尊、陶碗、陶缸等,还发现有青瓷片、铁器等。从出土文物可以认定陶家山城址的延续时间是从战国晚期到东汉时期。

在铁河垦殖场以西还有赤岸城址,土城南北宽3公里,东西长2公里,面积6平方公里。城墙为夯土筑城,高3~5米,基宽8~10米,城外有护城河,今已干涸,仅存壕沟。舒家山保存有汉代古墓群,墓葬分布在一座孤突的小山上,墓地呈四级梯形排列,第一层地势最低,墓封土堆最小,有墓约50座;第二层地势稍

---

① 《新建县志》载:"昌邑王刘贺,既废之后,宣帝封为海昏侯,东就国,筑城于此。"

高;第三层居中,墓封土堆比较大,底径超过30米的有5座;第四层最高处有3座墓,封土堆底径达50米以上。

据《新建县志》记载:"海昏侯刘贺墓在昌邑城内,有大坟一所,小坟二百许。"《清一统志》记载:"海昏侯刘贺墓在新建县北昌邑城中,大冢一,小冢二百许,旧名百姥冢。"昌邑游塘村城址与铁河城址的陶家山、紫禁城、赤岸城址,中间由赣江西支流相隔,两城址相距30余公里,与南昌距离大致相等,均在50公里左右,昌邑古城部分保存完好。①

八、吴平城址

东汉中平二年(185年)所设的汉平县(后称吴平),其治城就建在今樟树市区西南55公里处的中州乡门楼村古吴平圩,其管辖地除今樟树市境的一部分外,西达今新余市等地,直到隋开皇十一年(591年)撤销吴平县为止,前后长达406年。

据清乾隆《清江县志》记载:"吴平县,《寰宇记》本汉末汉平县,三国时改为吴平……今其地金城寺、土城尚存。"同卷有关金城寺的方位、九十九阜峰幽胜、汉平(吴平)故城坐落的记载,与考古调查资料基本一致。

汉平(吴平)旧城址东临蒙河,西接马祖山,南望九十九阜峰,东北连着宽阔的冲积平原。当时蒙河水深河阔,与袁水、赣江、彭蠡、长江连成畅通的水运网。据考古调查,蒙河两岸发现的春秋战国遗址有20多处,可见古时这里已是村落星罗棋布、经济繁荣的地区,为东汉设置汉平县治城创造了条件。

1975年、1982年考古工作者对汉平(吴平)城址进行过考古调查。当时残存的土筑城墙高约1~5米,宽2~6米,面积约50多公顷。北面残存的一段城墙还保存着明显的夯土板筑痕迹,夯筑结实坚硬。北城门缺口处和西南面城基堆积有汉代绳纹板瓦、筒瓦和瓦当碎块。城内现为民居、耕地,金城寺遗迹可寻,近代寺房犹存,门楣有"憩云精舍"石刻横额;平日动土处时见有青瓷残片和饰有方格纹、绳纹、米字纹、麻布纹、叶脉纹的汉代陶片。此外,还采集到铁锄两件,其中一件长12厘米、宽5.5厘米,长方形銎。1976年在九十九阜峰古墓葬群发掘东汉墓两座,由于被盗,出土文物不多,但还见有陶鼎、陶罐、石器等。②

---

① 李豆罗主编:《南昌历史文化丛书》,百花洲文艺出版社2004年版。
② 何其愚、黄颐寿:《清江吴平汉城调查》,《文物工作资料》1975年第6期;李昆等:《古国名邑·中华药都》,江西人民出版社2003年版。

九、丽城城址

丽城城址位于丰城市东南25公里的拖船镇丽城村,地势为平缓的丘陵地,北高南低。城址平面呈长方形,有夯土筑城墙和高出城墙6~7米的形似城堡的台地,周长约3公里,内城面积约16.7万平方米,城垣保存尚好,残高2~3米,有城门、城壕等,土筑墙下积压有粗绳纹筒瓦,地面散存有战国时代的米字纹陶片和汉代的方格纹陶片。采集的文化遗物有高足豆、石斧、石锛,以及陶罐残部、马蹄形器足等。考古工作者认为这里是一处保存较好的东周至西汉时期的古城址。[①]

上述古城分处赣北、赣中、赣南,一般都坐落在水陆交通的要道,是居民集中点所在,也是一个地区政治、军事、经济、文化、教育的中心。通过对城址演变、迁移的研究分析,既可看到自然环境的变迁,又可探讨当时的社会历史状况。

---

① 李科友:《江西城址普查综述》,《江西历史文物》1985年第2期。

第三章

秦汉时期江西的经济(上)

随着汉初豫章郡的设置,江西地区的社会经济日渐得到开发,特别是东汉时期,其发展步伐明显加快。由于统一局面的持续稳定,国家"重农"政策的大力扶助,全国各地之间经济互动关系日益紧密,大江南北人口流动、技术交流成为可能。在这一社会背景下,起点低、开发晚的江西地区犹如注入了新的血液,充满生机。铁农具的使用和牛耕技术的引入,生产效率得以提高,土地垦辟面积得以扩大,在原来"火耕水耨""饭稻羹鱼"的基础上,形成了以稻作为主兼及渔猎、家禽饲养业和其他种植业多种经营的农业经济格局,并由此带动了手工业、商业的进步,大量手工业器物和钱币的出土,有力地说明了这一点。因此,秦汉时期的江西经济,虽然还不能与其他发达地区尤其是中原地区相比,本身也存在地区发展的不平衡性,南北差距较大,但在全国的经济地位明显上升,真正进入了一个稳步发展的阶段,为六朝唐宋时期江西经济的发展繁荣奠定了基础。

第一节 自然环境

江西地处长江中下游南岸,东、南、西三面环山,北临长江,整个地势由南向北、由外向里倾斜,形成了一个向长江开口的盆地。赣南山地多,赣中丘陵多,赣北鄱阳湖地区平地多,故其地形地貌特征是山地、丘陵多,平地少。由于远离政治中心,长期处于"荒蛮"、"边缘"状态,农业开发较迟,遭受兵灾也较少,所以,直至秦汉,自然环境没有受到多大破坏,仍然保留着原始性、多样性状态。气候温和,雨量充沛,水资源相当丰富,北面的彭蠡泽是汉代五大湖之一;山丘多,平原少,边界山脉奇峰异谷,林海雾岚,清泉飞瀑,孕育着无数的珍禽怪兽,蕴藏着丰富的动植物和矿物资源。当然,即便生态环境没有遭受破坏,江西的自然灾害亦不少见。为了防止灾害,汉人采取了一系列的措施。从文献、考古资源来看,汉人对江西的生态环境有一定的认识,而且有充分利用与保护生态环境的意识。

一、气候条件与自然资源

从现代气象学来看,江西省地处北回归线附近,属于亚热带季风气候区,四季分明,阳光充足,气候温和,年平均气温11.6℃~19.6℃;雨量丰沛,年均降水量1637.9毫米左右。历史时期,中国气候状况与当前基本相似而略有差异,经历了几个暖寒变化的过程。据气象学专家竺可桢考证,秦汉正处在由暖趋冷的转换时期,认为,"战国秦汉时期,气候继续暖和","到东汉时代,即公元之初,我国天气有趋于寒冷的趋势"[①]。秦汉史专家王子今也指出:"许多资料可以表明,秦汉气候确实曾经发生了相当显著的变迁。大致在两汉之际,经历了由暖而寒的历史转变。"[②]也就是说,秦汉时期全国的气温比现在略微高些,"长江流域气温和湿度与今天的珠江流域相近"[③],这对农作物生长特别是南方水稻种植业的发展是非常有利的。

温暖的气候条件和江西特有的地理环境孕育出了丰富的自然资源。

自然资源是一个十分宽泛的概念,通常指自然界中对人类活动与生产有用的一切物质和非物质的总称。它是人类生活和生产的资料来源,是人类社会、经济发展的基础,也是人类生存环境的基本要素。自然资源的种类比较多,根据空间来划分,可以分为地面资源、地下资源、海洋资源三大种类,其中地面资源分为气候、土地、水、动植物等资源;地下资源分为矿产、地下水、地热等资

---

① 竺可桢:《中国近五千年来气候变迁的初步研究》,《人民日报》1973年6月19日。
② 王子今:《秦汉气候变迁和江南经济文化的进步》,《秦汉史论丛》第6辑,江西教育出版社1994年版,第23页。
③ 邵鸿:《江西通史·导论》,见《江西通史·先秦卷》,江西人民出版社2008年版。

第三章
秦汉时期江西的经济(上)

源;海洋资源分为海水、海洋生物、海底矿产、潮汐等资源。地处内陆的江西,地面和地下的土地、水、动植物、矿产等资源都较丰富。

1.土地资源

黄今言主编的《秦汉江南经济述略》中根据《中国历史地图集》(第二集)大致推测出江西与湖南、湖北、福建、浙江等江南各省的土地资源比例状况,详见下表[①]:

表3-1 江西与邻省土地资源比例状况对照表　　　单位:平方公里

	总面积	山地面积	占比例	丘陵面积	占比例	平原面积	占比例
江西	167717	84194	50.2	47967	28.6	35556	21.2
湖南	211990	106631	50.3	70168	33.1	35190	16.6
湖北	184749	95330	51.6	25125	13.6	64292	34.8
福建	120958	87694	72.5	17418	14.4	15845	13.1
浙江	101267	61266	60.5	6683	6.6	33316	32.9

上表可知,与周边省份比较,江西地区的总面积167717平方公里,居中;而山地面积84194平方公里,所占比例50.2%,是最少的;丘陵面积47967平方公里,所占比例28.6%,居第二位,仅次于湖南省;平原面积35556平方公里,所占比例21.2%,居中。实际上,江西省就是山地为主、平原少的地表特征。

秦汉时期,司马迁《史记·货殖列传》说,"楚越之地,地广人稀",这反映了江西地区"地广人稀"、土地资源丰富的事实。《汉书·地理志》记载:

　　淮、海惟扬州……田下下,赋下上。
　　荆及衡阳惟荆州……厥土涂泥。田下中,赋上下。

师古注曰,扬州地区"田第九,赋第七。又杂出诸品"。说明扬州之地(包括豫章郡)田地肥沃程度居全国第九,位列倒数第一;赋税居第七位,排名倒数第三位。荆州(湖南、湖北)则是"田第八,赋第三",即田地肥沃程度居第八位,赋税

[①] 黄今言主编:《秦汉江南经济述略》,江西人民出版社1999年版,第38—39页。

居全国第三位。相比之下,江西地区的土地开垦少,农业开发缓慢,田赋自然不多,比不上湖南、湖北两省区域。

由于当时江西处于农业不发展的地区,朝野上下都不重视,所以中原人士知之甚少,对于豫章郡的土壤资源也没有留下什么直接记录。但是,在《吕氏春秋》《淮南子》《四民月令》《氾胜之书》《说文解字》《释名》《论衡》《九章算术》《齐民要术》等秦汉文献中,有不少关于土地资源的记载,这些记载既说明秦汉人已经具备土壤分类学的基本认识,又反映了当时全国各地土地资源的分布状况。[1]

土壤分类方面,有按土壤性状分类者,如《淮南子·地形训》,根据土壤的不同属性划分为四大类型:以土壤的重量来划分轻土与重土;以土壤的板结后坚硬程度来划分坚土与弱土;以土壤的粘性与含沙量来划分"垆土"与"沙土";以土壤的松软程度来划分"息土"与"耗土"。《氾胜之书》《四民月令》《齐民要术》也有类似记载,按土壤性状区分为强土、缓土、弱土。强土包括了《淮南子》中提到的重土、坚土、粘土,弱土也包括了《淮南子》中记载的沙土、轻土与弱土。

有按土壤颜色分类的,如《论衡·十性篇》云:"九州田土之性,善恶不同,故有黄赤黑之别,上中下之差。"将土壤分为黄、赤、黑三种,区分出土壤的肥沃贫瘠程度三等。汉人认为土壤颜色不同,适宜种植不同的农作物,即不同颜色的土壤具有不同的功能。《孝经援神契》曰:"土黄白宜种禾,黑坟宜黍麦,苍赤宜菽,白宜稻,汗泉宜稻。"[2]张华《博物志》亦云:"五土所宜,黄白宜种禾,黑坟宜黍麦,苍赤宜菽芋,下泉宜稻,得其宜,则利百倍。"江西地区的土壤颜色主要是"土黄""土赤"两种,即以黄壤、红壤为主,大部分地区因含氢氧化铁成分高而呈现红色土壤,还有一些"土青"与"土白","土青"可能是山地草甸土,"土白"是含有二氧化硅、碳酸钙、高岭土、氢氧化铝等成分高的白色土壤,并没有北方的黑土,黑色土壤含有大量的有机物腐殖质,土质疏松,而且特别肥沃。

此外,《氾胜之书》《四民月令》《齐民要术》还按土壤肥瘠来区分为美田和薄田。《淮南子》中记载缓土则土性中和不强不弱,常与美田、良田并提,肥力比较足。如《氾胜之书》说:"种芋法,宜择肥缓土近水处,和柔粪之。"《四民月令》说:"二月,阴冻毕释,可菑美田、缓土及河渚小处。"《齐民要术·旱稻》说:"旱稻用下田,白土胜黑土。""白土"是指贫瘠的沙壤,而"黑土"则指肥沃的粘性土壤,这说明了古人认识到不同的土壤适宜不同的农作物生长,像江西地区贫瘠

---

[1] 参见董恺忱、范楚玉主编:《中国科学技术史·农学卷》(第五十二章),科学出版社2000年版。
[2] 《纬书集成》上册,上海古籍出版社1994年版,第336页。

第三章
秦汉时期江西的经济(上)

沙质土壤居多,没有北方的黑色沃土,适宜种旱稻。因而,《禹贡》《汉书·地理志》说扬州"田下下",列为最差一级,农业生产欠发展,则"田赋下上",名列倒数第二位。

2.水资源

豫章境内,江河纵横,水网密布,是典型的水乡之地。《汉书·地理志》云:

> 豫章郡,高帝置。莽曰九江。属扬州。……彭泽,《禹贡》彭蠡泽在西。鄱阳,武阳乡右十余里有黄金采。鄱水西入湖汉。……余汗,余水在北,至鄡阳入湖汉。……艾,修水东北至彭泽入湖汉,……赣,豫章水出西南,北入大江。新淦,都尉治。莽曰偶亭。(应劭曰:"淦水所出,西入湖汉也。")……南城,盱水西北至南昌入湖汉。……建成,蜀水东至南昌入湖汉。……宜春,南水东至新淦入湖汉。……雩都,湖汉水东至彭泽入江,行千九百八十里。鄡阳,莽曰豫章。南壄,彭水东入湖汉。

这段常为学者所引用的史料,主要记载的是豫章郡政区状况,但也反映了豫章郡江河湖泊资源的丰富,尤其是淡水资源富足。在众多的河水中,有鄱水(今昌江)①、馀水(今信江)、修水、豫章水(今章水)、淦水、盱水(今抚河)、蜀水(今锦江)、南水(今袁江)、湖汉水(今赣江)、彭水(今桃江)等;柴桑、彭泽一带有长江经过,又有江南少见的淡水大湖泊——彭蠡泽,即今天鄱阳湖的前身,系古人认为的"五湖"之一。②因此,与周边同属长江中下游地区的南郡、会稽、丹扬等郡相比较,豫章郡的水资源是较为丰富的。

从这段史料的写作思路上看,班固是从水流低的彭蠡泽、鄱水写起,然后写到"湖汉水"(今赣江)源头之一豫章水(今章水),最后提到"湖汉水"另一源头在雩都(今于都)的贡水,这与桑钦写《水经》、郦道元作《水经注》的思路恰好相反,基本反映了豫章郡的水系网络。在汉代,鄱水、余水、盱水等河流均汇集于"湖汉水"后流入彭蠡泽,这个汇集点就在今鄱阳湖水域位置,后世因地面下沉和湖口水位上升而造成彭蠡泽南部分水域扩大,最终形成为后来的鄱阳湖。

---

① 谭其骧:《中国历史地图集》(第二册),中国地图出版社1982年版。文中注释今地名,均参见此书,下文省略。

② 《史记》卷二九《河渠书》记载:"于吴,则通渠三江、五湖"。五湖者,郭璞《江赋》云具区、洮滆、彭蠡、青草、洞庭是也。

所以,今昌江、信江、抚河并不注入赣江,而是直接流入鄱阳湖。

在水系问题上,班固不如汉代桑钦了解豫章郡的水资源,班固称今赣江为湖汉水,而桑钦直接称赣水。桑钦在《水经》中清楚地描述了赣水是豫章郡的主流:

> 赣水出豫章南野县。西北,过赣县东。又西北,过庐陵县西。又东北,过石阳县西。又东北,过汉平县南。又东北,过新淦县西。又北,过南昌县西。又北,过彭泽县西。北,入于江。

同时,还记载了两条河流:一是发源于艾县、西注湘水的浿水(今修水),二是途经彭泽县、北入江水的庐江水(今乐安江上游庐源水)。

北魏郦道元因《水经》记载过略而撰《水经注》,对豫章郡赣水水系、河流分支及其周边地区相关森林、矿产、动物资源等状况作了更详细的描绘。[①]其中注明的河流有:赣水、豫章水、湖汉水、牵水、淦水、盱水、浊水、余水、鄱水、缭水、修水,与《地理志》相比较,水系名称有所变化,其中牵水,《地理志》称南水;浊水,《地理志》称蜀水。在这"十川"中,赣水(今赣江)是主流,"其水总纳十川,同臻一渎,俱注于彭蠡也。北入于江。"这些河流的分布与流向,清人汪士铎在其《水经注图》中作过图示(见图3-1),可供今人参考。

《水经注》还特别指明赣水水质清净,是大江南难得的淡水资源。所谓"大江南赣水,总纳洪流,东西四十里,清泽远涨,绿波凝净,而会注于江川",是当时赣境水资源尚处在原生状态的形象写照。

当然,秦汉时期江西境内的河水支流数量绝不止《水经注》中所说的"十川"。受当时江西经济开发程度低的影响,郦道元生前无法深入原始荒林莽草中寻觅和了解更多的水系源流。直至清代,江西的荒野山区逐渐被开发,尤其是赣南原始森林的山地、山田的开垦,加上不同农作物种植的推广,对水资源的需求越来越大,人们对江西的山泉、河流才有了更全面的认识。总之,富足的淡水资源,在江西脱离"荒蛮"状态的进程中起过重要作用,为日后江西成为农业大省、粮食生产基地提供了的先决条件。

---

① 详见[北魏]郦道元著、[民国]杨守敬、熊会贞疏《水经注疏》卷三九,江苏古籍出版社1999年第2版,第3228—3255页。

第三章
秦汉时期江西的经济(上)

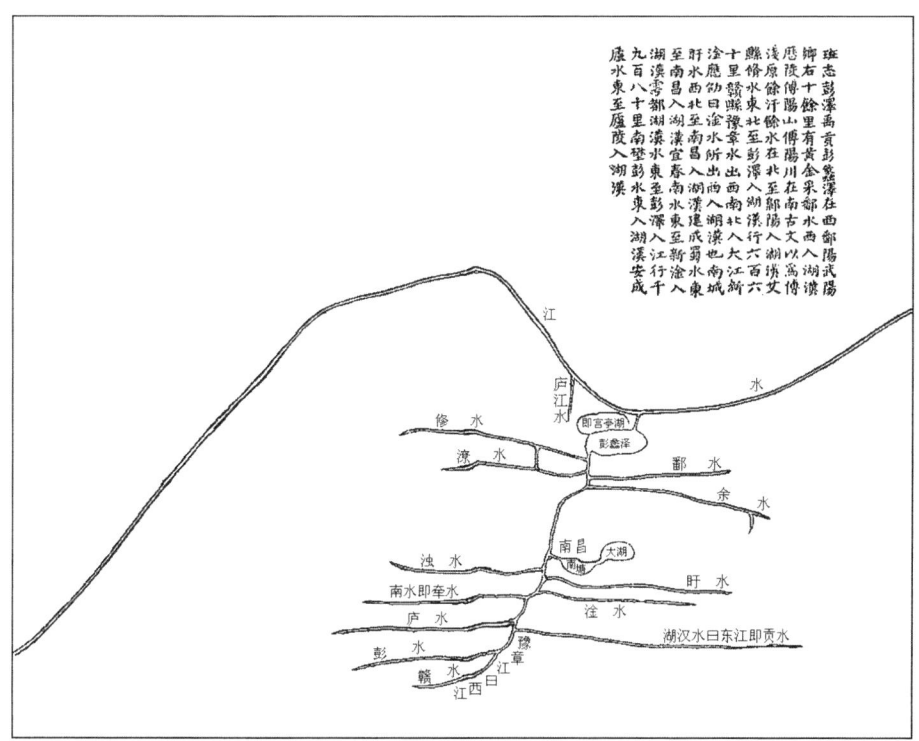

图3-1 《水经注图》赣水及其支流图①

3.动植物资源

秦汉时期,江西"地广人稀",山丘多,平地少,又有充沛的水资源,成为动植物生长、繁殖的天然场所。《史记·货殖列传》称:"渊深而鱼生之,山深而兽往之。"《淮南子·说山训》亦云:"水积而鱼聚,木茂而鸟集。"说的虽是整个江南情况,但江西显然涵盖在内。从文献与考古资料来看,江西的动植物资源是相当丰富的,其主要表征如下:

其一,森林资源丰富,植被覆盖面广大,尤其是赣南地区森林茂密,基本处于原始状态。

据《史记·楚世家》载,楚之先人"熊绎辟在荆山,筚路蓝缕以处草莽,跋涉山林以事天子,唯是桃弧棘矢以共王事"。注引服虔曰:"草行曰跋,水行曰涉。"

---

① [北魏]郦道元著、[清]汪士铎图、陈桥驿校释:《水经注图》,载山东画报出版社2003年版,第90、91页。本书对该图文字作了调整,仅保留水名并重新植字以显清晰。

又曰:"桃弧棘矢所以卸其灾,言楚地山林无所出也。"可见楚地山林茂密,与外世交通不畅。又据《越绝书·计倪内经》说,吴地"山林幽冥,不知利害所在"。江西曾是"吴头楚尾",这两则史料似能反映当时江西的原始森林状况。汉代,司马迁在《史记·货殖列传》中称此地"多竹木",也与今江西湘赣、闽赣边界山区森林茂密、竹木繁盛完全相符。

司马相如《子虚赋》曰:"云梦者,方九百里,其中有山焉。其山则盘纡弗郁,隆崇嵂崒;岑岩参差,日月蔽亏;交错纠纷,上干青云;罢池陂陀,下属江河。……其北则有阴林巨树,梗枬豫章,桂椒木兰,檗离朱杨,楂梨梬栗,橘柚芬芳。"①这里虽然是说云梦林木水果之盛貌,但是近邻的江西气候、水土与之近似,所述林木亦均为江西境内所有。司马相如还提到"樱枣杨梅",张揖曰:"杨梅,其实似谷子而有核,其味酢,出江南也。"②杨梅在江西山区是相当常见的野果。

左思《吴都赋》中比较详细地描绘了江南地区的森林资源盛况,说:

> 方志所辨,中州所羡。草则藿蒳豆蔻,姜汇非一。江蓠之属,海苔之类。纶组紫绛,食葛香茅。……木则枫柙櫲樟,栟榈枸桹。绵杬杶栌,文欀桢橿。平仲桾櫏,松梓古度。楠榴之木,相思之树。宗生高冈,族茂幽阜。擢本千寻,垂荫万亩。攒柯挐茎,重葩殗叶。
>
> 其竹则筼筜筱簜,桂箭射筒。柚梧有篁,篻簩有丛。苞笋抽节,往往萦结。绿叶翠茎,冒霜停雪。橚矗森萃,蓊茸萧瑟。檀栾蝉蜎,玉润碧鲜。梢云无以逾,嶰谷弗能连。鹦鹈食其实,鹓雏扰其间。其果则丹橘馀甘,荔枝之林。槟榔无柯,椰叶无阴。龙眼橄榄,榴御霜。结根比景之阴,列挺衡山之阳。素华斐,丹秀芳。临青壁,系紫房。

黄今言主编的《秦汉江南经济述略》认为"秦汉江南的森林占地面积当超过山地丘陵的占地面积,即森林占地在73%以上"③,处在开发之初的江西,仍属地广人稀地区,森林覆盖比率也应大体相似。

其二,以豫章、楠、梓、竹为主的森林资源富藏而闻名全国。

---

① 《史记》卷一一七《司马相如列传》《汉书》卷五七上《司马相如传》。
② 《汉书》卷五七上《司马相如传》并注。
③ 黄今言主编:《秦汉江南经济述略》,江西人民出版社1999年版,第45页。

第三章
秦汉时期江西的经济(上)

秦汉时期,江南所盛产的豫章、楠、梓、竹等林木最受秦汉人所喜爱,在两汉文献中屡见提及。据《汉书·地理志》称:"淮、海惟扬州……篠簜既敷,厥木乔。"师古注曰:"篠"即小竹子,"簜"即大竹子,均是"布地而生",异常茂盛。由此说明整个扬州地区盛产竹子,竹林分布广阔,而江西的许多地区都产竹子,庐陵(今吉安市)一带尤以盛产不同品种的竹子闻名。又如《盐铁论·本议篇》载大夫曰:

> 陇、蜀之丹漆旄羽,荆、扬之皮革骨象,江南之楠梓竹箭,燕、齐之鱼盐旃裘,兖、豫之漆丝絺纻,养生送终之具也,待商而通,待工而成。故圣人作为舟楫之用,以通川谷,服牛驾马,以达陵陆;致远穷深,所以交庶物而便百姓。

可见,"江南之楠梓竹箭",是与陇、蜀、荆、扬、燕、齐、兖、豫各地方物特产相媲美的。前引《吴都赋》材料也说明了这一点。又东汉后期,王符在《潜夫论》中说:

> 古之葬者,厚衣之以薪,葬之中野,不封不树,丧期无数。后世圣人易之以棺椁,桐木为棺,葛采为缄,下不及泉,上不泄臭。中世以后,转用楸梓槐柏杶樗之属,各因方土,裁用胶漆,使其坚足恃,其用足任,如此而已。今者京师贵戚,必欲江南檽梓豫章之木。边远下土,亦竞相放效。夫檽梓豫章,所出殊远,伐之高山,引之穷谷,入海乘淮,逆河溯洛,工匠雕刻,连累日月,会众而后动,多牛而后致,重且千斤,功将万夫,而东至乐浪,西达敦煌,费力伤农于万里之地。……今京师贵戚,郡县豪家,生不极养,死乃崇丧。或至金缕玉匣,檽梓梗楠,多埋珍宝偶人车马,造起大冢,广种松柏,庐舍祠堂,务崇华侈。①

这里提到的江南檽梓豫章等上等木材,显然也有产自豫章郡的。

其三,动物种类繁多,分布广泛,尤其彭蠡泽是各种候鸟集聚地。

据《汉书·地理志》载:"淮、海惟扬州。彭蠡既豬,阳鸟逌居。"师古注曰:"彭

---

① 《后汉书》卷四九《王符传》。

蠡,泽名,在彭泽县西北。阳鸟,随阳之鸟也。言彭蠡之水既已蓄聚,则鸿雁之属所共居之。"随阳之鸟,即候鸟鸿雁之属每年来此度冬。时至当代,鄱阳湖依然是南方地区最大的候鸟集散的最佳沼泽地。

江河湖水中鱼鳖龟等动物种类比较多,江南之地有"饭稻羹鱼"之称,说明当地鱼资源之丰富,鄱阳湖至今仍是淡水湖鱼资源的主要生产基地。今赣北滨临长江、彭蠡泽地区可能还出产"神龟",如《汉书·地理志》载:"九江纳锡大龟。"师古注曰:"大龟尺有二寸,出于九江。锡命而纳,不常献也。"①

对江南地区珍禽异兽动物描绘得最为生动者,仍是左思的《吴都赋》,其云:

> 其上则猿父哀吟,犿子长啸。狖䶆猓然,腾趠飞超。争接县垂,竞游远枝。惊透沸乱,牢落翚散。其下则有枭羊麖狼,㺌貐狦象。乌菟之族,犀兕之党。钩爪锯牙,自成锋颖。精若燿星,声若云霆。名载于山经,形镂於夏鼎。
>
> 鹧鸪南翥而中留,孔雀綷羽以翱翔。山鸡归飞而来栖,翡翠列巢以重行。
>
> 火齐之宝,骇鸡之珍。

《后汉书·宋均传》还留下了虎的记载。据称,九江郡(治今安徽寿县)虎多为患,经宋均整治后散逃临郡。②豫章郡虽少见动物记载,但从考古发掘来看,《吴都赋》中所描述的珍禽异兽及老虎等猛兽在豫章郡也留下了踪迹,仅南昌墓葬中出土的动物骨骼就有虎、狼、貘、鹿、麋鹿、鸠、雀、孔雀、鸟等,可见当时江西境内野生动物种类多,数量大,动物资源丰富。

4.矿产资源

秦汉时期,江西境内已经开采的矿产资源主要有铜、金、铅、锡、煤等矿产。

(1)铜矿

---

① "九江"应泛指长江中下游滨江地区。
② 《后汉书》卷四一《宋均传》:"迁九江太守。郡多虎暴,数为民患,常募设槛阱而犹多伤害。均到,下记属县曰:'夫虎豹在山,鼋鼍在水,各有所托。且江淮之有猛兽,犹北土之有鸡豚也。今为民害,咎在残吏,而劳勤张捕,非忧恤之本也。其务退奸贪,思进忠善,可一去槛阱,除削课制。'"其后传言虎相与东游渡江。

第三章
秦汉时期江西的经济（上）

自先秦以来，江西瑞昌铜矿就是全国的采铜矿中心之一，是江南最早、最大的采铜基地。《史记·平准书》：吴有"章山之铜"，疑"章"即"豫章"，漏"豫"字。如《史记·吴王濞列传》说："吴有豫章郡铜山，濞则招致天下亡命者盗铸钱，煮海水为盐，以故无赋，国用富饶。"《汉书·吴王濞传》亦有类似记载。这与江西境内铜矿资源蕴藏的史实是一致的。至于《索隐》《正义》等注称"豫章"乃"鄣郡"之误、"或称'豫章'为衍字也"，云云，不知理由何在？故宋代史学家乐史并不采《索隐》《正义》之说，在其《太平寰宇记·洪州》南昌县条下说："南昌山，在县西三十五里……吴王濞铸钱之山，时有夜光，遥望如火，以为铜之精光。"

依托铜矿资源，豫章郡铜器亦久负盛名，如《宋书·符瑞志》载：

> 晋成帝咸康五年，豫章南昌民掘地得铜钟四枚，太守褚裒以献。
>
> 元嘉二十二年，豫章豫宁县出铜钟，江州刺史广陵王绍以献。
>
> 孝武帝孝建三年四月丁亥，临川宜黄县民田中得铜钟七口，内史傅徽以献。
>
> 明帝泰始四年二月丙申，豫章望蔡获古铜钟，高一尺七寸，围二尺八寸，太守张辩以献。
>
> 泰始五年五月壬戌，豫章南昌获古铜鼎，容斛七斗，江州刺史王景文以献。

这些出土或发现于豫章境内的铜钟、铜鼎，虽不能断定就是秦汉时期的，但应属魏晋之前文物则无疑义，同时也从一个方面反映了豫章铜矿资源在全国的地位。当代考古发掘进一步印证了历史记载。在南昌、修水、遂川、萍乡、宜春、铅山、赣州、宁都等地陆续出土了不少汉代青铜器，诸如铜鼎、铜镜、铜釜、铜壶、铜熏炉、铜剑、铜钟、五铢钱等，其中铜提梁壶与铜镜铸造工艺精湛。南昌市郊区塘山出土的铜提梁壶肩腹部均饰凸弦纹，腹侧铸铺首，提梁把两端呈龙头状，分嘟壶链，制作精致。①

（2）金矿

根据《史记·货殖列传》记载："豫章出黄金。"《集解》徐广曰："鄱阳有之。"《正义》《括地志》云："江州浔阳县有黄金山，山出金。"《汉书·地理志》及注进

---

① 唐山：《南昌塘山东汉墓》，《文物工作资料》1976年第5期。

而曰：

> 扬州地区出"贡金三品"，师古注曰："金、银、铜。""豫章郡，高帝置。莽曰九江。属扬州。……彭泽，《禹贡》彭蠡泽在西。鄱阳，武阳乡右十余里有黄金采。"师古曰："采者，谓采取金之处。"

《后汉书·郡国志》亦称"南城、鄱阳有鄱水。黄金采"。此后，有关江西产黄金的记载不绝于书，如：

> 《晋书·地理志》："鄱阳乐安出黄金，凿土十余丈，披沙所得，大如豆，小如粟米。"
> 王隐《晋书》："鄱阳乐安出黄金，凿土十余丈，披沙之中。所得者大如豆，小如粟米。"①
> 民国二十七年（1938年）夏湘蓉、刘辉泗《德兴县矿产志》：黄柏洋金山（即今金山金矿），位于黄柏洋村北（詹村乡境内），"拔地面五、六十公尺，山脊开有直井十余口，深浅不一，深者达二、三丈，浅者数尺，径大仅能容人，据云均为昔时采金者所掘"。

关于金矿的开采权，西汉前期实行包税制，即由大冶金工矿主承包，向朝廷交纳一定的税收。张家山汉简《二年律令·金布律》载曰：

> 采金者租之，人日十五分铢二。民私采丹者租之，男子月六斤九两，女子四斤六两。（简四三八）

豫章郡的金矿开采应不例外。然而豫章郡的金矿相对少，开采难度又特别大，除去税收后工矿主采金获利甚小，故开采量很有限，正如司马迁所说："豫章出黄金，长沙出连、锡，然堇堇物之所有，取之不足以更费。"②《集解》应劭注曰："堇，少也。更，偿也。言金少少耳，取之不足用，顾费用也。"这种状况，直至明

---

① 《初学记》卷二七《宝器部》。
② 《史记》卷一二九《货殖列传》。

第三章
秦汉时期江西的经济(上)

代依然未变。宋应星在《天工开物·五金》说:"凡中国产金之区,大约百余处,难以枚举。山石中所出,大者名马蹄金,中者名橄榄金、带胯金,小者为瓜子金。水沙中所出,大者名狗头金,小者名麸麦金、糠金。平地堀井得者,名面沙金,大者名豆粒金。皆待先淘洗后冶炼而成颗块。""河南蔡、巩等州邑,江西乐平、新建等邑,皆平地堀深井取细沙淘炼成,但酬答人功所获亦无几耳。"时至今日,鄱阳仍出产黄金,但是黄金产量相当少。

(3)煤矿

在古代文献中,煤被称为"石炭""乌薪""黑金"等。从文献与考古资料来看,中国是最早开采与利用煤的国家。据当代学者研究,早在六七千年以前的新石器时代晚期,原始先民就用煤精磨制出了古朴的用品;据发掘资料初步统计,从辽宁、陕西、山西、四川、河南、新疆、甘肃、广东、江苏、黑龙江等10个省区30多个县市数十处古墓、遗址中出土的煤精制品和坯料、煤块等,共计已有550多件。在西安市郊张家坡、普渡村两处西周古墓群中,出土8件煤精块、环;在宝鸡茹家庄、竹圆沟和扶风黄堆乡以及山西洪洞水凝堡等地的西周古墓中,也出土100多件煤精块、珠,这是中国早期认识、利用煤炭的又一批确凿证据。①由此可见,中国开采与使用煤炭的历史悠久,源远流长。

在汉代,煤炭的开采与使用进一步发展。据考古发掘,从四川奉节风箱峡,陕西凤翔八旗屯、旬阳县城和西安环城马路,河南陕县刘家渠,甘肃酒泉下河清、嘉峪关,广东广州和封开县江口,黑龙江满洲里扎赉诺尔以及辽宁盖县、辽阳的汉代古墓中,出土了煤精羊、猪、狮、发饰、耳珰、平玉、饰牌、羊形玉等共十五件;在新疆民丰尼雅遗址出土汉代煤玉印章一枚;从广州郊区两座东汉墓中,出土了由数千粒琥珀珠、玛瑙珠、宝石珠、水晶珠串连起来的一些珠饰,内有煤精珠两粒。②

江西最早开采与使用煤炭的历史,可以追溯到汉代。据《后汉书·郡国志》"豫章条"中引雷次宗《豫章记》注曰:

> (建城)县有葛乡,有石炭二顷,可燃以爨。

除生活使用以外,还用于冶炼业等生产行业,因为煤炭耐烧,持续时间长,

---
① 祁守华编:《中国古代煤炭开采利用铁闻趣事》,煤炭工业出版社1996年版,第2页。
② 祁守华编:《中国古代煤炭开采利用铁闻趣事》,煤炭工业出版社1996年版,第3页。

温度高,是冶炼行业中最理想的燃料。1958年,在河南巩县铁生沟发现一处规模巨大的冶铁遗址中,发掘出"煤块""煤饼""煤渣",也发现有少量木炭和木炭燃烧后的黑灰,这些说明西汉时期煤炭已经被用作冶铁燃料了。1975年,在河南郑州古荥镇冶铁遗址中挖掘出"煤饼",说明西汉后期此冶铁遗址中已经使用煤炭冶铁。①北魏地理学家郦道元在《水经注·河上篇》中引东晋道安《释氏西域记》说:"屈茨(即龟兹)北二百里有山……人取此山石炭,冶此山铁。"这是古代文献中第一次明确记载了用煤冶铁史实。

南北朝时,北方民户已经广泛使用煤取暖、烧饭,唐朝时,江南也广泛使用煤,至宋朝时,煤炭在京城汴梁已经是家用日常的燃料,如庄季裕在《鸡肋篇》说:"数百万家,尽仰石炭,无一家燃薪柴火者。"

二、自然灾害与生态环境

1. 自然灾害

汉代自然灾害种类繁多,大致可分水灾、旱灾、蝗灾、地震、疫灾、风灾、淫雨霖雨、冰雹、饥荒等等,今查《汉书》《后汉书》各本纪、天文志、律历志、地理志、郡国志等,在两汉时期几乎无年无灾。具体情况见下表:

表3-2 两汉自然灾害数量统计表

	水灾	旱灾	蝗灾	地震	疫灾	风灾	淫雨霖雨	冰雹	霜雪	饥荒	总计
西汉	23	21	16	16	1	7	6	5	11	9	115
东汉	48	27	26	61	17	14	9	15		14	231
总计	71	48	42	77	18	21	15	20	11	23	346

两汉历时共400余年,所发生的自然灾害至少有346次之多,年均发灾率为81%,也就是说,每10年至少有8次灾害;每50年至少有40余次灾害;每百年至少有81次灾害。西汉时,自然灾害次数相对较少,为115次,年均发灾率为54%,每2年至少有1次灾害。然而,东汉自然灾害的总数大大高于西汉,达231次,年均发灾率为117%,高于西汉的60多个百分点,几乎每年至少有一二次,甚至多

---

① 《郑州古荥镇汉代冶铁遗址》,《文物》1978年第2期。

第三章
秦汉时期江西的经济(上)

达3次(如安帝时期)。从数量上分析,东汉发灾次数几乎是西汉的2倍之多。其中,水灾,东汉是西汉的2.1倍;地震,东汉大约是西汉的4倍;疫灾,东汉是西汉的17倍;风灾,东汉是西汉的2倍;冰雹,东汉是西汉的3倍。与西汉的其他灾害相比,东汉旱灾多6次,蝗灾多10次,淫雨霖雨多4次,饥荒多5次。一句话,东汉的灾害次数远远多于西汉。可见,在汉代,不仅灾情多,而且发灾的频度高得惊人。①

据统计,《汉书》记载西汉江南发生水灾4次,《后汉书》记载东汉江南发生水灾7次,淫雨霖雨10次。②

从文献资料来看,直接记载豫章郡发生的自然灾害的种类、次数甚少,至于其危害记述亦少,总共只有两次:

山崩一次。据《后汉书·安帝纪》载:"六月壬辰,豫章、员谿、原山崩。"《后汉书·五行志四·山崩条》亦载:"六年六月壬辰,豫章员溪原山崩,各六十三所。"这次山崩很可能是地震引发的,但是史书没有记载地震,也没有记载大雨。灾害面大,有六十三所受灾。

蝗灾一次。据《后汉书·五行志三·蝗条》记载:"和帝永元四年,蝗。"臣昭案:本纪光武建武六年诏称"往岁水旱蝗虫为灾。"《古今注》曰:"建武二十二年三月,京师、郡国十九蝗。二十三年,京师、郡国十八大蝗,旱,草木尽。二十八年三月,郡国八十蝗。二十九年四月,武威、酒泉、清河、京兆、魏郡、弘农蝗。三十年六月,郡国十二大蝗。三十一年,郡国大蝗。中元元年三月,郡国十六大蝗。永平四年十二月,酒泉大蝗,从塞外入。"谢承《后汉书》曰:"永平十五年,蝗起泰山,弥行兖、豫。"③又谢沈《后汉书》云:"钟离意讥起北宫,表云:'未数年,豫章遭蝗,谷不收,民饥死,县数千百人。'"④由此可见,东汉时期蝗灾次数特别多,间隔时间短,灾害播及面广,及至长江以南的豫章郡遭受严重的蝗灾,造成谷物不收,百姓饥死数千百人。

当然,发生在豫章郡内的自然灾害绝对不止两次,有材料表明,一些普通疾疫灾害也是时有发生。如《后汉书·栾巴传》记载:栾巴"迁豫章太守。郡土多山川鬼怪,小人常破赀产以祈祷。巴素有道术,能役鬼神,乃悉毁坏房祀,剪理

---

① 温乐平:《汉代自然灾害与政府的救灾举措》,《江西师范大学学报》2001年第5期。
② 黄今言主编:《秦汉江南经济述略》,江西人民出版社1999年版,第33页。
③ 周天游辑注:《八家后汉书辑注》,上海古籍出版社1986年版,第6页。
④ 周天游辑注:《八家后汉书辑注》,上海古籍出版社1986年版,第607页。

奸巫,房谓为房堂而祀者。于是妖异自消。百姓始颇为惧,终皆安之。"注引《神仙传》曰"时庐山庙有神,于帐中与人言语,饮酒投杯,能令宫亭湖中分风,船行者举帆相逢。巴未到十数日,庙中神不复作声。郡中常患黄父鬼为百姓害,巴到,皆不知所在,郡内无复疾疫"也。这段材料虽不直接,但似可说明这样一个事实:豫章郡内灾害、疾疫常见,才会有巫神作祟、迷信神灵现象的盛行。

值得注意的是,以上自然灾害都是发生在东汉时期,而西汉二百余年中却无自然灾害记录。究其原因,主要有三点:一是西汉时期豫章郡除以彭蠡湖一带农业生产稍微发展外,赣中部、南部地区农业生产技术比较落后,加上"地广人稀",所以朝廷不太重视这块土地上的农业生产与自然灾害问题,根本无从谈起记录灾害事件。二是东汉时期豫章郡地区农业生产技术有所进步,推广牛耕,人口增长,国家开始重视这个曾被忽视的领地,所以在记录行政事务时也会记录灾害事件。三是东汉时期谶纬神学发展,儒学神学化,天人感应、天象示警统治思想影响着统治者和知识分子,所以,在记录中原地区灾害时也会带上江南豫章郡的一笔。从这个角度上讲,江西仅是东汉时期才更受到上层统治者的重视,西汉时期中央朝廷还是把这里视为蛮夷荒服之地,偶尔会把江南作为山东、中原灾民的转移地。东汉时,豫章郡的经济地位有较大提高,朝廷曾连续二次调拨豫章等郡租米赈济北方灾区。

由于自然灾害造成的人畜伤亡、经济凋敝,严重影响着国家财政收入和统治秩序,两汉政府十分重视灾害的防治和赈济工作,采取的措施主要有:

(1)赈济医药,抚恤死伤者

秦汉时期,江西的烟瘴之气比较浓,疾疫较为常见,这从上述史料中也反映出来了。但是,缺乏史书直接记载国家与地方政府赈济灾民的记录,只能从相关资料中透视这一现象。如《后汉书·钟离意传》记载:建武十四年,"会稽大疫,死者万数",钟离意私下悄悄抚恤灾民,经营济给,"所部多蒙全济"。《后汉书·安帝纪》记载:会稽大疫,安帝"遣光禄大夫将太医循行疾病,赐棺木,除田租、口赋"。又《后汉书·桓帝纪》记桓帝时颁布的一份诏书,曰:"其有家属而贫无以葬者,给直,人三千,丧主布三匹。若无亲属,可于官壖地葬之,表识姓名,为设祠祭。又徒在作部,疾病致医药,死亡厚埋藏。民有不能自振及流移者,禀谷如科。"汉政府除"致医药"以外,还通过赐葬钱、棺木等来抚恤死伤者,甚至

第三章
秦汉时期江西的经济(上)

允许野尸埋葬于官府的"墠地"①。

(2)赈济衣食、种子、犁牛、耕具等

赈济粮食,这是汉代最常见的一种赈济灾民方式。西汉文帝后元六年(前158年),因发生旱蝗灾,官府立即"发仓庾以振民"②。武帝时,派汲黯视察河内灾情,汲黯便"持节发河南仓粟以振贫民"③。东汉时,水灾、旱灾、风灾、冰雹等灾害接连发生,饥民遍野,政府亦曾发仓储之粮以赈贫民。如史载:明帝永平十八年(75年),诏"其以见谷赈给贫人"④。安帝延光元年(122年),水灾、地震频发,灾情十分严重,安帝诏:"其坏败庐舍,失亡谷食,粟,人三斛"⑤。即对失去家园、缺少粮食的灾民赐与粟粮,每人三斛。此外,还有直接为饥民提供粥食的救济法。兴平元年(194年)大灾之后,献帝"使待御史侯汶出太仓米豆,为饥人作糜粥"⑥。为饥民煮糜粥,虽救济灾民的数量、程度有限,但这仍然体现了政府救灾重民的思想。

同时,为了帮忙灾民尽快恢复生产自救,大量赈贷种子、耕牛、犁具等。对于灾后丧失了基本生产资料的灾民,汉政府则赈贷种子、耕牛和农具等,以助其恢复生产。据史载,西汉始元二年(前85年),因连年灾患,昭帝则"遣使者振贷贫民毋种、食者"⑦。东汉和帝永元十二年(100年),诏"贷被灾诸郡民种粮"⑧。倘若贫民无法偿还,其假贷则多有减免。如昭帝始元二年(前85年),诏曰:"所振贷种、食勿收责"⑨。成帝鸿嘉四年(前17年),也责令"逋贷未入,皆勿收"⑩。永元十三年(101年),因荆州发生水灾诏令"贫民假种食,皆勿收责"⑪。同时,汉政府为了保证灾民不误农时,也帮助贫民租用耕牛、犁、农具等。如《汉书·和帝纪》亦载:永元十六年(104年),诏曰:"贫民无以耕者,为雇犁牛直。"汉政府通过禀贷

---

① 《后汉书》卷七《桓帝纪》。
② 《汉书》卷四《文帝纪》。
③ 《史记》卷一二〇《汲黯传》。
④ 《后汉书》卷三《章帝纪》。
⑤ 《后汉书》卷五《安帝纪》。
⑥ 《后汉书》卷九《献帝纪》。
⑦ 《汉书》卷七《昭帝纪》。
⑧ 《后汉书》卷四《和帝纪》。
⑨ 《汉书》卷七《昭帝纪》。
⑩ 《汉书》卷《成帝纪》。
⑪ 《后汉书》卷四《和帝纪》。

种子、减免灾民债务、借给犁牛农具等,为灾民提供了基本的生活、生产资料,提高灾民生产自救力,减轻国家负担,有利于社会稳定。至于冬天,还赈赐衣服给灾民避寒。西汉元帝初元二年(前47年),因关东大饥荒,元帝诏:"开府库振救,赐寒者衣"①。

(3)组织人员捕蝗治虫灾。

对于蝗、螟等害虫的治理措施,主要有两种:一是官府悬赏捕蝗。最原始、最简易的方法就是人工捕杀,包括扑打、捕捉、烧杀和饵诱等方法。《吕氏春秋·不屈篇》记载了人工捕杀打蝗、螟害虫:"蝗、螟,农夫得而杀之。"西汉晚期,平帝时曾经颁布悬赏令,对捕杀蝗虫者以石斛(即斛)计算分别赐与赏钱。二是挖沟埋蝗。王充在《论衡·顺鼓篇》中说:"蝗虫时生,或飞或集,所集之地,谷草枯索。吏率部民堑道作坎,榜驱内于堑坎,杷蝗积聚以千斛数,正攻蝗之身。"详细描述了蝗虫的之危害以及吏官一起"堑道作坎"以填埋蝗虫。

(4)蠲免田租、假民公田、赐民公田等

水旱相因,五谷不收,民不聊生,汉统治者注意到减轻灾民的租赋负担。文帝前元十二年(前168年),因黄河决口成灾,诏曰:"赐农民今年租税之半。"②宣帝本始三年(前71年)发生大旱,令"民毋出租赋"。元康二年(前64年),"其令郡国被灾甚者,毋出今年租赋"③。元帝初元元年(前48年),"其令郡国被灾害甚者毋出租赋"④。东汉时,亦如此,如和帝永元四年(92年)、九年(97年),多次下达诏令,"今年郡国秋稼为旱蝗所伤,其什四以上勿收田租、刍稿;有不满者,以实除之"⑤。"今年秋稼为蝗虫所伤,皆勿收租、更、刍稿;若有所损失,以实除之,余当收租者亦半入"⑥。安帝永初七年(113年),诏"郡国被蝗伤稼十五以上,勿收今年田租;不满者,以实除之"⑦。这些减免租赋政策,有利于减轻灾民的负担,促进灾区发展生产。

汉政权还采取"假民公田"或"赋民公田"等措施,以安置灾民,解决灾民的

---

① 《汉书》卷九《元帝纪》。
② 《汉书》卷四《文帝纪》。
③ 《汉书》卷八《宣帝纪》。
④ 《汉书》卷九《元帝纪》。
⑤ 《后汉书》卷四《和帝纪》。
⑥ 《后汉书》卷四《和帝纪》。
⑦ 《后汉书》卷五《安帝纪》。

第三章
秦汉时期江西的经济（上）

生计问题。如西汉元帝初元元年(前48年)，诏令"江海陂湖园池属少府者以假贫民，勿租赋"[①]。东汉和帝永元九年(97年)，令"其山林饶利、陂池渔采，以赡元元，勿收假税"；十一年(99年)，又"令得渔采山林池泽，不收假税"[②]。政府为了赈禀灾民将山林沼泽、江河海湖、陂池和公田等借给贫民，不收假税。一方面为灾民提供了必要的生产资料，解决灾民的生计问题，消除了社会动荡的因素；另一方面将大量的公有荒地转化为耕田，增加了农田面积和国家田租收入。

(5)对霜寒灾害的预测与防治

江西地处亚热带暖湿气候，动植物都是喜暖厌寒，倘若一旦发生较大霜冻雪灾，必然伤及农作物而影响产量，因此对霜冻雪灾的预测与防治是相当重要的。汉代，人们已经掌握了粗浅的天气气象预测知识，注意对霜寒灾害的预测与防治。《论衡·寒温》说：

> 民间占寒温，今日寒而明日温；朝有繁霜，夕有列光；旦雨气温，旦旸气寒。

这种预测是比较科学的。今天寒冷，明天将温暖；朝晨有厚霜，傍晚将见到暖和的阳光；夜间下雨，因云层较低与辐射降温少，则温度较高；若是夜间无云，辐射降温多，所以天气较为寒冷。《齐民要术》中说："天雨新晴，北风寒切，是夜必霜。"这就说明了古人已经掌握了霜冻的发生规律。

为此，汉人采取各种办法预防霜寒灾害。《氾胜之书》记载了人工预防霜害防露害的方法：

> 植禾，夏至后八十九十日，常夜半候之，天有霜若白露下，以平明时，令两人持长索相对，各持一端，以槃禾中，去霜露，日出乃止。如此，禾稼五谷不伤矣。
>
> 黍心初生，畏天露。令两人对持长索，搜去其露，日出乃止。

由此说明，汉人在实践中总结出来的防治霜露伤稼办法，保护了农作物的正常生长。对于其减轻霜露灾害的原理，梁家勉认为"可能是因为赶霜使禾的植株

---

① 《汉书》卷九《元帝纪》。
② 《后汉书》卷四《和帝纪》。

摆动,空气流动上下温度交换,处于穗部的最低临界位置发生变动;霜被赶掉后,太阳出来温度回升时,不需要吸收更多的热量溶化霜,穗部温度不致再次降低。"①《齐民要术》还记载了果树熏烟防霜冻的方法:

> 凡五果,花盛时遭霜,则无子。常预于园中,往往贮恶草生粪。天雨新晴,北风寒切,是夜必霜。此时放火作煴,少得烟气,则免于霜矣。

为了防止果木的幼苗在寒冷的冬天受到伤害,《齐民要术》又提出草裹、埋土等系列措施。不管是熏烟防霜雪法,还是草裹、埋土等方法,至今在江西的南丰、赣南果业中经常使用。

2.对生态环境的认识与利用

秦汉时期,人们对生态环境有一定程度的认识,掌握了一些利用自然资源、环境的相关知识与基本技能,并且具有保护生态环境的生态意识。

(1)防治"卑湿"

江南地势低下,比较潮湿,则防治"卑湿"是江南地区特有的环保措施。《史记·货殖列传》记载"江南卑湿,丈夫早夭"。《史记·袁盎晁错列传》说"南方卑湿"②。世人都恐惧到南方来,如《史记·屈原贾生列传》说:"贾生既辞往行,闻长沙卑湿,自以寿不得长,又以适去,意不自得。及渡湘水,为赋以吊屈原。"结果贾谊也真的英年早逝在长沙。可见,南方"卑湿"环境对人体健康、寿命危害之大。为了防治"卑湿",主要采取以下几种方式:③

其一,"编木为城"防治卑湿。《后汉书·陈球传》记载:"太尉杨秉表球为零陵太守。球到,设方略,期月间,贼虏消散。而州兵朱盖等反,与桂阳贼胡兰数万人转攻零陵。零陵下湿,编木为城,不可守备,郡中惶恐。"这里虽是说桂阳地区,但江西与桂阳均属于南方卑湿区域,"编木为城"应是通例。

其二,木炭除湿。据考古发现,江西境内一些汉墓中出土了木炭,明显是用于除湿的。在汉代南方的墓葬中往往发现有大量的木炭,例如长沙马王堆一号汉墓发掘出一万多斤木炭,正因木炭的除湿功效,使马王堆能够保存至今。

---

① 梁家勉主编:《中国农业科学技术史稿》第202页,农业出版社1989年版。
② 还有《史记》卷一一三《南越列传》《史记》卷一一八《淮南衡山列传淮南衡山列传》,《汉书》卷四四《淮南厉王刘长传》,《汉书》卷四九《爰盎传》,《汉书》卷九五《南粤传》等传中都提到"南方卑湿"。
③ 参见黄今言主编《秦汉江南经济述略》,江西人民出版社1999年版,第61—62页。

第三章
秦汉时期江西的经济(上)

其三,选择向阳的地方建筑房子或修建墓室。江西越族人居住方式,选择阳光充足环境,建造干阑式房屋,达到防潮防湿防虫害功效。1979年江西贵溪发掘的崖洞墓,崖洞向阳、通风可以防潮,因而墓葬得以保存至今。①

(2) 对土地资源的认识与利用

汉人认识到土地是万物生长之必要条件。《论衡·道虚》云:"草木之生以土为气矣。拔草木之根,使之离土,则枯而早死"。同时认为,不同性质的土壤适宜不同农作物的生长。如《淮南子·地形训》在记述五方之土不同物产时说:

> 东方……其地宜麦,多虎豹,南方……其地宜稻,多兕象;西方……其地宜黍,多旄犀。北方……其地宜菽,多犬马。中央……其地宜禾,多牛马及六畜。

> 汾水濛浊而宜麻,泲水通和而宜麦,河水中浊而宜菽,洛水轻利而宜禾,渭水多力而宜黍,汉水重安而宜竹。江水肥仁而宜稻,平土之人慧而好五谷。

类似记载在汉代文献中多有涉及。由此而知,秦汉时期因地制宜种植不同的农作物,已是全国各地农人的生产常识。在此基础上,人们还就如何认识、利用乃至改良土壤问题作过具体、缜密的阐述,对汉代农业经济的发展起了很好的促进作用。东汉时期江西粮食生产之所以比西汉时期明显发展,无疑与大一统环境下,江西农人受中原先进文化影响、生产意识进步密切相关。

(3) 对水资源的认识与利用

从《汉书·地理志》《水经注》等文献资源来看,秦汉时期生活在江西的先民已经认识到当地具有独特丰富的水资源,并且加以充分利用。这主要体现在以下几个方面:

一是兴修水利,发展农业生产。江西是水稻种植区,修建水利设施以充分

---

① 刘诗中、许智范、程应林的《贵溪崖墓所反映的武夷山地区古越族的族俗及文化特征》(《江西历史文物》1980年第4期),陈文华的《几何印纹陶与古越族人的蛇图腾崇拜》(《考古与文物》1981年第2期),刘诗中的《从崖葬资料谈武夷山地区古越人的社会风俗》(《江西历史文物》1981年第2期),许智范的《谈古越族的图腾崇拜》(《江西文物》1991年第1期),陈明芳的《也谈闽、赣、川、黔地区悬棺葬的几个问题的比较研究》(《江西文物》1991年第1期),陈文华、陈荣华主编的《江西通史》(江西人民出版社1999年版,第84—86页)。

灌溉农田显得十分重要。但是,史书对此记载颇少,只在《水经注·赣水》中留下过"汉永元中,太守张躬筑塘以通南路,兼遏此水。冬夏不增减"的记载。

二是发展渔业。江南地区水资源富足,素有"饭稻羹鱼"①之称。秦汉时期,江西农作物种植业还不发达,干越族人过着渔猎为主的生活,水中有捕不尽的鱼,山中有采不完的果实,基本可以满足日常生活需求。所以《汉书·地理志》说:"江南地广,或火耕火耨。民食鱼稻,以渔猎山伐为业,果蓏蠃蛤,食物常足。故呰窳媮生,而亡积聚,饮食还给,不忧冻饿,亦亡千金之家。"《水经注·赣水》称张躬所筑堤塘"水至清深,鱼甚肥美"。《舆地纪胜》引雷次宗《豫章记》亦曰"水清至洁,而众鳞肥美"。可见,江西地区已开发人工养殖渔业。

三是发展造船业。《水经注·赣水》记载:"赣水又径谷鹿洲,即蓼子洲也,旧作大艑处。"唐代虞世南《北堂书钞》曰:"豫章城西南有舫艫洲,去度支步可二里,是吴吕蒙袭关羽造舫艫舰于此。"舫艫洲,就是蓼子洲,"在城西一里,二洲相并,水自中流入章江。有民居数百家。"据许怀林考证,鄱阳湖、赣江流域的寻阳、余汗、鄱阳"是重要的造船基地"②。

四是充分利用地下水资源。从文献与考古资料来看,中国可能是最早认识和利用地下水的国家。在浙江余姚河姆渡遗址中,发现了我国迄今最早的水井遗迹,在龙山文化的一些村落遗址中也发现了水井遗迹。盛弘之的《荆州记》载有一个古老传说:"父老相传云:神农所生地中有九井,神农既育,九井自穿。"《尔雅·释水篇》还列举出多种类型泉水,如滥泉、酒泉、沃泉等等。

诸多记载表明,利用地下水煮盐、饮用,利用温泉水种植农作物、治疗疾病,已是秦汉时人的共识。郦道元《水经注》记载:"汉献帝初平二年,吴长沙桓王立庐陵郡,治此。豫章水又径其郡南,城中有井,其水色半清半黄,黄者如灰汁,取作饮粥,悉皆金色,而甚芬香。"在津步"有洪井,飞流悬注,其深无底,旧说洪崖先生之井也"。江西地下水资源蕴藏丰富,庐山、宜春、吉安、高安、赣州等地都有温泉,其中庐山的温泉最为著名,明代李时珍在《本草纲目》中指出:"庐山温泉有四孔,四季皆温暖。……方士每教患有疥癣、疯癫、杨梅疮者饮食入池,久浴后出汗,以旬日自愈也。"

(4)保护动植物资源

---

① 《史记》卷一二九《货殖列传》。
② 参见许怀林:《江西史稿》,江西高校出版社1993年版,第59页。

第三章
秦汉时期江西的经济（上）

先秦时，人们就有保护动物植物资源的思想，政府也颁布时禁法令，禁止过度采伐渔猎。如《管子·八观》："山林虽近，草木虽美，宫室必有度，禁发必有时。"《礼记·祭义》："曾子曰：树木以时伐焉，禽兽以时杀焉。夫子曰：'断一树，杀一兽，不以其时，非孝也。'"《礼记·月令》：孟春之月"禁止伐木"。战国时，《孟子·梁惠王上》："斧斤以时入山林，材木不可胜用也。"《荀子·王制》："斩伐养长不失其时，故山林不童而百姓有余材也。……养山林薮泽草木鱼鳖百索，以时禁发，使国家足用而财物不屈。"

至秦代，《吕氏春秋》中各纪详细地记载了气候、物候、时禁等内容，如《孟春纪·孟春》云："东风解冻，蛰虫始振，鱼上冰，獭祭鱼。候雁北。……禁止伐木，无覆巢，无杀孩虫胎夭飞鸟，无麛无卵"。这些生态思想为汉代《淮南子》所继承并发展。《淮南子·时则训》对不同月份的不同气候、物候、时禁等情况的记述，不仅仅说明汉人对气候、物候的深刻认识，更重要的是反映了汉人已能利用对气候、物候的认识来确定"时禁"，以合理利用和保护生态环境。

考古发掘资料印证了文献记载。在湖南长沙子弹库楚帛书《月令》、湖北睡虎地云梦秦简《日书》与《田律》、放马滩秦简《日书》、山东银雀山汉简《阴阳时令占候之书》、内蒙古自治区额济纳旗境内居延汉简、甘肃敦煌汉代悬泉汉简等帛书简牍材料中，均有大量专记月令且与时禁相关的内容，从中可以看出当时人们重视时禁的环保意识。

第二节
人口状况

在生产力发展水平有限的古代社会，人口是一个国家或地区社会经济发展与否的风向标，"人丁兴旺"折射出来的是经济繁荣，而"人口锐减"则往往反映了经济的衰败。因而在探讨经济问题时有必要先梳理一下人口状况。

秦汉是中国历史上最早留下官方人口统计数字的时期，虽然只有西汉平帝元始二年（2年）和东汉顺帝永和五年（140年）留下了各郡国的人口数字，且统计不够准确，仅限于国家掌握的在籍人口，许多少数民族人口和官僚、贵族、地主、商人的依附人口没有统计在内，但毕竟为后人了解当时人口的大致状况提供了至为珍贵的原始材料。

一、人口的民族构成

自秦并六国和北逐匈奴、南征百越后，中国就成为一个统一的多民族国家，以汉族为主体的各民族之间，通过战争、交流不断融合。北方的匈奴，东北的乌桓、鲜卑、高句丽、夫余、肃慎等部族，西北的西域诸族，西部的羌族，西南的蛮、夷，南方与东南的百越，都活跃在中国的历史舞台上。他们与汉族政权的关系，总体趋势是逐渐内化。而当时的江西地区便处在南方越族内化的一个交通口上。

先秦时期，江西居民属于南方概称的"百越"系统之一，可能干越是其主体，赣东北的余汗是其活动中心。华夏族是否染指江西，只能从吴楚争夺番邑、吴太子庆忌居艾的点滴记载，以及澹台灭明南游楚地、定居南昌等传说中去推测了。秦统一后，特别是汉初设置豫章郡后，江西居民的民族构成逐渐明晰。大体而言，当时的江西地区，民族构成并不复杂，主要是汉族和越族，今莲花和安福西部时属长沙，可能还有蛮族。

汉族是中国的主体民族，由先秦时代的华夏族和周边少数民族长期融合而逐渐形成。古代一般用国号称其国民，所谓夏人、殷人、周人。至秦汉时期，中国的主体民族经过短暂的"秦人"称呼后，始称"汉人"。以后虽然还有晋人、唐人、宋人等明显带有时代特征的称呼，但作为主体民族——汉族的称谓一直沿用至今。秦统一后，在江西设县管理，并大规模用兵百越、移民南方，汉族逐渐进入越族区域，并以其经济、政治、文化的优势同化土著居民。汉初豫章郡设立后，县级政治中心深入赣南，汉族在江西的主体地位开始形成。两汉文献中记载了不少籍贯豫章的汉姓人物，如吴芮、李淑、何汤、程曾、唐檀、徐稚、严丰、羊茂、黄向、刘陵、邓通、宋度、张冀、项诵等，考古材料中也发现黄、袁等姓氏，[①]说明两汉江西境内已有很多汉族人口。值得注意的是，在《三国志·吴书》中，记载了大量东汉末年鄱赣地区的强宗大族，如洪明、洪进、苑御、吴免、华当、吴五、邹临、尤突、彭绮、吴遽、彭虎、董嗣等，这些被称为"宗帅"的人，显然都是拥有一定经济实力的汉族地主或已经汉化了的越族首领，而他们的涌现正是两汉时期江西地区由边缘走向内地的结果。

除汉族外，江西地区还散居着一定数量的少数民族，其中主要的仍然是越

---

① 梁洪生：《考古材料中的唐以前江西姓氏考察》，《江西文物》1991年第2期。

第三章
秦汉时期江西的经济（上）

族。越族之所以被称为"百越"，是因为他们族属、种群众多，成分复杂，分布广泛，"扬、汉之南，百越之际，敝凯诸、夫风、余靡之地，缚娄、阳禺、驩兜之国"①，所谓"自交趾至会稽七八千里，百越杂处，各有种姓"②。因此，百越并非单一民族而是民族和部落的集群，这是当今学者的共识。秦汉时期，江西境内的越族主要分布在与今浙、闽、粤接壤的赣东北、赣东南和赣南地区，当然，其民族属性不是静止不变的，而是随着秦汉王朝对南方控制力的强化，不断融入汉族社会。这个融合过程漫长而曲折，经过了强权的压服、战争的洗礼。

秦并天下之初，江西纳入帝国版图，成为秦朝征服百越密集居住区南越、闽越的前沿。这场动用50万大军、历经四五年之久的征战，以牺牲无数汉、越军民的生命为代价，换来了秦朝领土的扩张和百越的"臣服"。通过这次大规模用兵，江西境内的几个越人活动区也被秦朝的军事据点，如余汗、南壁所控制。秦朝势力的深入，打破了越民原有的社会秩序，他们被迫接受统治，接纳来自中原的移民，同时为秦统治者提供人力资源。③应该说，这种征服虽然有别于野蛮屠杀，随后展开的政区建设、"以谪遣戍"，特别是秦始皇准许秦将赵佗请求，特批15000名未婚女子移居南越④，都表明秦朝要开发这里，对越族摆脱荒蛮状态融入文明社会具有积极意义。但是，越族民众并不认同这种入侵的方式。所以，当陈胜、吴广揭竿起义时，岭南的越民会拥护赵佗南越国的独立，而闽赣的越人则追随反秦的番君吴芮。

汉初的江西发生了很大的变化，豫章十八县的设置表明这里的政区建设已初具规模，同时表明土著居民部分接受了汉朝的统治。这一格局的形成自然与刘邦对南方各族的羁縻政策有关，如承认南越国现状、册封东越首领无诸为闽越王等，但番君吴芮的影响也是毋庸置疑的。吴芮很可能具有的原吴国血统和他个人的德才修养，使他"甚得江湖间民心"，在越族民众中享有崇高威望，以至于"番君"成为越民心目中的精神领袖，"番"亦成为当地越族的代名词。因而，吴芮接受长沙王封号，对汉朝忠心耿耿，越人也拥护汉朝，冀望汉越和睦相处、繁荣兴旺。

---

① 《吕氏春秋·恃君》。
② 《汉书》卷二八下《地理志》注引臣瓒曰。
③ 参见何光岳：《百越源流史》，江西教育出版社1989年版。
④ 《史记》卷一一八《淮南衡山列传》载伍被言称，赵佗率军屯戍岭南后，"使人上书，求女无夫家者三万人，以为士卒衣补。秦皇帝可其万五千人"。

图3-2 "番汉兴"铜洗铭文拓片

1971年秋,地处皖浙赣三省交界处的江西省婺源县东北隅,出土一件陶罐,罐内满贮汉五铢钱,罐上覆盖着一件铜洗。经鉴定陶罐为西汉早期之物,五铢钱均锈蚀严重,此铜洗直径20厘米,高12厘米,侈口,束颈,鼓腹,圜底,腹部略有残损,口沿刻"番汉兴"三字,字迹古拙端庄、纤秀流畅。①

"番汉兴"铜洗的出土,为探讨当年汉越关系提供了直接的证据。

然而,西汉前期,东越、闽越和南越几个王国皆处于相对独立的状态,他们虽然表面上"愿奉明诏,长为藩臣,奉贡职",但对汉朝来说,能够"毋为南边患害"就可以了。事实上这一点也很难做到。这种意图长期游离于汉朝管辖之外的状况,对百越的归化是不利的。而东越、闽越、南越如此,与其族系相同的江西境内的越族无疑也会受到影响。汉武帝南平百越之前,淮南王刘安曾上书称:

> 前时南海王反,陛下先臣(指其父刘长)使将军间(应为"简",见师古注)忌将兵击之,以其军降,处之上淦。后复反,会天暑多雨,楼船卒水居击棹,未战而疾死者过半。②

南海王即高祖十一年(前196年)所封越王族裔织,辖境大约在今闽西、闽

---

① 杨浩、查冠久:《"番汉兴"洗——汉越民族关系的历史见证》,《南方文物》1996年第1期。
② 《汉书》卷六四上《严助传》。

第三章
秦汉时期江西的经济(上)

南和赣东南一带。①上淦,王先谦据《太平寰宇记》和《清一统志》考称,玉山县东五里有上干溪水,"干、淦声近,或今之上干溪与"②。若此说成立,则位于赣东的上淦一带应是越人故地,织之"复反"自然得到当地越人的支持,可见汉朝对这里的统治存在很大的漏洞。而从豫章十八县的分布来看,余汗以东以南大片地区空无一县(赣境其他地区类似空隙也很多),以余汗一县之控制力是远远达不到的。何况余汗、鄱阳本来就是越族故乡,且在西汉前期余汗可能还一度是闽越的势力范围。如刘安上书中复称:

> 越人欲为变,必先田余干界中,积食粮,乃入伐材治船。边城守候诚谨,越人有入伐材者,辄收捕,焚其积聚,虽有百越,奈边城何!③

所谓"田余干界中积食粮",应是组织余汗县境的土著居民生产并向其征集粮食。所以,后来汉军平定闽越时,今鄱阳白沙、武林和余干一带成为汉越争夺的激烈战场。这说明赣境内的很多越族居民虽在汉朝郡县的管辖范围之内,却游离于其控制能力之外,既未被同化,更未成为汉之编户。直至南越、闽越被灭,闽越部众随东越之后内迁江淮,百越之地完全纳入西汉郡县系统,这种情况才逐步改变。

两越被平定后,一个显著的变化是百越族的分化。分布于东南地区的闽越、东越包括今江西境内的越族加速了与汉族的同化,而原属南越国境的南越、西瓯(西越)及骆越则逐渐与南蛮、西南夷不分了。至东汉,"百越""南越""闽越"等称谓就不复存在了,仅在交趾、九真(皆在今越南境内)及荆州南郡(治今湖北江陵)等郡仍有关于"越人"或"骆越"的记载。④所以,《后汉书》有"南蛮西南夷列传"而无南越、闽越传。

---

① 汉高祖封织为南海王,实际上徒具其名,因为南海是赵佗南越国的领地。故文颖曰:"象郡、桂林、南海属尉佗,佗未降,遥虚夺以封芮耳。后佗降汉,十一年,更立佗为南越王,自此王三郡……今复封织为南海王,复遥夺佗一郡,织未得王之。"见《汉书》卷六四上《严助传》注引。
② [清]王先谦:《汉书补注》,中华书局1983年影印本,第1255页。
③ 《汉书》卷六四上《严助传》。
④ 见《后汉书》卷二六《马援传》、卷七六《任延传》。另《后汉书》卷一八《臧宫传》:"(建武)十一年,将兵至中庐,屯骆越……宫陈兵大会,击牛酾酒,飨赐慰纳之,越人由是遂安。"李贤曰:"中庐,县名,属南郡,故城在今襄州襄阳县南。盖骆越人徙于此,因以为名。"骆越徙于南郡当是武帝平南越后。至东汉初一度趁乱叛汉,但很快被臧宫平定,并"由是遂安"。此后这里再未见有关于越人的记载。

百越之所以出现分化,究其原因,主要在于闽越、东越原是吴、越之地,受中原文化影响较深,秦汉之际其首领无诸、摇追随吴芮参加反秦战争,以及帮助刘邦战胜项羽,都能说明这一点。其称王、立国也是因功接受汉朝的册封,与南越王赵佗因畏汉而被迫接受册封性质不同。所以,这里同内地的经济、文化联系更密切,与汉族同化的阻力较小。而岭南越族则不然,秦统一前,基本处于荒蛮状态,秦始皇征服百越后,虽曾大规模"以谪徙民,与越杂处十三岁"①,又接纳赵佗请求,迁徙15000名未婚女子随南戍将士生活,使他们扎根于岭南,旨在同化土著越人。然而,随着秦朝的灭亡、南越国的建立,隔绝了岭南与内地的联系。汉初虽行羁縻政策,与南越通使往来,但汉朝既防南越强大,南越更惧汉朝吞并,两相猜忌,磕磕碰碰,关系时好时坏。因此,汉、越交流障碍重重,时过境迁,不仅越族未得内化,反而秦人后裔逐渐本地化了。再则,赵氏集团对南越国内越人的治理,采取的也是羁縻政策,对其上层人物尽力笼络,利用他们统治越民。如汉、越关系紧张时,"(赵)佗因此以兵威边,财物赂遗闽越、西瓯、骆(越),役属焉"②。又如赵佗曾对汉使曰:"且南方卑湿,蛮夷中间,其东闽越千人众号称王,其西瓯骆裸国亦称王。"③可见西瓯、骆越等部族虽在秦人(汉族人)建立的南越国内,但保持着相对的独立性,犹如南越国与汉朝的关系。这使土著越人难以摆脱原来生活而融入南越国社会。

因此,汉武帝平定两越后,因地制宜,把闽越迁往江淮,使其地为之一空;而对岭南番禺以西诸越采取了与南蛮、西南夷相似的特殊政策,如:

> 《汉书·食货志》:"汉连出兵三岁,诛羌,灭两粤,番禺以西至蜀南者置初郡十七,且以其故俗治,无赋税。"
>
> 《后汉书·循吏列传》:"先是含洭、浈阳、曲江三县,越之故地,武帝平之,内属桂阳。民居深山,滨溪谷,习其风土,不出田租。"
>
> [清]梁廷楠《南越五主传》:"汉之平南越,仍其旧俗,不征赋税。"

然而,东汉时期,随着中央王朝对西南、中南蛮夷地区控制力的加强,以及因豪强田庄经济发展、国家编户减少而导致财政危机的加深,逐步取消了蛮夷等族

---

① 《史记》卷一一三《南越列传》。
② 《史记》卷一一三《南越列传》。
③ 《史记》卷一一三《南越列传》。

第三章
秦汉时期江西的经济（上）

"不出王租"或赋税轻简的优惠政策，开始征收并加重赋敛。如永和元年（136年），顺帝采纳武陵太守的建议，"以蛮夷率服，可比汉人，增其租赋"①。此后，所谓"郡县徭税失平""郡收税不均""郡县赋敛烦数"充溢着西南、中南地区②，引起蛮夷民众的强烈不满，各种暴动事件此起彼伏。③

与南越、西瓯、骆越融入蛮夷不同，闽越、东越和今江西境内越人基本接受了汉朝的直接统治，成为国家编户。虽然仍有相当部分越民躲入深山密林，继续过着"不纳王租"、置身化外的生活，但这种"不纳王租"是郡县控制能力有限的结果，与国家政策毫无干系。所以，当西南夷、南蛮因"赋敛烦数"而频频暴动时，东南地区显得相对平静。这里的土著越人正是在这种安定的社会环境里，以和平、渐进的方式融入主体社会。东汉豫章郡增设八县及永和年间豫章人口激增，正好反映了这一情况。同时，在汉、越民族加速同化的过程中，豪族阶层也逐渐形成。

东汉末年，中央失控，大小军阀林立，争地盘、夺人口的战火由中原漫延四方，豫章郡亦成为各股势力抢占的对象。在逐鹿中获胜的孙吴集团，为了巩固江东、扩大战果，急需人员补充，于是把战略目标指向了国家编外人口——山越，引发山越民众经久不息的暴动。孙吴集团采取镇抚结合、刚柔相济的策略，对山越进行长期镇抚，迫使山越"强者为兵，羸者补户"④，使最后一批越人成为孙吴政权统治下纳税服役的编户齐民。

孙吴用兵山越，是一种赤裸裸的搜刮、抢夺，但山越出山对其自身发展，尤其是与汉族迅速同化，共同开发江西，都是有意义的。汉末孙吴统治期间，江西人口稳定增长，郡县数由一郡二十六县增至三郡三十五县，三国鼎立后又增至六郡五十八县，这一状况与用兵山越、驱使山越民众编户化不无关系。

总之，秦汉时期，江西人口的民族构成是动态发展的，经过了一个由越族为主到汉族为主，再到汉、越基本融化同一的漫长过程。当然，在深山老林中还有极少数山民居住，过着与世隔绝的生活，这种状况可能一直持续到近代，但这不是主流。

---

① 《后汉书》卷八六《南蛮西南夷列传》。
② 《后汉书》卷八六《南蛮西南夷列传》。
③ 参阅黄今言主编：《秦汉江南经济述略》，江西人民出版社1999年版，第241—244页。
④ 《三国志》卷五八《吴书·陆逊传》。

二、人口数量及其分布

秦汉时期,人口的统计数字主要来源于地方郡县的上计。所谓"上计",是指每年年终下级向上级,地方向中央上报奉职情况,亦即县、道将当地的户口、垦田、赋税收入等数字及治安状况上报所属郡、国,郡、国汇总后再上报中央,中央通过上计掌握各地治理情况,并据此对有关官员做出升迁或贬黜处理。因此,正常情况下,户口数字每年会更新一次。秦朝统治时间短暂,没有留下户口统计数字,只能作大致推测。一般认为全国人口大约在2500万至3000万之间,亦有估计2000万以上或4000万左右者。①

西汉自立国起就十分重视户籍建设,首任丞相萧何早在刘邦刚入咸阳时,就以独特的眼光,"先入收秦丞相御史律令图书藏之",使刘邦得以"具知天下厄塞、户口多少、强弱之处,民所疾苦者"②。此后至东汉末,四百多年间,人口历经兴衰演变,有户口减半、户口锐减时期,也有人口"极盛"时期,可惜一些能够反映社会盛衰状况的人口数据早已湮没在历史的长河之中。史籍保留下来包含郡国人口数的只有西汉平帝元始二年(2年)和东汉顺帝永和五年(140年)的统计数字,但这已是万幸了。

根据《汉书·地理志》记载,西汉元始二年,全国共有12 233 062户,59 594 978口。但根据所列出的各郡国户口数相加的和却是12 358 470户,57 671 402口,两者差距分别为125 408户和1 923 576口。对此,葛剑雄推测的可能性是:"这多出来的近193万人正是没有列入分郡国统计的特殊人口——官奴婢,或许还有宗室。官奴婢不可能分到各郡国去,即使他们所属的机构不在京师;而且官奴婢一般不能组成家庭,也不会登入原来的家庭,又不像被扣押的罪犯,绝大多数原来有户籍。散居在各地的宗室人数既然每年都要向宗正报告,就不能排除他们的户籍由宗正统一管理,不纳入郡国的统计数的可能性。"③当然也不排除传抄错误的可能。但为慎重起见,人们一般还是用各郡国数字相加的总和。

汉武帝分全国为13州(部),豫章被划在扬州。为了便于比较,这里主要列出扬州诸郡的户口数字:豫章户67 462,口351 965;庐江户124 383,口

---

① 葛剑雄主编:《中国人口史》(第一卷),复旦大学出版社2002年版,第300—311页。
② 《史记》卷五三《萧相国世家》。
③ 葛剑雄主编:《中国人口史》(第一卷),第320页。

457 333；九江户 150 052，口 780 525；会稽（北部）户 212 239，口 982 604；会稽（南部）户 10 799，口 50 000；丹扬（即丹阳）户 107 541，口 405 171；六安户 38 345，口 178 616。扬州合计户 710 821，口 3 206 213。根据以上户口数字，参照有关研究成果，列表如下：

表3-3 西汉元始二年(2年)扬州各郡国人口密度①

郡国名	户数	口数	户平均口数	面积（平方公里）	密度（人/平方公里）	县数	县平均口数
豫章	67462	351965	5.2	165915	2.12	18	19554
庐江	124383	457333	3.7	36180	12.64	12	38111
九江	150052	780525	5.2	26181	29.81	15	52035
会稽	223038	1032604	4.6	227403	4.54	26	39716
丹阳	107541	405171	3.8	53569	7.56	17	23834
六安	38345	178616	4.7	11907	15.00	5	35723
合计	710821	3206214	4.5	521155	6.15	93	34475

从表中数据可以看出，豫章郡在扬州诸郡中土地面积、设县数量都位列第二，仅次于会稽郡；但户数、口数、人口密度和县平均口数皆排在最后，人口密度不及倒数第二的会稽郡的一半，②与扬州各郡国平均数6.15相差甚远，与全国平均数14.66相差更大，处于扬州倒数第一、全国倒数第十。六安国仅辖五县，其绝对数字小，但人口密度则高达15.00，因而与其他郡不具比较性。结合县置分布状况，豫章人口的分布亦极不平衡，主要集中在县置较密集的赣中北以北地区，特别是郡治南昌县。《汉官仪》曰："万户以上为令，万户以下为长……荆

---

① 本表及表3-5皆参见葛剑雄主编《中国人口史》（第一卷）第488页和黄今言主编《秦汉江南经济述略》（江西人民出版社1999年版）第21页，数据略有更正。
② 会稽郡人口主要集中在北部，人口密度达到14.27，而面积广阔的南部只设一个县，人口密度只有0.32，有点类似秦时的九江郡。文中有关人口的数据除来源于《汉书·郡国志》《续汉书·郡国志五》及刘昭注外，其余皆参见葛剑雄主编《中国人口史》（第一卷）第488页。

扬江南七郡,惟有临湘、南昌、吴三令尔。"①参照豫章户均5.2口,南昌县万户则人口应在52000以上,占全郡人口的1/7。这说明西汉江西境内特别是偏僻山区,还有相当多的土著居民(主要是越人)尚未纳入国家编户,在籍人口主要是居住在平原地区和郡县控制范围内的汉人和汉化了的越人后裔。每户平均5.2口,略高于扬州平均数4.5口和全国平均数4.7口,与晁错说的"今一夫挟五口"的自耕农家庭人口数大致相当。

东汉保存下来的户口统计数字比较多,共计12组,除去顺帝"永和中"和桓帝"永寿二年"两组疑点较大的数字外,还有其他年份的全国户口数字10组(见表3-4)。②

表3-4 东汉中元二年至永寿三年部分年份户口数

年 份	户 数	口 数
光武帝中元二年(57年)	4279634	21007820
明帝永平十八年(75年)	5860573	34125021
章帝章和二年(88年)	7456784	43356367
和帝元兴元年(105年)	9237112	53256229
安帝延光四年(125年)	9647838	48690789
顺帝永和五年(140年)	9698630	49150220
顺帝建康元年(144年)	9946919	49730550
冲帝永嘉元年(145年)	9937680	49524183
质帝本初元年(146年)	9348227	47566772
桓帝永寿三年(157年)	10677960	56486856

在上表各年份户口统计数字中,永和五年的数字最为详备,《续汉书·郡国志》不仅记载了全国户口总数,而且还有各郡国的统计资料,虽然东汉时期的社会、政治状况必然使其人口统计出现更大偏差,但对于我们了解当时全国和各郡国的人口状况依然具有参考价值。与西汉元始二年的统计数字一样,史书

---

① 佚名:《三辅黄图》,陈直校正,陕西人民出版社1980年版。
② 资料来源于《续汉书·郡国志五》及刘昭注引《帝王世记》、《晋书》卷一四上《地理志》。

第三章
秦汉时期江西的经济(上)

中记载的永和五年全国户口总数与各郡国户口数的总和有些出入,表中所列该年全国有户9698630,口49150220,而各郡国户口数相加之和为户9336665,口47686120,两者相差分别是户361965,口1464100。为了尽量保持客观性,在后面进行人口分析时也采用各郡国户口数相加之和的数字。

江西在东汉进入了开发的加速期,永和年间已有县级机构21个,人口比西汉大幅增长,已达1668906人(有关分析数据详见表3-5)。

表3-5 东汉永和五年(140年)扬州各郡国人口密度

郡国名	户数	口数	户平均口数	面积（平方公里）	密度（人/平方公里）	县数	县平均口数
豫 章	406496	1668906	4.1	165915	10.06	21	79472
庐 江	101392	424683	4.2	46764	9.08	14	30335
九 江	89436	432426	4.8	27506	15.72	14	30888
会 稽	123090	481196	3.9	190336	2.53	14	34371
丹 阳	136518	630545	4.6	53560	11.77	16	39409
吴 郡	164164	700782	4.3	37080	18.90	13	53906
合 计	1021096	4338538	4.3	521161	8.33	92	47158

表中数据显示,豫章户均口数有所下降,与其他各郡趋于平衡,人口密度大幅提高,县平均口数已跃居扬州第一。当然,扬州政区变动较大,除豫章、丹阳外,其他几郡都有或大或小的变化,其中会稽北部分出了吴郡,原六安国及九江郡西部凸出部分划归了庐江郡。所以,在对表中各郡数据进行比较时,应该充分考虑这些因素。也正是基于这一考虑,我们参考许怀林《江西史稿》中的有关表格,把豫章郡的人口统计数字与扬州和全国的相关数据进行计算、分析、比较,所得结论似乎更能客观地反映豫章人口发展水平(见表3-6)。

表3-6 两汉豫章郡人口比较及其占扬州和全国人口的比重

类别	地区	豫 章	扬 州	全 国
人口数	元始二年	351965	3206214	57671402
	永和五年	1668906	4338538	47686120
净增长数		1316941	1132324	-9985212
增长率		474%	35%	-17%
年均增长率		11.3‰	2.2‰	-1.4‰
人口密度（人/平方公里）	元始二年	2.12	6.15	14.66
	永和五年	10.06	8.33	11.14
占扬州人口比例	元始二年	10.98%		
	永和五年	38.47%		
占全国人口比例	元始二年	0.61%		
	永和五年	3.50%		

从上表可以看出，自西汉平帝元始二年(2年)至东汉顺帝永和五年(140年)，豫章郡人口数净增1316941口，增长率474%，年增长率11.3‰，在东汉总人口减少的情况下，豫章却逆势快速增长，人口数在全国各郡的排序中由第53位升至第4位，仅次于南阳、汝南和永昌，而在扬州各郡中则由第5位进至第1位；在扬州和全国所占人口比例也有较大提高，分别由10.98%上升为38.47%、0.61%上升为3.50%。人口密度尚处于较低水平，但也增长较快，接近全国平均值，而县平均人口数更达到了79472人，即使按户均5口的标准计算，也超过了"万户以上为令"的标准，这说明江西人口分布在逐渐趋于平衡。

三、人口快速增长的原因

在考察东汉的人口问题时，首先必须认识并接受这样一个事实，即史书记

第三章
秦汉时期江西的经济(上)

载的是当时官方统计的在籍人口,还有许多未入户籍的人口不在统计之列,这当然是古代社会的普遍现象,即使在当代社会也还存在个别漏籍人员。但相比而言,在东汉特定的历史条件下,豪强大族隐匿人口特别多,而且越是发达地区这种情况越是严重。这使得东汉人口统计数字的真实性比西汉要低。所以,对当时豫章郡人口的增长,特别是豫章人口在全国比重的大增,既要看到这是其经济发展和政治、军事、环境等影响的结果,又不能忽视当时发达地区户口虚减的事实。

经济的发展自然是豫章人口增长的第一要素。先秦时代,江西还属于边缘地区,是中原人眼中的荒蛮之地。秦统一后,虽然江西大部分已纳入九江郡管辖,但可考的县级机构只有番县。西汉豫章郡的设置使江西历史大为改观,初步奠定了今天江西政区的规模,但在165915平方公里的土地上,只设立18个县,且主要集中于赣中北以北地区,在籍人口只有351965人,人口密度才2.12,县平均人口不到2万人。这种状况与当时豫章尚处在开发阶段是一致的。照理说,自汉武帝平定两越后,赣境内的越人应该有相当一部分在逐渐汉化,成为国家编户,不至于到西汉末还是这个人口水平。之所以如此,可能与当时的政治形势有关系。西汉自元、成以降,统治日益腐败,社会危机加深,外戚擅权导致皇权低落,必然影响到地方行政,一些尚存忧国忧民之心的地方官吏,眼见农民在苛捐杂税重压下"有七亡而无一得""有七死而无一生"①,却无能为力,最终选择逃避现实、远离政治。如南昌尉梅福就是在多次上书无果后,于元始年间弃家出走的。②这种状况严重影响了越人同化于汉族的进程,使豫章郡编户人口长期停滞不前。扬州其他越人较多的郡如会稽、丹阳,人口水平也很低。

东汉立国后,加强了对南方州郡的管理。就豫章而言,不仅增设了3个县级机构,使豫章成为扬州设县最多的郡,而且早在光武帝建武年间,就曾先后任命"清约俭惠"的周生丰③、治理丹阳政绩卓著的李忠为豫章太守④。后来又有和帝时的太守张躬,因在郡治南昌修水利、通道路而留名青史⑤;顺帝时的栾巴则在"翦理奸巫"、移风易俗方面成效显著。⑥因此,豫章郡开发的速度加快了,经

---

① 《汉书》卷七二《鲍宣传》。
② 《汉书》卷六七《梅福传》。
③ 《后汉书》卷二八《冯衍传》注引《豫章旧志》。
④ 《后汉书》卷二一《李忠传》。
⑤ 《水经注》卷三九《赣水注》。
⑥ 《后汉书》卷五七《栾巴传》。

济也随之发展起来,安帝永初元年(107年)和永初七年(113年)曾连续两次调粮北方,救济灾民。与经济发展相携并进的必然是越人的加速同化,甚至那些因避秦暴政而躲入深山的秦人后裔,也可能在政治宽松的社会环境下,告别山居生活,融入主体社会。这应是豫章人口快速增长的主要原因。

移民的迁入是东汉豫章郡人口增长的第二个重要因素。移民的动因是多方面的,秦汉时期主要是天灾(自然灾害)和人祸(暴政、战乱)。早在秦代,可能就有不少逃避苛政的秦人举家、举族地迁入豫章,这或许是秦汉时代第一批移入江西的人口,但很长时间内,他们都属于隐蔽人口。西汉时期,移入南方的主要是北方灾民,迁移地区大概先是江淮之间,后来才有至长江以南者。如汉武帝时,"山东被河灾,及岁不登数年,人或相食,方一二千里。天子怜之,诏曰:'江南火耕水耨,令饥民得流就食江淮间,欲留,留处。'"①虽然诏书中只说"就食江淮间",但不排除此次或其他时期灾民流入豫章、丹阳、吴郡的可能。自古以来,黄河流域是经济发达地区,长期保持着经济中心的地位,所以人口日渐稠密,至西汉,人均耕地越来越少,有所谓"地小人众""土地小狭,民人众"②之称。而豫章所在的江南之地,河川纵横,湖泊遍布,土地肥沃,森林茂密,自然资源丰富而灾害相对较少。这里开发晚,经济落后,地广人稀,"无冻饿之人,亦无千金之家"③,是吸纳北方灾民的理想之处。

两汉之际,由反莽起义到群雄逐鹿,北方陷于长期战乱,"民人流亡",人口锐减,"至光武中兴,百姓虚耗,十有二存"④。中元二年(57年),经过近20年的恢复,东汉政府所能控制的人口还只有2100多万人,与西汉末年5700多万相比,存在3600多万的差额。这些减少的人口有不少死于战乱或饥疫,但无疑也有很多人流亡各地,特别是流向相对安定的江南地区。在避乱江南的人口中数量最多的是下层民众,也有少部分士人阶层,他们大多在江南安顿下来。如:

建武六年(30年),李忠"迁丹阳太守。是时海内新定……忠以丹阳越俗不好学,嫁娶礼仪,衰于中国,乃为起学校,习礼容,春秋乡饮,选用明经,郡中向慕之。垦田增多,三岁间流民占著者五万余口。十四年,三公奏

---

① 《汉书》卷二四下《食货志》。
② 《史记》卷一二九《货殖列传》。
③ 《史记》卷一二九《货殖列传》。
④ 《后汉书志》第一九《郡国志一》注引《帝王世纪》。

第三章
秦汉时期江西的经济(上)

课为天下第一,迁豫章太守"①。

建武初,"时天下新定,道路未通,避乱江南者皆未还中土,会稽颇称多士"②。

在大规模涌入江南的北方人口中,肯定也有迁往豫章郡的。相传东汉名士徐稚的曾祖徐审言,就是因避两汉之际的战乱而辗转会稽,最后徙居南昌的,"会稽颇称多士"也许就包括了这位饱读经书的沛郡士人。东汉后期,北方天灾频仍,灾民也是大量流入江南,如安帝永初元年(107年),"连年水旱灾异,郡国多被饥困",朝廷采纳樊准建议,"尤困乏者,徙置荆、扬孰郡,既省转运之费,且令百姓各安其所"③。值得注意的是,东汉政府在对待流民问题上,大多遵循光武帝安辑流民的作法,或由政府组织迁移,或由当地官员招抚安置,既稳定了社会秩序,又避免了编户的流失,保证了赋役来源,还给江南带来了劳动人手和先进的生产技术。这无疑加速了江南经济的发展和豫章等郡人口的增长,使这里的荒蛮色彩逐渐消失,生存环境日益改善。至汉末中原大乱时,遂有更多的人群把江南当作避风港,所谓"汉末大乱,徐方士民多避难扬土"④,"是时中州士人避乱而南"⑤,正是这一现象的真实写照。

当然,在肯定上述结论的同时,应该看到,北方发达地区豪强大族隐户增多,造成了东汉人口统计的严重失实。豪强势力迅速发展,田庄经济日益壮大,是当时带有普遍性的现象,正如汉人仲长统所言:

> 豪人之室,连栋数百,膏田满野,奴婢千群,徒附万计。船车贾贩,周于四方;废居积贮,满于都城。琦赂宝货,巨室不能容;马牛羊豕,山谷不能受。妖童美妾,填乎绮室;倡讴妓乐,列乎深堂。宾客待见而不敢去,车骑交错而不敢进。⑥

现今研究者大多认为,豪强田庄经济具有规模大、多种经营、聚族而居、宗法色

---

① 《后汉书》卷二一《李忠传》。
② 《后汉书》卷七六《任延传》。
③ 《后汉书》卷三二《樊宏传》。
④ 《三国志》卷五二《吴书·张昭传》。
⑤ 《三国志》卷六〇《吴书·全琮传》。
⑥ 《后汉书》卷四九《仲长统传》。

彩浓厚,直接生产者依附性强和拥有私家武装等特点,这种经济与自耕农经济相比较具有明显的进步性,主要表现在:(1)田庄是一个比较有组织的生产单位,田庄主为了自己的切身利益,能够组织、督促生产,尤其在东汉后期外戚宦官专权、政治日益黑暗之时,田庄相对安定,有利于生产的发展。(2)田庄具有综合管理、规模生产的能力,能够组织兴修水利、制造维护新农具、进行耕作技术革新等。因此,豪强地主田庄经济具有很强的生存与发展能力。东汉经济之所以能够持续发展是与田庄经济的作用分不开的。但是,随着豪强势力的日益膨胀,其独立性、割据性日益暴露出来,而大量隐占人口便是其突出表现之一,所谓"奴婢千群,徒附万计""百夫之豪,州以千计"①,形象地反映了这一问题的严重性。这是东汉经济发展而国家人口统计数衰减的主要原因。豫章郡的情况与全国其他地区特别是发达地区不一样,它开发、建郡较晚,社会经济虽有明显发展,但起点低,豪族势力尚未形成,隐占人口的现象不严重,国家统计的人口数字较为真实,因而豫章郡人口数在全国人口普遍走低的情况下逆势而上,不减反增。

总之,东汉时期的江西人口,纵向比较大幅增长,毋庸置疑;横向比较名列前茅,含有虚高假象,也是事实。

第三节
农业经济

一、生产技术与耕作方式

1.铁农具的使用与牛耕技术的推广

铁器的使用和牛耕技术的产生,是社会生产力发展的标志之一,也是我国春秋战国时期引起生产关系变动、社会制度变革的原动力。由于江西地区开发较晚,铁器的使用与牛耕的推广均晚于中原地区,但至少在两汉时期,铁农具已大量出现,牛耕技术也逐步推广,这已从江西考古发现得到证明。

(1)铁农具的使用

秦汉时期,随着冶铁业的进步、铁器质量的提高,铁农具的使用相当普遍,

---

① 《昌言·下》。见[清]严可均辑《全上古三代秦汉三国六朝文·全后汉文》,中华书局1958年版。

第三章
秦汉时期江西的经济(上)

所谓"铁器,民之大用也"①,"铁,田农之本"②"铁器者,农夫之死士也"③。可见,铁器在当时农业生产中的地位已十分重要。正因为铁器已成为当时农业领域不可或缺的工具,汉代往往把它与关系国计民生的食盐相提并论,汉武帝时更推出了盐铁专卖的政策。

汉代冶铁和铁器制作有官、私之分。据《史记·货殖列传》《汉书·地理志》记载,西汉私人"鼓铸",除巴蜀之外,大部分集中于黄河中、下游地区。汉武帝时期,全国共有40郡设置铁官,其中官营48处,也主要集中在中原地区,南方寥寥无几,仅在桂阳郡(今湖南省郴县)、犍为郡的武阳县(今四川省新津县)和南安县(今四川省夹江县西南)、蜀郡的中弦县(今四川省邛崃县)四处设有铁官,豫章郡内尚属空白。就资源而言,江西境内也确实缺乏铁矿。所以,如果仅从文献记载和资源分布来看,很难说明当时的江西地区已经使用了铁器,至于铁农具的推广更无从查考。

然而,考古资料表明,在汉代江西农业生产领域,已经较为广泛地使用了铁器,这从遍布江西各地的汉代墓葬中可以窥见一斑。建国以来,考古工作者在修水、南昌、新建、湖口、清江、萍乡、宜春、遂川、永新、抚州、赣州等市县的19处汉墓中,出土了铁器共一百多件,计有生活用具41件,生产工具22件,兵器47件,饰品1件,还有不明物和棺钉若干。其中铁农具有斧、锄、锸、铲、镬、耨、锤等;铁兵器有剑、刀、戟、矛、匕首等;铁生活用具有釜、锅、钉、灯、火盆等;铁车器有车辖、圆管等。从制造方法来看,有锻铁的,也有铸铁的。就铁农具而言,不仅品种多,数量可观,当时中原地区使用最普遍的锸、镬、铲等铁农具,均在江西较广区域被发现,而且制作技术精良,足以和中原地区出土的铁农具相媲美。特别是1964年在修水县古市乡横山出土的两汉之际的27件铁器中,铁农具多达19件,可分为铲、锄、臿(锸)、镬等四种。经专家鉴定分析,结果如下:

  铲1件,上为扁方形裤,铲身两肩下斜,刃作圆弧,全形呈褶扇状。在裤的外表一面铸有阳识汉隶"淮一"铭文。全长13厘米。

  锄1件,薄板锄体,作六边短珪形。平刃,近背部有横方孔,并向外凸出一短裤,刃以上五边有一回弦纹。全高10厘米。

---

① 《盐铁论》卷六《水旱第三十六》。
② 《汉书》卷二四下《食货志》。
③ 《盐铁论》卷第一《禁耕第五》。

舀4件,作凹形,器体纵窄横宽,上部有容木质的沟槽,平刃微弧。其中一件刃宽大于上部,上部周边有一道凸线,并在左边有'淮一'铭文。全高9.5厘米,刃宽13.5厘米。另外三件刃宽小于上部,刃呈半环状。全高10厘米,刃宽11厘米。

镬13件,形式与舀相似,为半环圆刃,刃之两端向外伸成尖角,作斧刃状。一般高6.5厘米,刃宽7~9厘米。其中有器形较大的三件,刃前端突出呈三角犁状。①

这批铁农具的出土,为我们认识秦汉时期江西农业生产力水平,提供了直接的证据,尤其是那13件铁镬的出土,格外引人注目。有研究者认为,这种镬与铲、锄、锸等功能不同,并非掘土工具,而是中耕除草类农具。如果此说成立,则

图3-3 西汉铁锄(修水县古市出土)

图3-4 左:西汉铁锸(修水县古市出土) 右:东汉铁斧(奉新县干洲出土)

---

① 薛翘、程应麟:《修水县发现战国青铜乐器和汉代铁生产工具》,《江西文物资料》1964年第4期。另见《考古》1965年第6期。

第三章
秦汉时期江西的经济(上)

图3-5 西汉铁铲(修水县出土)

图3-6 东汉铁锸(樟树市博物馆藏品)

表明汉代江西已开始重视农业中耕环节,这是生产技术进步的反映。

总之,汉代江西地区不仅大部分已使用铁器,而且铁器类型遍及经济、日常生活和军事等各个领域,特别是铁制农具的使用远较以前广泛和普遍。

至于铁器的来源,究竟产自江西本地还是来自其他地区,目前尚难查考,但从史载豫章无铁官,而修水古市出土的铁铲、铁锸上又留有铭文"淮一"的标记推断,西汉时期江西境内使用的铁器有可能主要仰仗于其他地区,而临淮郡铁官便是其来源之一。[1]这表明,在统一帝国内,随着商品交换的发展,江西与全国各地的经济交流也大大加强了,这是当时江西进步的表现之一。

(2)牛耕技术的推广

汉代江西是否掌握并推广了牛耕技术?对此问题,学界看法并不一致。否认者的主要依据,一是两汉文献中无直接记载,二是迄今为止考古上又尚未发现汉代铁犁。的确如此,据《汉书·地理志》记载,殷周时期分天下为豫、兖、雍、幽、冀、并、荆、扬、青九州,其中只有豫章所在的扬州和荆、青三州属于非产牛区。不产牛便不可能有养牛业,而养牛业是牛耕的必要前提。然而,经过春秋战国五六百年社会变迁,至秦汉时,随着北人南迁和南方开发,荆扬地区的畜牧业发生明显变化。从睡虎地秦简、张家山汉简看,荆州一些地方的养牛业兴盛,尤其官方养牛规模庞大,私家畜养也有相应发展。[2]从文献记载看,豫章四邻乃

---

[1] 西汉在淮南的盐渎、堂邑二县设有铁官,"淮一"疑是其铁器产品的标记。

[2] 见温乐平《论秦汉"养牛业"的发展及相关问题》,《中国经济史研究》2007年第3期。

至合浦(今广西合浦东北)等地均已有了养牛业,且程度不同地实行了牛耕。为了说明问题,可分别论列如下:①

其一,高后时,颁布诏令:"毋予蛮夷外粤金铁田器。马牛羊即予,予牡,毋与牝。"师古说"恐其蕃息"②。对西南夷政策是不外传铁农具,给牛也不给母牛。这句话隐含了南粤地区养牛业发展到一定程度,很可能已经实行牛耕。

其二,新莽时,王莽欲派大司马司允费兴为荆州牧,问其治理方略,费兴对曰:"荆、扬之民率依阻山泽,以渔采为业。间者,国张六筦,税山泽,妨夺民之利,连年久旱,百姓饥穷,故为盗贼。兴到部,欲令明晓告盗贼归田里,假贷犁牛种食,阔其租赋,几可以解释安集。"③虽然费兴遭王莽免官,但他的话透露出荆、扬二州已经实行犁牛耕作,只是还不广泛,有待于进一步推广。

其三,建武三十年(54年),第五伦任会稽太守,"会稽俗多淫祀,好卜筮。民常以牛祭神,百姓财产以之困匮,其自食牛肉而不以荐祠者,发病且死先为牛鸣,前后郡将莫敢禁。伦到官,移书属县,晓告百姓。其巫祝有依托鬼神诈怖愚民,皆案论之。有妄屠牛者,吏辄行罚。民初颇恐惧,或祝诅妄言,伦案之愈急,后遂断绝,百姓以安。"④禁断当地长期以来形成的杀牛祭祀淫祠风俗,说明扬州会稽地区宜畜养牛,且养牛历史不短。

其四,建初八年(83年),王景迁庐江太守,"先是百姓不知牛耕,致地力有余而食常不足。郡界有楚相孙叔敖所起芍陂稻田。景乃驱率吏民,修起芜废,教用犁耕,由是垦辟倍多,境内丰给"⑤。这段史料,备受学界关注,有学者据此认为江南地区牛耕还未实行,农业生产比较落后。⑥其实文中明明说到"先是百姓不知牛耕",王景任太守后,"教用犁耕,由是垦辟倍多,境内丰给",换言之,起码从建初八年起,庐江开始推行牛耕。

其五,《汉书·地理志》记载:"自合浦徐闻南入海,得大州,东西南北方千里,武帝元封元年略以为儋耳、珠崖郡。……男子耕农,种禾稻纻麻……亡

---

① 参阅温乐平《论秦汉"养牛业"的发展及相关问题》,《中国经济史研究》2007年第3期。
② 《汉书》卷九五《西南夷两粤朝鲜传》并师古注。
③ 《汉书》卷九九《王莽传》。
④ 《后汉书》卷四一《第五伦传》。
⑤ 《后汉书》卷七六《循吏列传·王景传》。
⑥ 翦伯赞主编:《中国史纲要》(修订本,上册,人民出版社2005年版,第108页)认为"经济落后的淮南地区,还是蹠耒而耕。江南大部分地区仍处于'伐木而树谷,燔菜而播粟,火耕而水耨'(《盐铁论·通有》)的阶段,同北方的农生产水平相差很远。"

第三章
秦汉时期江西的经济（上）

马与虎，民有五畜。"儋耳、珠厓郡，属交趾刺史部，今海南省儋耳县、海口市附近。①"民有五畜"，引师古注曰："牛、羊、豕、鸡、犬。"说明至少在武帝时期畜牧业有一定发展，百姓家庭养牛可能是常务农事。

就地理位置而言，豫章郡西接荆州，南邻交趾②，北与庐江郡交界，东与会稽郡相邻，且与会稽、庐江同属扬州刺史部。这些地区都先后在推广牛耕技术，而处在它们中间的豫章郡却一无所知，恐怕说不过去。况且，汉代的牛耕技术基本上是由北向南逐步推广的，而江西自秦征百越后便是南北交通的重要通道之一，处于牛耕技术推广线路的必经地段，即使没有官方"循吏"刻意推广，考虑地方经济间的互动关系，也应会受到周边的影响，从而掌握牛耕技术。

从考古材料看，首先，湖口县石钟山西周遗址中出土了大量动物骨骼，其中有牛骨骼、12枚牛牙齿和一件原始瓷塑艺术品。这件瓷塑艺术品呈釉褐色，体长9.2厘米、宽3.9厘米、腹宽2.5厘米，双眼鼓突，头部皮下垂，尾短齐股，形象似牛。瓷牛艺术品的出土，说明当时牛已为人们所饲养。③新干县大洋洲商墓出土了2件青铜犁，其中1件青铜犁上铸有供插销固定用的穿孔，估计为当时墓主在自己的大田庄上象征性地行"亲耕"礼时所用之物。④若前述推断成立，则早在商周时代江西地区就已懂得饲养牛和犁耕。其次，湖口县象山东汉纪年墓中出土了陶牛2件，"长21厘米、高12.6厘米。头部角、耳已残断。泥质红陶"⑤；宜春西汉墓中，有牛骨头出土；⑥宁都县莲湖东汉墓砖上发现车马纹砖，其中不但有马拉车，而且有牛拉车和放牧牛的场面。⑦上述三地分别位于赣北、赣南和赣西，似可认为，汉代江西地区从北至南的局部地区都已有了养牛业并已掌握牛耕技术。

值得注意的是，上述文献资料所记载的官方在江西周邻地区推广牛耕技

---

① 参见谭其骧：《中国历史地图集》第二册，中国地图出版社1982年版，第30—31页。
② 交趾刺史部，东汉改名交州刺史部。南越国地及九真郡皆属交趾。
③ 彭适凡：《江西先秦农业考古概述》，《农业考古》1985年第2期。
④ 彭适凡等：《江西新干商墓出土一批青铜生产工具》，《农业考古》1991年第1期。墓中的随葬品主要为青铜器、玉器、陶瓷三大类，在出土的480件青铜器中，生产工具有犁、锸、耒、耜、斫、镈、铲、镰、铚、钁、刀、刻刀、凿、锥、砧10余种，127件。其中两只青铜犁形似等边三角形，一面平整，一面中部拱起，形成截面为钝三角形的銎部。两边均饰勾连式雷纹。青铜犁的出土，在全国实属首例，过去虽有青铜犁的发现，但都是传世品，尚无一例是经科学发掘而获得的。
⑤ 杨赤宇：《湖口县象山东汉纪年墓》，《江西历史文物》1986年第1期。
⑥ 黄颐寿等：《宜春西汉木椁墓》，《江西历史文物》1986年第1期。
⑦ 彭适凡：《江西古代文明史概述》，《江西文物》1989年第2期。

术的时间,主要在东汉时期,考古材料所反映的亦多属东汉史实,这说明江南的牛耕技术是在东汉时期逐步推广的。但材料同样显示,江西早在商周时期就对养牛和犁耕有所了解,为何直到东汉时期才开始使用并逐步推广?这可能与汉代牛耕的耕作形式以及南北地理差异有密切关系。由于牛耕技术发源于北方,而汉代北方流行的耕作形式是"二牛抬杠"式,这种主要基于平原旱地特点而发明的耕作形式,并不完全适宜于江南的自然环境,所以,推广起来是有一定难度的,这应是江西乃至整个江南地区在西汉以前就较早地知道牛耕技术却一直未能推广使用的主要原因。直到东汉,随着政府对江南地区开发力度的加大,南北经济联系的加强,以及北方人口的南迁,才把北方的牛耕技术初步改造成适宜江南自然条件的牛耕形式,并逐步推广。

当然,牛耕推广的历程是艰难而漫长的,其中耕牛的缺乏可能是制约其发展的瓶颈之一。所以,直至晋代,牛耕的普及依然困难重重,如《晋书·食货志》云:"东南以水田为业,人无牛犊,今既坏陂,可分种牛三万五千头以付(荆、扬)二州吏士庶,使及春耕。"

2."火耕水耨"耕作方式

秦汉文献对江南的耕作方式多用"火耕水耨"一言以概之,如:

> 是时山东被河菑,及岁不登数年,人或相食,方一二千里。天子怜之,诏曰:"江南火耕水耨,令饥民得流就食江淮间,欲留,留处。"遣使冠盖相属于道,护之,下巴蜀粟以振之。①
>
> 秋九月,诏曰:"仁不异远,义不辞难。今京师虽未为丰年,山林池泽之饶与民共之。今水潦移于江南,迫隆冬至,朕惧其饥寒不活。江南之地,火耕水耨,方下巴蜀之粟致之江陵,遣博士中等分循行,谕告所抵,无令重困。"②
>
> 楚越之地,地广人希,饭稻羹鱼,或火耕而水耨。③
>
> 楚有江汉川泽山林之饶。江南地广,或火耕水耨。④
>
> 文学曰:"荆、扬南有桂林之饶,内有江、湖之利,左陵阳之金,右蜀、汉

---

① 《史记》卷三〇《平准书》。
② 《汉书》卷六《武帝纪》。
③ 《史记》卷一二九《货殖列传》。
④ 《汉书》卷二八下《地理志》。

第三章
秦汉时期江西的经济（上）

之材,伐木而树谷,燔莱而播粟,火耕而水耨,地广而饶财。"①

对于"火耕水耨",古人众说纷纭,但东汉应劭的解释似更贴近事实,其曰："烧草,下水种稻,草与稻并生,高七八寸,因悉芟去,复下水灌之,草死,独稻长,所谓火耕水耨也。"②即先烧去荆棘杂草,放水下稻种,使稻和草一起生长,待其长至七八寸高时,再割去杂草,放水淹灌,使杂草死去,而稻禾长起来。简言之,就是南方水稻种植过程中烧草、放水、播种、除草等基本环节。诸多学者研究的结论表明,"火耕水耨"并非"刀耕火种",而是南方水田耕种的必要手段。从江西自然地理状况来看,"火耕水耨"方式主要在江西山区的冷浆水地进行,因为这种农田一年四季是泉水不断、土壤松软,有冷泉水冒出的周围数平方米内土壤稀松,易水草,人畜踏上易陷入下去,浅则五六十厘米左右,深则近一米五六左右,若超过这个深度,一般这块土地就是荒地了,无人敢耕种,因为人畜不敢近此处,无法种收农作物。所以这种农田不适合任何畜耕,而只适宜人力耕种。"火耕水耨"大概就是在这种江南独有的自然条件下产生和发展的。其功用主要表现在：③

其一,"火耕"放火烧掉杂草,为整治田地清除障碍。据《后汉书·文苑·杜笃传》载,这种方法在关中农业发达区似乎也存在,所谓"火耕流种,功浅得深"。李贤注曰："以火烧所伐林株,引水溉之而布种也。"

其二,"火耕"能提高地温和土壤的酸碱度。江西山区冷浆田、湖滩的深足田,终年浸泡在水里,"农民为了提高地温,仍然烧田埂、山旁杂草,取火土灰肥田以便稻秧发兜分蘖"。

其三,"火耕"能有效防止病虫害。水稻病虫害由各种病菌病毒引发,一般寄生于上年稻草和杂草上越冬,随稻草传播繁殖。烧掉杂草可使害虫越冬无所寄托,从而减少复活的危害。据笔者对正史本纪的粗略统计,两汉时期共发生蝗灾约30次,其中南方未见一例。这种天壤之别的差异,固然与南北自然条件、气候环境不无关系,但"火耕"的作用恐怕也不应忽视。

---

① 《盐铁论》卷第一《本议》。
② 《史记》卷三〇《平准书》裴骃《集解》引。
③ 以上参阅陈文华：《论农业考古》,江西教育出版社1990年版；刘磐修：《"火耕"新解》,《中国经济史研究》1993年第2期；黄展岳：《汉代南方牛耕与火耕水耨》,《中国考古学论丛》,科学出版社1993年5月版；许怀林：《汉代南方牛耕与火耕水耨》,《农业考古》1987年第2期。

其四,"水耨"乃中耕除草的基本方法。包括对已翻耕的土地放水耨平整齐,以及播种后把伴生在禾苗中的杂草,用锄耨工具或手耙脚耘的办法除掉。

其五,"火耕""水耨"兼有施肥的效应。以火烧草,草木灰是很好的磷甲肥,而用水沤草,腐烂的杂草又是很好的绿肥。

正因为"火耕水耨"具有诸多好处又适宜于江南的自然条件,所以它不仅在秦汉南方的许多地区长久存在,而且在魏晋以后大有扩张之势。如:

《晋书·食货志》载杜预疏言:"诸欲修水田者,皆以火耕水耨为便……臣计汉之户口,以验今之陂处,皆陆业也。"

《全晋文·陆云〈答车茂安书〉》:"遏长川以为陂,燔茂草以为田,火耕水种,不烦人力。"①

《全陈文·徐陵〈广州刺史欧阳頠德政碑〉》:"火耕水耨,弥亘原野,贼盗皆偃,工贾竞臻,鬻米商盐,盈衢满肆。"②

《隋书·地理志下》:"江南之俗,火耕水耨,食鱼与稻,以渔猎为业,虽无蓄积之资,然而亦无饥馁。"

其实,牛耕技术与"火耕水耨"并非相互排斥的,相反,二者在江南自然条件下的并存交融,恰好起到了取长补短的作用。这便是秦汉乃至六朝时期江西地区牛耕技术在逐渐推广,而"火耕水耨"耕作方式依然充满生机的主要原因。

3.水利兴修与土地垦辟

铁器的使用和牛耕技术的推广,提高了江西地区的生产力,为精耕细作、水利兴修和荒地的开垦创造了条件。

我国自古重视水利事业,早在先秦时期,诸子百家中就有"食之所生,水与土也"③"修堤梁,通沟浍,行水潦,安水臧,以时决塞。岁虽凶败水旱,使民有所耘艾"④的阐述,说明当时人们不仅懂得水是农业之命脉,而且还知道水有危害农业生产的一面。所以,秦汉时期,兴修水利常被标榜"重农抑商"的统治者挂在嘴上,并作为考察地方官员政绩的重要依据之一,尤其是东汉时期,江南地

---

① 见[清]严可均辑《全上古三代秦汉三国六朝文》,中华书局1958年版。
② 见[清]严可均辑《全上古三代秦汉三国六朝文》,中华书局1958年版。
③ 《管子·禁藏第五十三》。
④ 《荀子·王制篇第九》。

第三章
秦汉时期江西的经济（上）

区也已开始大规模兴建陂塘闸坝，推广蓄水排灌的技术。如汉章帝建初八年，王景迁庐江太守，"郡界有楚相孙叔敖所起芍陂稻田。景乃驱率吏民，修起芜废，教用犁耕，由是垦辟倍多，境内丰给"①。又如"汉顺帝永和五年，会稽太守马臻创立镜湖……溉田九千余顷"②。豫章郡在水利兴修方面相对落后些，见于记载的只有一次，即汉和帝永元年间(89—104年)"(豫章)太守张躬筑塘以通南路，兼遏此水。冬夏不增减，水至清深，鱼甚肥美"③。

江西地处丘陵地区，利用泉流和地下水方便，所以陶井明器在汉代较为流行，考古发现的约有百件以上。如宜春市、湖口县、南昌市郊东汉墓中出土十余件陶井，皆装有梯形井架，架顶有滑轮，井内有陶制或铜制的小水桶(见插页)。这种农具滑车显然是用于家庭汲水和汲水灌溉的。

铁农具和牛耕技术给汉代江西带来的又一个变化，是耕地面积的拓展。如前所述，豫章郡编户人口在东汉永和五年(140年)已达到166.89万人，比西汉平帝二年(2年)增长了4.74倍。与人口快速增长相携而进的应是土地的垦辟。东汉末年军阀混战期间，占据江东的孙吴集团就曾通过多种途径垦辟耕地，其中在江西境内采取的措施主要有两种：

(1)军事屯田。如吴主孙权曾一次性"别赐寻阳屯田六百人"予吕蒙④，可见今江西九江一带的军事屯田已有相当规模。

(2)用武力逼迫山越人出山，组织他们开垦荒地。江西的山岭地区是山越民的居住地之一，这些古代越族的后裔，自被秦始皇征服之后，就长期与汉民族杂居，同汉人的差别日益缩小。孙氏江东政权建立前后，约从公元200年开始，曾多次对山越用兵，江西境内的山越人也被迫"强者为兵，羸者补户"，或补充进军队，或编入国家户籍，为国家开荒种地。

通过上述途径，江西地区的耕地面积逐渐扩大，经济开发区域有所增加，形成了更多的地区性经济中心。这从江西地区由东汉时的一郡二十六县猛增到三国东吴统治下的六郡五十七县中看得很清楚，而地处丘陵山地的赣南地区的变化似乎更能说明问题。这个在秦汉时代长期被称为"南野"的地区，县治也由过去的3个增加到东吴时的6个，应是户口数量增多、耕地面积扩大的反映。

---

① 《后汉书》卷七六《循吏传·王景传》。
② 《太平御览》卷六六引《会稽记》。
③ 《水经注》卷三九《赣水注》。
④ 《三国志》卷五四《吴书·吕蒙传》。

二、稻作种植业与渔、林、牧等业

江西地处亚热温湿地带，土地肥沃，水网密布，良好的自然条件使水稻成为这里主要的粮食作物。江西水稻栽培的历史非常久远，据考古发现与研究，早在新石器时代，江西赣东北地区便已出现人工栽培稻。

（万年）仙人洞与吊桶环的一项惊世发现就

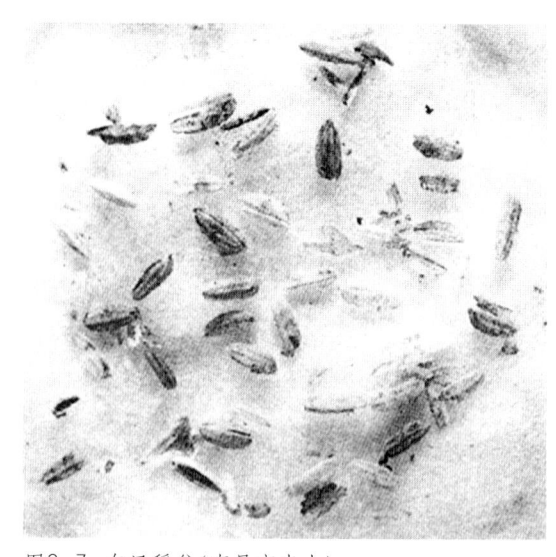

图3-7 东汉稻谷（南昌市出土）

是在吊桶环中石器时代地层中发现有大量野生稻，这是我国长江流域首次发现的早于栽培稻的考古遗存；在吊桶环和仙人洞的新石器时代早期即距今一万二千年前的地层中开始发现人工栽培稻，经植物学家研究，这种水稻兼具野、籼、粳稻特征，是一种由野生稻向人工驯化稻演化的古栽培稻类型，它是现今所知世界上年代最早的栽培稻遗存之一，它有力地昭示，赣鄱地区是亚洲和世界稻作农业一个重要的发祥地。①

秦汉时期，稻作依然是这里赖以生存的粮食种植业，这已从汉代墓葬中出土的大量水稻标本得到证明，如南昌南郊东汉墓葬中就曾出土粳稻和籼稻标本②（图3-7）。文献中也有"饭稻羹鱼""嘉蔬精稻，擅味于八方""田畴膏腴，厥稻馨香，饭若凝脂"③等记载。这种以稻米为主的饮食结构终秦汉六朝基本未变，所以直到隋统一后，人们还在说"江南之俗，火耕水耨，食鱼与稻，以渔猎为业"④。

水稻作物主要分布在鄱阳湖平原和赣江两岸地区，前述这两地的土地垦

---

① 彭适凡：《江西通史·先秦卷》，江西人民出版社2008年版。
② 陈文华：《论农业考古》，江西教育出版社1990年版，第172页。
③ 《史记》卷一二九《货殖列传》；雷次宗《豫章记》，见[宋]乐史《太平寰宇记》卷一〇六《江南西道四·洪州》；王孚《安成记》，见[唐]徐坚《初学记》卷二六《服食部》。
④ 《隋书》卷三一《地理志下》。

第三章
秦汉时期江西的经济(上)

辟和农田水利工程,大多与稻作生产的发展有关。参照《晋书·食货志》关于"东南以水田为业"的记载,足以说明当时的江西完全处在中国典型的水田稻作区。然而,这种单一的粮食种植结构似在东汉晚期,开始有所变化。如汉桓帝时,"陈蕃尝为豫章太守,以礼请(徐稚)署功曹。稚为之起,既谒而退,蕃馈之粟,受而分诸邻里"①。以粟作馈赠品,是否说明当时豫章已能耕种旱地作物——粟,因无其他佐证,在此暂且存疑。

秦汉时期江西的农副业,见于记载的主要有林木业、渔业、家庭饲养业等。在秦汉,主要依赖于这里的自然条件——水网密布、江河纵横、红壤丘陵、高山密林,具有靠山吃山、靠水吃水的天然优势,因此,捕鱼狩猎、采集山伐等副业最具特色。这在秦汉文献中多有论述,如:

> 《史记·货殖列传》:"衡山、九江、江南、豫章、长江,是南楚也……楚越之地,地广人希,饭稻羹鱼,或火耕而水耨,果隋蠃蛤,不待贾而足,地执饶食,无饥馑之患,以故呰窳偷生,无积聚而多贫。是故江淮以南,无冻饿之人,亦无千金之家。"

> 《汉书·地理志下》:"楚有江汉川泽山林之饶。江南地广,或火耕水耨。民食鱼稻,以渔猎山伐为业,果蓏蠃蛤,食物常足。"

对上述材料中所反映的渔猎、瓜果种植和林木砍伐的属性,应从两方面来看,一是典型的农副业,主要分布在今赣中、赣北稻作农业相对发达的地区,这里"饭稻羹鱼""果蓏蠃蛤"较为普遍。二是非农区的主业,主要分布在今赣南的一些深山老林,这里开发较晚,当以"山伐为业"。对此,秦汉未留下记载,但南朝顾野王《舆地志》中的一段文字,似可作为参照,其云:

> 虔州上洛山多木客,形似人,乃鬼类也。语示如人分明,近则藏隐。能砍杉枋,聚于高峻之上,与人交市,以木易人刀、斧。交关者前置物枋下,却走避之。木客寻来取物,下枋与人,随物多少,甚信直而不欺。②

所谓"木客",当是祖祖辈辈居住在深山密林的山民,因文明程度较低而被时人

---

① 《后汉纪》卷二二下《孝桓皇帝纪》。
② 《太平寰宇记》卷一〇八《江南西道六·虔州》引[南朝]顾野王《舆地志》。

图3-8 湖口县象山东汉纪年墓出土陶马、陶牛、陶狗、陶羊、陶猪、陶鸡、陶鸭

视为"鬼类"。他们可能依靠森林资源,"山伐为业"。故曰"能砍杉枋",并"与人交市"。说明"木客"正在通过与外界的经济交往而走向文明。

除渔猎、蔬果等副业外,家庭饲养业也有一定发展,鸡、鸭、猪、羊、马、牛"六畜"的饲养已经比较常见。虽然古籍文献中难见记载,但在已发掘的汉墓中可找到答案,如湖口县象山东汉纪年墓出土了陶鸡、陶鸭、陶羊、陶猪、陶马和陶牛;[①]南昌市郊塘山东汉墓出土了陶猪;宜春西汉墓出土了果核及牛骨头。[②]这些考古发现应是汉代江西家庭饲养业发展的见证。

三、江西农业经济在全国的地位

有关史实证明,江西自西汉中期特别是东汉以降,随着社会生产力的发展,农业经济地位日益上升,已逐渐发展为江南的产粮地区,所产粮食是各朝

---

① 杨赤宇:《湖口县象山东汉纪年墓》,《江西历史文物》1986年第1期。
② 陈文华:《南昌市郊东汉墓清理》,《考古》1965年第1期;黄颐寿等:《宜春西汉木椁墓》,《江西历史文物》1986年第1期。

第三章
秦汉时期江西的经济（上）

统治者巩固政权、赈济灾区、安定人心、进行战争的重要物资。

汉代江西的粮食产量究竟有多少，因史无明载不得而知。许怀林作过一个推算，可供参考：

> 若以口粮数推论，则可以说豫章郡是全国水稻产量最多的一个地区，因为它的人口数居东汉各郡的前列。汉代人均口粮数量，依据居延汉简钱谷类所记录的资料折算，平均每人每日食谷2.17市斤。[1]豫章郡有166万余人，合计每年食谷为13亿2185万余斤。[按 $(2.17 \times 1668906) \times 365 = 1321856997.30$(斤)]《东观汉记》张禹传记载，章帝时张禹在徐县开陂垦田四千余顷，得谷百万余斛，每亩产量二斛半。依这个水平折算，生产13亿多斤稻谷需有440万余亩[$(1321856997 \div 120) \div 2.5 = 4406189$(亩)]。这种推论出来的数据当然是不准确的，它没有包含酿酒所消耗的粮食，没有包含"果蔬蠃蛤"等所取代的粮食；亩产量是否和徐县相同，也很值得怀疑。尽管如此，这个约数作为比较分析的资料，还是有价值的。[2]

不论上述推算是否合乎实情，东汉时期江西粮食产量有所提高是可以肯定的，因为考古发现也为我们提供了相关证据。一是出现了粮食加工工具。在新建昌邑出土了东汉时期的红陶臼和陶擂钵，[3]这是一种颇具地方特色的脱粒加工稻米的工具。二是"贮藏粮食的建筑——仓，在形制、规模、构造等方面，都较商周时期有了很大发展，而且种类也较多，通风防潮、安全也很注意"[4]。在南昌、湖口、萍乡、宜春、清江、赣南等地的汉墓中，都有专供贮存粮食的陶仓及铜仓模型出土。陶仓有泥质灰陶和绿红陶两种，形制和结构多为圆形三足仓。其中，南昌东汉墓出土的一件陶仓颇具代表性。这件陶仓，三锥状实足，笠形仓盖，顶端立一鸟，作欲飞状，球腹上方开一仓口[5]，已在结构上注意了防潮、通风、安全防盗和防止鸟类侵食，颇具特色（见插页，图3-9）。[6]据考证，汉代粮仓"有的建在

---

[1] 王达：《试评"中国度量衡史"中周秦汉度量衡亩制之考证》，载《农史研究集刊》（第一册），科学出版社1959年版。
[2] 许怀林：《汉代江西的农业》，《农业考古》1987年第2期。
[3] 江西历史博物馆：《江西南昌地区东汉墓》，《考古》1981年第5期。
[4] 周广明：《战国秦汉时期的江西农业》，《江西文物》1991年第2期。
[5] 江西省博物馆：《江西南昌东汉东吴墓》，《考古》1978年第3期。
[6] 周广明：《战国秦汉时期的江西农业》，《江西文物》1991年第2期。

地上,有的建在地下,规模有大有小,有属中央的,也有属于郡县和封建地主私人的,有负责粮食的集中、贮存、供应,也有专为中转储运的,结构上有土筑、木构、砖筑或土木结构的"①。粮仓的普遍建立正是粮食产量提高、剩余粮食增多的反映。

豫章郡粮食产量的增加,必然提高其在全国的经济地位。前述汉武帝时,闽越王企图反叛,淮南王刘安上疏说:"越人欲为变,必先田余干界中,积食粮,乃入伐材治船……"②说明鄱阳湖东部地区已能通过生产积储粮食。东汉安帝永初元年(107年)九月,"调扬州五郡租米,赡给东郡、济阳、陈留、梁国、下邳、山阳"。李贤注曰:"五郡谓九江、丹阳、庐江、吴郡、豫章也。"永初七年九月,"调零陵、桂阳、丹阳、豫章、会稽租米,赈给南阳、广陵、下邳、彭城、山阳、庐江、九江饥民"。③这是从豫章调粮赈济江北诸郡的最早记录。值得注意的是,两次南粮北调的时间相隔只有六年,而包括豫章在内的江南数郡竟承受住了短期内连续两次大规模调粮赈灾的沉重压力。这表明,东汉时期,随着江西农耕技术的进步,粮食产量有了较大幅度的提高,不仅能够养活迅速增长的本土人口,而且有能力输出租米。

图3-9 东汉陶谷仓
(1960年南昌市出土)

东汉时期江西经济地位提高的另一表现,是地方豪宗的出现。司马迁在《史记·货殖列传》中称江淮以南"无冻饿之人,亦无千金之家",反映的应是西汉以前的事。东汉时期,随着江西地区开发力度的加大,这种状况似有较大改变,而且,特别到东汉末期,所谓"千金之家"也应该出现了。如《三国志·孙策传》记孙策经略豫章时称:"时豫章上缭宗民万余家在江东。"不久,投靠曹操的

---

① 禚振西、杜葆仁:《论秦汉时的仓》,《考古与文物》1982年第4期。
② 《汉书》卷六四上《严助传》。
③ 《后汉书》卷五《安帝纪》。

第三章
秦汉时期江西的经济(上)

图3-7 1982年永新东汉墓出土文物
(1.青铜棺椁；2.青铜内棺；3.玻璃瓶；4.青铜熏炉；5.青铜盖盒)

刘勋因军粮紧缺，"乃遣从弟偕告籴于豫章太守华歆。歆郡素少谷，遣吏将偕就海昏上缭，使诸宗帅共出三万斛米以与偕。偕往历月，才得数千斛"①。这些敢于抗拒太守华歆的番阳"诸宗帅"显然已非一般豪富了。

考古发现的一些随葬品丰厚的东汉砖室大墓，也透视出这个明显变化。如湖口县象山东汉墓和南昌青云谱东汉墓在同一砖室墓内出现仓、井和各种生活用品。宜春市和南昌京家山东汉墓群，则都是聚族而葬，且京家山墓葬中有一"卡"字型砖室，前后东西共7室，随葬物以消费品明器居多。1982年永新县发现的东汉墓中出土的青铜棺椁，棺内还有玻璃器皿(图3-10)。墓中出土一件铭文镜上有段吉祥语文字："杨氏作镜大毋伤，巧工刻之成文章。左龙右虎辟不

---

① 《三国志》卷四六《孙坚传》注引《江表传》。

祥,朱雀玄武……"②这都表明死者生前已不是"啙窳偷生"的普通百姓,尤其是拥有玻璃器皿、享受青铜棺椁的杨氏应是豫章郡的豪强大族了。

总之,两汉时期特别是东汉后期,江西经济虽然还不足以与周边湖北、浙江、广东等地相比,但其发展的步伐明显加快了,在全国的经济地位也日显重要。在这个背景下,打破"无千金之家"经济格局,是不足为奇的。

---

① 参阅江西省文物工作队:《南昌京家山汉墓》,《考古》1989年第6期;李志荣:《永新古墓出土青铜棺及玻璃器》,《江西文物》1991年第3期等。

第四章

秦汉时期江西的经济(下)

秦汉时期,江西地区的手工业生产和商品交换,随着农业经济的初步开发、人口的快速增长,有了相应的发展。考古资料表明,除先秦时期即已兴盛的青铜冶铸业和陶器、原始瓷器烧造业等,生产技术和质地指数有所提高、产品数量和类型有所增加外,铁器铸造业、金银等贵重金属加工业、建筑业、造船业以及玉石雕琢、漆器制作等行业也逐渐产生并发展,东汉时期尤其明显。当然,本章所列考古实物可能并非全部产自豫章,雷次宗《豫章记》所谓"金铁篠簜,资给于四境"的记载,便清楚地说明了这一点。所以,对于当时江西地区手工业发展水平以及与此关系密切的商品经济不宜估计过高。

第一节
手工业经济[①]

一、铜器铸造业

1.铜器铸造工艺

江西境内矿藏丰富,铜、黄金等有色金属矿自古享有盛名。铜矿资源除用

[①] 承蒙刘禄山先生应允,本节较多引用其撰写的《江西古代科学技术史·秦汉部分》(海洋出版社2007年版)的有关材料,文内不一一注明,谨向刘禄山先生致以谢忱。

图4-1 东汉鎏金神兽纹铜镜(1964南昌市郊出土)(左)/东汉二姓合好神兽纹铜镜(1973年南昌市出土)(右)

于铸造钱币外,还用来加工制作各种铜器。从江西各地陆续发现的汉代墓葬中,铜器出土的数量和种类非常可观,计有鼎、锺、钫、盉、熏炉、博山炉、钱币、酒樽、镜、灶、釜、盆、碗、带钩、洗、灯、泡钉、带钩、水桶、锅、甑、钵、豆、铜饰、壶、勺、鋗、罐、胄、俑、印章、戈、剑、矛、刀、戟、镞、弩机,还有铸刻长段铭文,对研究汉代器物制度和度量衡史有重要价值的铜钾等,达数十种之多。总之,礼器、兵器、工具、生活用器,应有尽有。与先秦时期相比,墓葬中礼器的数量、种类逐渐减少,生活用器和生产工具大为增多,且新出现了钫、博山炉和熏炉等器形,说明铜器已越来越多地使用于生活和生产,人们更注重它的实用性。而东汉和西汉相比较,东汉墓葬中铜器又较西汉有所减少,主要器类为铜镜和铜钱,这可能与铁器的使用并逐渐取代部分铜器的趋势密切相关。

秦汉时期,江西制作的铜器种类繁多,但是,无论是传统的铜质生活用器、生产工具和兵器制作,还是当时流行的铜币、铜镜,都是传承传统的浇铸工艺。这是因为当时的铜中加入了不少于百分之二的铅或锡,或铅锡合金。青铜合金熔点低,韧性强,熔化状态下的青铜溶液流动性较好,有良好的填充性,无论是使用陶范或石范浇铸,铸器表面均不易产生粗糙、空凹等缺陷,可以在器表铸造出繁缛精细的装饰花纹和铭文。先民们采用这种融古代科学技术和文化艺术于一体的工艺,在两汉时期铸造出许多既有实用性又兼具观赏性的铜镜及

第四章
秦汉时期江西的经济(下)

图2　西汉于阗家青铜钟

图3　东汉錾刻四兽纹青铜盘(1972年南昌市郊出土)

其他铜质工艺品,还铸造出各种类型的精美铜币。

青铜浇铸与生铁浇铸工序大体相同,也分为制模、制范、熔铜、浇铸四个步骤。但是,各地工匠的经验不一样,制作模范的方法也略有差异。在灌注青铜溶液前一般要预热陶质或石质模范。浇铸方法有一次整体铸成器物的浑铸法,也有先分体浇铸、然后熔接或套合成器的分铸法,一般是根据器物结构特点来决定采取浑铸法还是分铸法。

秦汉时期铜器铸造技术上的成就,还表现在这样几个方面:错金银与镶嵌工艺较前期更为精湛;鎏金技术有明显进步,可使器物外表色泽金光炫目;铜器上的细线刻纹更富有地方特色;出现了鎏金"铜扣"的新工艺。如南昌东汉墓出土的錾刻四兽纹青铜盘、鎏金神兽纹铜镜等都是很有特色的青铜精品(见图4-1),其图案繁富,铸工精良,正是当时高超的冶铸技术的代表作品。

除铜镜、铜钱外,汉代江西其他铜器的制作也都达到较高水平,在先秦铜器制作工艺的基础上铸造制作技术日益精湛。如南昌西汉墓出土的盛酒器铜钟,通身铸满各种细密的几何形图案,结构谨严,布局协调。南昌塘山东汉墓出土的一件铜提梁壶,蒜头状球腹细颈,大喇叭状圈足,上、中、下三部分大小比例适中,中间鼓腹而不失平衡稳重,造型丰满而不显冗肥,秀逸典雅而不失庄重。其龙头提梁分衔壶链更是锦上添花;盖上钮座饰四出柿蒂纹图案,腹侧铸铺首,颈腹饰九道凸弦纹,制作精致。南昌东郊西汉墓出土的一件西汉铜盉,设计十分巧妙,鸡首形的盉嘴上装有一活动小盖,当盖下搭时可以防尘,倒酒时流出的酒水会自动将其冲开掀起,停止倒酒时小盖又自动闭合,体现了高巧的铜器制作技艺。

2.钱币的铸造

铸造钱币首先要制作铸币钱范。当时全国其他地区一般是先在泥坯上雕刻公母铜范的反像,刻纹常为阴文,制作成陶质铸范,称祖范;尔后,利用陶质祖范来浇铸铜范,铜范的纹样、铭文为阳文;最后利用铜范压模泥坯,翻造出无数的阴文反像泥范,所以铜范又称为母范,用其翻造出的泥范称为子范,母范并不用来直接铸钱,最后用于铸币的范是阴文反像的子范。

萍乡市麻山出土的西汉末年使用的铜质五铢钱范是西汉时江西地区已使用金属范铸币的实物见证。[①]该铜范分为公母两块相合而成,一次可铸铜钱8枚。公范无币值铭文,边端侧塑铸有三角形浇口,范板上各铸口间有铜液流口走线,并铸有3枚乳状榫,背部有凹槽和执握用柄;母范铸口上有币值铭文"五铢"字样,为反书阴文篆体,范板上有与公范乳状榫相应的圆洞形卯。这件铜范是直接用来铸币的金属范,因其范板铸口铭文为阴文反像,是用其铸造阳文正像钱币的,它充分体现了当时江西先进的铸币技艺,因为金属范的铸造是青铜钱币铸造技术史上一项重大进步成果。此前,铸币多用陶土范,钱成范毁,一次一范,铸范不规格,铜钱的外观形状、大小、轻重也不一致。金属范可以长期反复使用,只要它本身做得细致、规整,钱币就精美、光洁,而且规格一致。

① 刘敏华:《西汉五铢钱铜范》,《江西历史文物》1987年第2期。

第四章
秦汉时期江西的经济(下)

汉代江西的钱币铸造业规模很大。汉初,吴王刘濞曾在豫章郡开采铜矿,"招致天下亡命者盗铸钱,煮海水为盐,以故无赋,国用富饶。"①以致吴国的铸币遍布天下。相传吴王刘濞铸钱场所在南昌市郊西山,"铸钱之山,时有夜光,遥望如火,以为铜之精光"②。其盛况可见一斑,在吴王的大力开发和经营下,豫章铜山遂成为全国最大的一处铜币生产基地。近年来,江西安远、宁都、赣县、横峰、余江、修水、南丰、乐安等地曾多次发现钱币窖藏,出土有大量汉代钱币,正是当时大量铸造钱币的实物例证。

3.铜镜的铸造

战国时期,楚国是中国铸镜技艺最为发达的地区,所铸铜镜精致华美,古朴典雅,无论铸造工艺还是装饰艺术都比中原地区技高一筹。长期隶属楚国的江西深受楚文化影响,两汉时期又继承了先秦时期楚国手工制作业遗风,铜镜制作工艺处于全国领先地位。汉代江西是铜镜的主要铸造区域。早在战国时期,属于楚境的江西已有成熟的铸镜技艺。汉代江西成为全国铜镜的主产区,典型的铜镜有蟠螭纹镜、草叶纹镜、昭明镜、透光镜、尚方镜、星云纹镜和百乳镜等,它们在江西境内汉墓中都有出土,这些铜镜铜质好,铜锡比例恰当,铸工考究,其纹样精细秀美,镜面光亮照人,说明当时江西地区铜镜铸造业发达,铸镜工艺水平处于全国领先地位。

研究表明,汉代江西先民在镜坯浇铸成型后,曾使用了多种加工工艺和护镜技术,以提高镜面质量和延长使用寿命。这些工艺包括刮磨、去锈、抛光、防锈蚀等,有的在镜背还采用了鎏金工艺。

古代镜坯浇铸成型后,无论使用怎样光洁精致的模范浇铸,都不能使刚出范的铜镜照出人物形象。因此,必须首先经过刮磨工序。在没有现代基准平面磨床的条件下,先民们仅使用刮刀、磨盘等工具来"增损高下",以消除镜面的粗糙部分,使之形成平整的镜面,还可以根据需要磨削出凹镜和凸镜,形成平整光滑的镜面,达到镜面所需要的曲率。

镜坯经过磨削平整后,仍然不能使镜面准确清晰地反映人物形象,还必须

---

① 《史记》卷一〇六《吴王濞列传》。《汉书》卷三五《吴王刘濞传》有类似记载。此处"豫章郡",旧注多认为系秦时"鄣郡",汉之"丹阳郡"之误,"豫"为衍字。对此,清代江西金溪人王谟在《江西考古录》中进行了考辨,指出:"然考史记吴王本传下言:有诏削吴会稽郡,豫章郡,则豫字非衍文也。……吴既得有豫章郡,豫章郡又实有铜山,则史记本无疑义,是皆说史者之过也。"

② [宋]乐史:《太平寰宇记》卷一〇六《江南西道四·洪州》。

经过抛光,即"开面生光"工序。《淮南子·修务训》记载,镜面刮磨平整后,要"挍以玄锡,摩以白旃"。《淮南子·天文训》记载:"明镜之始蒙然(即镜面平整度和光洁度差,漫反射严重,物象模糊),及粉之以玄锡,刷之以白旃(毡),则鬓毛可得察。""铅(黑锡)外黑,内含金华。"明代《多能鄙事录》记载,古代磨镜匠抛光方法是将白铁(锡)粉碎为细小颗粒,尔后"用水银研如泥,淘洗白净",再用白矾和鹿角粉"研极细始可用"。用时,将此方剂研磨膏敷于刮磨平整光滑的镜面上,再用丝毡柔软之物反复推抹,水银膏药粘附镜面后,镜面便会变得又白又亮。水银膏剂同时还具有防锈蚀作用,一般经过抛光处理的铜镜可以正常使用半年之久。江西地区考古发掘出土的西汉铜镜虽在地下埋藏了两千余年,出土时仍然乌黑发亮,可以清晰地照见人影。

新镜开光后,如果长期在含有二氧化碳的潮湿空气中使用,即使开光时已做过防锈处理,半年之后仍会逐渐氧化,镜面会出现铜斑铜锈。针对这种情况,古代工匠使用猪、羊、犬动物苦胆等含碱类物品做除锈剂,在镜面涂抹除去锈渍。江西地区出土的许多汉镜都没有锈斑,说明作为死者殉葬用的其生前使用过的铜镜,是经过去锈、防锈技术处理的。

在铜镜中有一种透光镜,又称"日光镜"或"昭明镜",这是因为此类铜镜背面两周弦纹之间往往铸有铭文"内清质以昭明,光辉象乎日月,心忽扬而愿忠,然壅塞而不泄",或铭"见日之光,天下大明",或"见日之光,长毋相忘"等。这种铜镜的外形与一般铸有吉祥语的铭文镜没有多大差别,特殊之处在于当太阳光线或聚光灯照射其镜面时,镜背面的花纹图案会反映在镜面相对的墙壁上,所以中国古代先民称之为"透光鉴",西方人则誉之为"魔镜"。这种铜镜创制于西汉后期,萍乡地区的先民同期掌握了该种制镜技术,制作出了透光镜,樟树汉墓中也出土有同样的日光镜。据科技工作者研究,这种透光效应原理是对光的曲率变化的应用。铸镜时,镜背花纹处凝固收缩,产生铸造应力,研磨时产生压力,形成了弹性形变,研磨到一定程度,镜面产生与镜背花纹相应而肉眼不易察觉的曲率,引起"透光"效应。

东汉时期江西铜镜制作水平进一步提高。工匠们认识到微凸的镜面"收人面令小,则鉴(镜)虽小而能全纳人面"[①]。于是铸造的镜面微鼓,以增强铜镜的实用功能。这时期江西地区铸造的铜镜更为精致,镜背装饰图案流行高浮雕人

---

① [宋]沈括:《梦溪笔谈》卷一九《器用》。

第四章
秦汉时期江西的经济（下）

物、神仙和祥瑞禽兽图案,此类铜镜叫画像镜或神兽镜,表明当时赣鄱地区铸镜工艺深受同期江南铸镜业中心所在地江浙地区的影响,促使铜镜产品的质量进一步提高。

二、铁器铸造业

1、铁的冶炼

考古工作者虽然迄今还没有在江西境内找到确切的秦汉冶铁遗址和铁器铸造作坊遗址,但通过考察出土的秦汉铁器遗物,能大致了解秦汉时期乃至秦代以前江西地区使用铁器的历史,以及铁冶炼和铁器制作的大概情况。早在春秋末期,赣中北地区已开始使用铁器。战国时期赣鄱地区使用铁器的区域更加广泛。秦代时江西铁制工具进一步推广使用,但仍不及铜制工具使用广泛。至汉代,赣北、南昌及赣中腹地的樟树,赣西的宜春、萍乡,赣东的抚州、乐安和黎川,以及赣南的赣州、于都和会昌等地都已使用铁器,这些地区出土的诸多汉代铁器雄辩地证明了这一史实。铁器类型包括农耕工具、手工工具、兵器、生活用器、车马具及其他铁制机械构件(表4-1)。这表明此时铁器使用地域已推广

表4-1　江西省出土汉代铁器一览表

出土地点	时代	器物名称	材料来源
修水县古市乡横山	西汉	铁铲1件、铁锄1件、铁臿4件、铁钁14件;铁斧1件、铁钩1件;车辖4件、圆管1件;铁釜2件、铁锅1件	薛翘、程应麟:《修水县发现战国青铜乐器和汉代铁生产工具》,《江西文物工作资料》1964年第4期
南昌市	汉代	铁釜、铁锅、铁刀	李科友:《江西考古调查发掘大事记》,《江西历史文物》1986年8月增刊
南昌市青云谱	东汉	长铁刀、环首铁刀	同上
南昌市青云谱	汉代	铁刀、铁钉	同上
修水县上奉乡	西汉	铁矛、铁刀	同上
永新县埠前乡	东汉	铁刀	同上

续表：

出土地点	时代	器物名称	材料来源
南昌市	东汉	铁刀1件、铁器1件（锈蚀严重，无法辨别）	陈文华：《南昌市郊清理东汉墓一座》，《文物工作资料》1965年第2期
南昌市丝网塘	汉至六朝	铁盆1件、铁匕首4件	薛翘：《南昌市丝网塘清理一座汉墓》，《文物工作资料》1965年第3期
修水县渣津	东汉	铁釜1件、铁刀1件	余家栋：《修水渣津发现东汉墓》，《文物工作资料》1976年第1期
九江县玉兔山	东汉	铁剑1件、铁刀1件	梁蔼立：《九江县玉兔山发掘一批古墓葬》，《江西历史文物》1981年第1期
赣州市蟠龙乡	东汉	铁剑2件、铁刀2件、铁匕首1件、铁钩2件、铁马钉2件	薛翘、张嗣介：《赣州发现汉代画像砖墓》，《江西历史文物》1981年第3期
万载县大桥乡	东汉	铁刀1件、铁匕首1件	刘建等：《万载县曾家湾东汉墓》，《江西历史文物》1983年第3期
上犹县梅水乡	东汉	铁矛1件	李坊洪：《上犹县东汉墓群的调查》，《江西历史文物》1984年第2期
乐安县戴坊镇	西汉	铁刀1件	黄爱宗、梁爱民：《乐安出土的古兵器》，《江西文物》1989年第3期
宜春市下浦乡	汉代	铁刀4件、铁釜2件	江西省文物考古研究所、宜春市博物馆：《江西宜春下浦坝上古墓群发掘报告》，《江西文物》1991年第2期
宜春市南庙乡	东汉	铁刀3件、铁釜1件、铁三足架1件	曾和生：《江西宜春东汉墓清理简报》，《南方文物》1993年第3期

第四章
秦汉时期江西的经济（下）

续表：

出土地点	时代	器物名称	材料来源
萍乡市	东汉	铁釜1件、铁洗1件	《萍乡市郊区清理一座东汉墓》，《文物工作资料》1976年第4期
樟树市郊武陵	东汉	铁匕首1件	黄颐寿：《江西清江武陵东汉墓》，《考古》1976年第5期
赣县三溪乡	东汉	铁刀1件、S形铁器1件、凹形铁器1件、弓形铁器1件、针状形铁器1件	赖斯清：《江西赣县三溪东汉墓》，《南方文物》1993年第1期
德安县九冈岭	东汉	铁刀2件、铁钩1件	江西省文物考古研究所、江西省德安县博物馆：《江西德安九冈岭汉墓群》，《南方文物》1998年第3期
新余市南安乡	东汉	铁匕1件	《江西新余东汉窑炉、东汉至隋唐墓葬清理简报》，《南方文物》2003年第2期
安福县枫田镇	东汉	环首铁刀1件、铁釜并三足铁圈架1件，铁剑2件	安福县文化局：《江西安福枫田清理东汉墓》，《南方文物》2004年第1期
南昌市昌北区	东汉	铁器	《〈三座晋墓洪城重见天日〉追踪：•墓室主人是东汉富人》，《江南都市报》2003年10月0日
南昌市昌北区	东汉	铁器	《〈工地挖土机"惊醒"六朝墓〉追踪：第一件文物出土"身份"难辨》，《江南都市报》2006年6月5日
莲花县工业园区罗汉山	西汉	铁器	《莲花发现汉景帝之孙墓》，《江南都市报》2007年6月6日
樟树市	东汉	铁锸1件	樟树市博物馆藏

至全省各地,铁器已经在生产、生活、军事各领域广泛使用。考古工作者发现的大量秦汉时期的铁器,正是研究当时江西地区铁冶炼和铁器制作技术极为重要的实物证据,它充分证明了秦汉江西先民冶炼和制作铁器的技术基本与当时全国同步,在使用燃料方面还处于全国同期先进水平。

江西地区铜矿资源丰富,林木丰茂,先秦时期就已经有悠久的冶炼青铜的历史,先民们很早就积累了丰富的冶炼金属的经验。同时,在长期烧制陶器和原始瓷器的过程中,还掌握了先进的砌结窑炉技术和高温熔铸技术。这一切,都为江西早期铁的冶炼准备了必要的技术条件和物质条件。在中国冶铁史上,春秋末期的吴、楚两地为冶炼先驱;战国中晚期时楚国成为中国冶铁技术最为发达的地区之一。而江西地处"吴头楚尾",在楚国铁冶业发展之时恰属楚境,所以江西铁冶业的发端时期具有地缘优势。优越的条件为秦汉时期江西铁冶炼业在较高起点上得到发展提供了保证。

中国早期冶铁以木炭做燃料和还原剂,与先前冶铸青铜完全一样。这在当时还没有发现和发明新的燃料之前是十分先进的。江西早期铁冶炼也是如此。但是,用木炭做燃料和还原剂存在着不可克服的局限性,即木炭燃烧时往往不能产生理想的高温,况且不能持久;其次是冶炼过程中必须不间断地往炉内补充木炭,炼炉的开启关闭和燃料的更替会影响炉温升高。

汉代,豫章郡建成县(今高安)居民已使用煤炭为炊事。这是中国历史上以煤为燃料的最早文献记载。当时,冶炼是一件事关国计民生、国家力图掌控的新生产业,煤炭作为一种新发现的优质高效燃料,既然已经使用于炊事,[①]不难想象它也会使用于冶铁业。河南巩县铁生沟汉代冶铁遗址出土的煤块、煤饼、煤渣,说明汉代先民已经掌握了采用煤为燃料冶炼的技术。因此,人们推断汉代江西冶铁业在改良燃料技术方面走在全国的前列,可能已经使用煤炭作为燃料冶铁。尽管人们在当时还没有完全掌握煤炭的物理化学性质,但对于冶铸生铁来说,使用煤炭作燃料已是一项意义重大的技术进步。

早在商代中晚期至西周初期,樟树吴城和鹰潭角山的先民已经在烧造原始青瓷的过程中创造出1150℃~1200℃的窑炉高温气氛,并结砌出耐高温和保温性能较好的龙窑、马蹄形窑。秦汉时期,江西原始青瓷业继续发展,至东汉晚期,赣中腹地丰城的罗湖缺口城和石滩港塘的先民在龙窑中,创造出能够烧造成熟青瓷的高温状态(青瓷烧成温度一般在1200℃左右)。在瑞昌铜岭商周矿

---

① 《后汉书志》第二十二《郡国四》注引《豫章记》。

第四章
秦汉时期江西的经济(下)

冶遗址也发现有完整的炼炉遗存。历年考古发掘出土的江西地区的秦汉铁器，大多为铸铁，经成分分析它们是采用高温还原冶铸而成的，说明当时的江西先民在冶铁业中使用了与烧制青瓷同等水平的高温炼炉和技术。

根据对江西地区出土的大量秦汉铁器的金相分析，多数学者认为江西秦汉时期冶铁方法主要采用块炼法和高温还原法。所谓块炼法（又称固体还原法），即使用木炭为燃料，将铁矿石焙烧成疏松的海绵铁，再以反复燃烧、敲打的办法除去其中杂质，冶炼成铁。这种方法是在战国时期发明的。它的缺点是所冶之铁含杂质多，夹杂物气眼分布不均匀，产品质量很低，且加工过程中劳动强度过大。高温还原法又称液态冶炼法，即在石、砖或耐火泥垒砌的炼炉中，采用煤或木炭为燃料，在高温中冶炼出液态金属铁的方法。使用这种技术生产的铁纯度高，因为在液体状态时，铁内杂质由于比重小，容易浮出而被去除。显然，使用这种冶炼方法不仅产品质量高，工匠的劳动强度也减轻了许多，大大提高了生产效率，这种技术虽在战国时期已经产生，但在秦汉时期仍是一项十分先进的技术，因为在此后漫长的岁月里世界上并没有发明其他更先进的方法。欧洲人直到1500年后才掌握这种高温还原法。

2.铁器的铸造

秦汉时期江西境内制作的铁器种类繁多，其中数量最多的是犁、铧、铲、镢、锸、锄、耙、镰、斧、锤、刀等农业和手工业工具，其次是剑、戟、刀、矛、匕首等兵器，还有少量釜、灯、锅、火盆等日常生活用器。先民们在制作这些不同器形和用途的铁器时，使用了不同的材质和工艺。大体而言，制作一般的铁制农具和车马用具多使用生铁铸造，制作兵器和需要锐利坚韧刃口的镰、锄、铲、斧等工具，常使用熟铁和渗碳钢锻打而成。

生铁铸造需要经过制模、烘范、熔铁、浇铸四道工序。先秦时期使用的陶制模范至汉代仍在沿用。陶制模范经高温烧烤，能够保证浇注入范的液态生铁慢慢地冷却，十分符合铸造相关铁器的性能要求，但是器物表面粗糙。除陶范外，江西在汉代还使用金属范来铸造铁器。一般来说，金属范铸成的器物器表光滑，外观更加平整。不管采用何种模范来铸造铁器，铸成品都很硬脆，缺乏韧性，抗冲击能力差，容易残断，这是因为铸铁含碳量高的缘故。生铁铸件只有经过脱碳热处理后，才会相对柔软，增强韧性而不易脆断。

据文献记载和专家推断，秦汉时期钢铁热处理技术主要有淬火、石墨化处理和脱碳处理。《史记》《汉书》记载，当时的先民不但懂得清水淬火可使铁制兵器的刃部锋利,而且知道使用不同地方的江水淬火所产生的效果不同。我国早期生铁是含磷量很高的白口铁,要想在日常生产和生活中使用,必须进行脱碳的柔化热处理。对于柔化热处理的具体操作方法,专家们推测,或是将铸好的毛坯件密封在陶制罐里,然后放入高温炉中,使毛坯件在与氧化还原状态的炉气隔绝环境中长期受热,再缓慢冷却,铸件便可得到较好的石墨化处理;或是将白口铁铸件埋在铁矿石或其他氧化性介质中长期加热,使铸铁脱碳。这两种推测比较符合当时的物质和技术条件。从考古资料分析,当时江西工匠已经掌握了淬火技术和柔化热处理技术。

锤锻加工是秦汉时期广泛采用的一种工艺,江西地区出土的汉代兵器和部分农耕工具大多使用这种工艺制作。锤锻加工使用块铁为原料,经过反复煅烧和锤打成器。汉代早期用块炼渗碳钢经反复加热锻打,以改良钢质,这种所谓的"百炼成钢"工艺是一种新出现的技术。这种技术是将固态的钢经反复加热折叠锤打,需要付出艰巨的体力劳动,与后来六朝时杂炼生柔的灌钢技术相比要原始得多,但与先秦时的锻造技术相比,还是十分先进的。锤锻加工制成的铁器中夹杂物大大减少,内部组织亦较为均匀。清同治《德兴县志》记载:"汉高帝时,吴芮部族尝铸印、淬剑于德兴之南山。"江西境内出土的汉代兵器中,已有用渗碳钢锻制而成的铁剑,如南昌塘山东汉墓出土的铁剑,长1.3米,不仅材质和锻造工艺优良,还配有精致的装饰,说明汉代江西工匠拥有高巧的铁器制作技术。

三、其他金属器的加工

秦汉时期,江西在青铜冶铸业发展过程中,铜、锡、汞等金属也得到进一步的开发利用,尤其是钱币铸造在西汉时有重大进展,开始使用含锌量高的铜合金。同时,金、银等贵重金属的开采加工,也已开始成为江西地区手工业中的重要行业。

《史记·货殖列传》记载:"豫章出黄金"。《正义》引《括地志》云:"江州浔阳县有黄金山,山出金。"《汉书·地理志》记载更详细:鄱阳县"武阳乡右十余里有黄金采"。师古曰:"采者,谓采金之地。"其他史书或方志都有类似的记载,指明浔阳、鄱阳等赣北一带及乐安江中有金矿和沙金。南昌等地汉墓中也出土有一批金戒指和指环,宜春汉墓中出土有金箔残片,有些铜器上还采用鎏金工艺或错金银工艺。这些金饰用品表明,古文献中有关汉代江西有黄金开采的记载完

第四章
秦汉时期江西的经济(下)

全正确,同时也说明当时工匠们已掌握了熔炼黄金技术,并使用铸造和锤锻两种工艺方法制作戒指、指环、金箔等黄金饰品。

对于江西的银冶炼,由于至今还没有发现汉代采冶银矿遗址,故难有定说。近年来,在江西境内陆续发现中国最大、保存较完整的古银矿遗址,如上高县南港镇蒙山古银矿遗址、德兴市银山矿古遗址等,说明江西自古便是银矿资源丰富的地区。在南昌、宜春等地汉墓中出土有银发钗、银手镯、银指环等许多银制饰品,这些银制饰品做工精致,具有较高的工艺价值,表明当时的银器加工也已达到较高的水平。

四、陶瓷烧造业

1.秦与西汉陶瓷器

陶瓷烧造是江西最具特色的传统手工业,从新石器时代的印纹陶器,到商周时期的原始青瓷器,至秦汉时期已能制造较为成熟的瓷器,就连后来成为著名瓷都的景德镇在史籍中也记载着"新平冶陶,始于汉世"[①]。

江西可以确定的秦代陶器是1976年春遂川藻林出土的盛放有铜戈、铜矛、铜镞的印纹硬陶罐,此罐器腹部分装饰有叶脉纹和方格纹的组合纹样,近底部饰一周回字纹样,此类纹样装饰与新建昌邑和樟树战国中晚期墓葬出土的印纹硬陶器纹饰几近相同。

考古资料证实,西汉时期江西陶瓷制造与战国时期相比有着明显的区别。这时江西瓷器的烧造已由原始青瓷器向青瓷器过渡。西汉原始青瓷器较战国以前的原始青瓷器釉层增厚,上釉方法由浸釉演进到刷釉,改变了战国时期拉坯成器和线割器底的成型技法,较普遍采用底身分制与粘接成器工艺,在品种与纹样装饰上也有显著的变化。

汉代,在长江中游的两湖以及江西西部"楚尾"地区生产的陶器品种和形制与中原地区渐趋接近,但仍保留有楚文化原有的传统特征。两汉墓中常见陶瓷器器形有鼎、釜、甑、碗、盆、盒、壶、罐、盏、灶、仓、井、屋、熏炉等。西汉前期多鼎、盒、壶、罐等。西汉中期至东汉早期又增加了博山炉、碗、盆、釜、甑、盏、炉等,并出现灶、仓、井、屋、俑、猪、犬等造型的明器。东汉时期陶鼎已少见。汉代陶瓷器的主要纹饰有弦纹、刻划纹、方格纹、水波纹和彩绘等。[②]

[①] 清同治《浮梁县志》卷一二《杂记下》。"新平"即景德镇。
[②] 余家栋:《江西陶瓷史》,河南大学出版社1997年10月版。

迄今经考古发掘的西汉墓葬有南昌老福山西汉木椁墓、南昌东郊贤士湖畔西汉墓群以及南昌、南康、修水、高安、宜春等地发现的西汉墓,其中以南昌地区西汉墓的出土资料最为丰富,为西汉时期陶瓷器的分期断代提供了珍贵的实物依据。这批汉墓的形制除南昌老福山木椁墓和宜春木椁墓之外,其余均为土坑竖穴墓。从所出数百件陶瓷器的胎釉、形制、纹饰以及伴出的青铜器、石器、玉器和铜钱推断,其烧造年代可分为西汉早、中、晚三个时期。

西汉早期陶瓷器以1982年9月南康蓉江镇岭背村西汉墓出土的陶器瓿、壶、罐等为代表。其中陶瓿为敛口、短唇、扁鼓腹、平底。腹部饰五组复线弦纹,上部饰四组弦纹、绳状齿纹组合,下部饰一组弦纹、篦纹组合,肩塑一对称钩连云纹半环耳。此类陶瓿与广东肇庆北岭战国晚期瓿极为近似,明显具有浓厚的岭南地方特征。岭南为古代南方百越民族聚居地区,东周以后受楚文化和中原文化影响较深。岭南地区西汉早期瓿可分为大瓿、小瓿和三足瓿等,既可作实用器,也可作随葬明器。岭南早期墓随葬明器的组合形式多为瓮、罐、釜、鼎、壶、钫、瓿、三足盒等。西汉中期以后才开始有井、仓、灶等陶明器随葬。所出陶壶、陶罐均饰方格纹,其形制与纹饰为江西境内西汉早期墓所习见。这批陶器应为西汉早期烧造,并具有岭南地方特征。①

西汉中期陶瓷器以1964年秋南昌老福山西汉木椁墓以及贤士湖畔、老福山南莲路等地发现的西汉土坑竖穴墓出土的陶瓷器为代表。陶瓷器有鼎、敦、壶、坛、瓮、罐、豆、盒、壶、双系罐,以及陶屋、灶、釜等。老福山木椁墓所出仿青铜陶礼器鼎、敦、壶共两套,均为泥质灰胎。其中陶鼎为子母口,塑对称扁方形附耳,器壁稍往下收,圜底,下设三对称矮蹄形足,鼎身饰方格纹,盖顶塑三个对称乳头形假钮,中心有一长条形假钮,形制颇具战国晚期到西汉早期陶鼎之遗风。②

南昌东郊贤士湖西汉墓典型的仿青铜陶礼器有鼎、豆、壶等。其中陶鼎为方耳,三矮蹄足,圜底,盖作覆碗状,耳稍外撇或稍外仰,盖顶塑桥形钮,钮旁饰三乳钉,器身饰方格纹,器口沿饰弦纹和水波纹。陶盒呈覆碗状。陶壶可分为六种不同形制,多喇叭口,双直系,系饰叶脉纹,系上塑有铺首,肩部饰弦纹间斜点纹或水波纹。壶有硬质灰陶和釉陶两种。釉陶色泽晶亮,胎质白净细腻,胎釉结合紧密。陶罐多为硬质灰陶,器表饰方格纹或水波纹,器腹刻划有"八十"、

---

① 黄谟彬:《南康县清理一座西汉墓》,《江西历史文物》1984年第2期。
② 江西省文物管理委员会郭远谓:《江西南昌老福山西汉木椁墓》,《考古》1965年第6期。

第四章
秦汉时期江西的经济(下)

"六"、"九十"、"百卅"和"四斗"等铭文。陶双唇罐有的内唇低于外唇,有的双唇等高或内唇略高于外唇,腹部饰方格纹、水波纹和弦纹。陶屋系泥质软陶,为庑殿式建筑,平面呈长方形,高26厘米,宽39厘米,为一厨房模型,分前后两部分,前面右侧为灶,有灶门,灶面设有二火眼,火眼上置釜、甑和锅;前面中间有一臼;后面用隔墙分为两间,隔墙两侧留有通道;右边一间在角隅处再隔出一小方间,小方间墙下有一洞穴,似为畜厩;左边一方间似为储藏室或奴婢卧室。①

图4-4 西汉青瓷盖鼎(南昌市出土)

各类陶器多为火候很高的灰胎质硬陶。不少陶器施有薄釉,釉呈灰黄色或灰绿色。其中南昌东郊贤士湖畔西汉墓所出壶、罐,从胎釉结合看,比老福山西汉墓所出青釉陶坛更进步,似已接近东汉青瓷器之水平。鼎、敦(豆、盒)、壶为西汉早期流行的随葬仿铜礼器组合。其中各墓未见西汉晚期的陶仓、水井模式或东汉盛行的案、盘、奁、杯等器物。南昌第四机床厂人防工地西汉墓所出陶瓮为岭南地区西汉墓流行器。②

西汉晚期陶瓷器以1983年初南昌老福山公交公司基建工地西汉晚期墓出土的陶瓷器为代表。陶瓷器有鼎、壶、双唇罐、罐以及青瓷锺等。其中,青瓷锺在西汉早、中期墓中未见,一批早期青瓷器釉汁莹润光亮,已接近成熟型青瓷器的工

图4-5 西汉云气纹釉陶壶(南昌市出土)

---

① 江西省博物馆:《南昌东郊西汉墓》,《考古学报》1976年第2期。
② 程应林:《第四机床厂人防工地发现西汉墓一座》,《文物工作资料》1973年第5期。

艺水平。伴出有"五铢"和王莽"大泉五十"等钱币表明,这批陶瓷器当属西汉晚期烧造。②

2.东汉陶瓷器

从几乎遍及江西各地的东汉墓葬出土的陶瓷器种类看,灰胎质陶器数量最多,其次为低温绿釉陶、青釉陶和青瓷器等。在陶器的组合中,有沿袭战国葬俗的鼎、敦(豆)、壶为代表的仿铜陶礼器;有仓、灶、水井为代表的整套生活用明器;也有案、盘、杯等为代表的整套祭器模型,具有明显的仿漆器特征。在这些陶瓷器组合群中,既显现有中原地区的社会特征,更多的则反映了南方楚越文化习俗。如除西汉常见的矮足鼎、盒、壶、罐之外,还增添了碗、盆、甑、钵、四系罐和熏炉等,都具有江南地区的葬俗特征。随葬鸡、犬、猪、羊等家畜和圈舍以及住宅、城堡等模型,在中原地区是东汉中期盛行的葬俗,而江西和江南地区则要到六朝时期才盛行随葬此类器物。

根据东汉墓葬出土的陶瓷器实物分析,江西东汉陶瓷器可划分为早期与中、晚期两个阶段。

东汉早期陶瓷器以1957—1989年间樟树、南昌、遂川和修水等地22座墓葬出土的陶瓷器为代表。墓葬形制可分为土坑竖穴墓和长方形单室券拱砖室墓两种。陶器的陶质大致可分为四类:一类为泥质灰陶,火候低,少量外施朱红彩;一类为夹砂泥质灰硬陶,火候很高,有的外施深褐色釉,釉汁不匀,有的无釉;一类为夹砂红陶;一类为红胎绿釉陶。主要器形有罐、瓮、盉、鼎、豆、壶、奁、案、灶、仓、水井、釜、甑、钵、碗、坛、篦、双唇罐、把杯、灯等。早期墓葬以出土灰陶器为主,除绿釉奁外,红胎绿釉和青瓷器极少见。纹样装饰主要为方格纹、弦纹和水波纹。

东汉中、晚期陶瓷器以1958—1990年间南昌、永新、萍乡、万载、上犹、宜春和赣县等地63座墓葬出土的陶瓷器为代表。墓葬形制有长方形、凸字形、梯形、刀形、亚字形和多耳室型等单室券顶、双室券顶砖室墓,大致可分为甬道、前室和后室三部分。出土器物有陶灶、釜、甑、锅、鼎、豆、壶、奁、罐、水井、水桶、仓、洗、坛、耳杯、熏炉、四系罐、瓮、钵、碗、火盆、纺轮以及绿釉陶案、盘、耳杯、灶、釜和筒瓦等。釉陶器仅见壶类器。青瓷器有虎子、壶、双唇罐、罐、缸、钵等。陶质可分为泥质灰软陶、夹砂灰硬陶以及红胎绿釉陶等,部分施青绿釉、淡黄色釉或涂硃。常见的纹饰有方格纹、弦纹、单线与复线水波纹等。

---

① 许智范:《南昌市老福山西汉墓》,《江西历史文物》1983年第3期。

第四章
秦汉时期江西的经济(下)

图4-6 东汉绿釉陶灶(1960市南昌市出土)

图4-7 东汉方格纹壶(萍乡市出土)

图4-8 东汉青瓷四耳壶(1965年南昌市出土)

图4-9 东汉青瓷细方格纹罐

　　江西东汉中、晚期墓葬出土的器物常见的有灶、水井、仓、案、锅、釜、水桶等。特别是红胎绿釉陶案、盘、耳杯、仓、灶等更是此时墓葬盛行的随葬明器,大体与长沙地区东汉墓葬出土物相近似。从南昌青云谱发现的东汉墓资料看,随葬器物仓、灶、水井、釜、甑、锅、奁、鼎等多置放于墓前室两侧;案置放于后室前端正中,案上置耳杯、盘等;瓮罐等置放于墓室四角。①

　　3.考古发现的东汉窑址

　　中国的原始瓷器出现于商代,经过漫长的历史阶段演进、发展和提高,一

---
① 江西省文物管理委员会:《江西南昌青云谱汉墓》,《考古》1960年第10期。

图4-10 东汉陶仓(1988年宜春市出土)　　图4-11 东汉陶灯(1988年宜春市出土)

图4-12 东汉青瓷双耳罐(丰城市赣江沉船)　图4-13 东汉青瓷鸡首壶(丰城市赣江沉船)

直到东汉晚期才最终完成由原始瓷器向瓷器的过渡。

关于瓷器的起源是陶瓷史研究的热点问题。早年一般认为中国瓷器出现于魏晋时期,后来随着河南郑州二里冈、安阳小屯、湖北黄陂盘龙城和江西樟树吴城等地大量商代原始瓷器的出土,又引起了人们对瓷器起源问题的广泛关注。原始瓷器用瓷土作坯,外施薄釉,在较高的窑温中烧成,已初步具备瓷器的基本特点。同时,在江西、江苏、浙江、湖南、湖北、四川、河北、河南和安徽等地东汉墓葬和窑址中出土的东汉晚期瓷器,品种多,数量大,质量高。更重要的是自20世纪70年代以来,在江西和浙江等地发现了多处东汉瓷窑遗址,窑址的

图4-14 港塘新村东汉窑遗址

产品与墓葬出土的瓷器近似,这就为大江南北发现的东汉瓷器找到了产地。目前,多数学者认定,商周时期尚处于瓷器的原始阶段,故而称之为"原始瓷器",瓷器应该出现于东汉中晚期。考古资料证明,江西与全国各地一样,真正成熟型瓷器的出现始于东汉,这是江西陶瓷史上最辉煌的成就之一。

南方的青瓷和北方的白瓷并驾齐驱,竞展风采,它的胎质细腻,火候较高,釉汁晶莹,吸水率低。青瓷在坯胎上施含有铁元素的釉,在还原气氛中烧成,由于铁元素的呈色作用,经高温焙烧呈现青色,如焙烧时还原气氛掌握不好,釉面则会呈现偏炒米黄色。青瓷的成功烧造,是由于当时更注重原料的精选,改进了釉料配制和施釉技术,逐步改善了窑炉结构,火候的掌握也更趋娴熟,表明江西青瓷的烧造技术和工艺水平已经迅速提高。除赣中的南昌、新建、樟树,赣北的湖口,赣西的萍乡,赣南的南康等地东汉墓出土的陶瓷器之外,考古工作者还在丰城港塘寻找到了烧造青瓷器的窑址(图4-14)[1]。

1983年初开展文物普查时,丰城市博物馆的同志在丰城故县城遗址附近的港塘村,发现一批汉、晋、南朝时期的青瓷窑址,窑址范围全长约1.5公里,宽约0.25公里,占地面积约7.5万平方米。1989—1992年间江西省文物考古研究所

---

[1] 余家栋:《江西陶瓷史》,河南大学出版社1997年10月版。

对其进行过多次复查。

港塘窑址位于石滩乡港塘村,在丰城故县址的近旁。窑址分布在港塘村的新村、港塘小学前和清丰河畔一带,皆坐落在与赣江相通的清丰河畔。1992年12月下旬试掘时出土的典型器物有青瓷双唇罐、罐、盘口壶、盘、盏、支座、陶狗等。港塘新村窑址形似一馒头形山包,现被挖去一半,从断面看已暴露出东西间并排的三座龙窑遗迹。其中左右两座龙窑仅能看出部分痕迹,中间一座纵向被挖掉一半多,从断面上看共有九层烧结面,长约10余米,宽约2米,倾斜度前面为19度,后面为9度,烧结面厚约5厘米(图4-15)。从窑床附近采集的器物有各式青瓷罐,推断窑床砌建的时代约为东汉晚期。

窑址出土的青瓷罐可分为折沿、卷沿、平沿等几种,肩塑双竖耳或双横耳,胎呈黑灰色或灰泛红色,器

图4-15 港塘新村东汉龙窑遗址

图4-16 港塘新村东汉窑刻款支具

第四章
秦汉时期江西的经济（下）

表施青泛深黄色或青黑色釉，饰麻布纹、弦纹和水波纹等。清丰河窑出土的青瓷盘，浅腹，平底，灰白胎，釉已剥落，口沿内侧刻饰弦纹二道。所出青瓷盅，深腹，假圈足，深灰色胎，内壁满釉，外壁施半截釉，釉色青黄。港塘小学前面窑址所出支座，支面呈圆形，中部开一大圆孔，座壁镂有圆形或三角形气孔，胎质较粗，色泽呈深灰或深红灰色，饰弦纹和麻布纹，其中还有一件施青黑色釉。

图4-17 港塘清丰河窑东汉青瓷盘口壶残片

各类罐、盘口壶所饰麻布纹、水波纹与斜方格纹，均属东汉晚期青瓷器常见纹饰，见于江西宜春东汉晚期墓、南昌东吴墓、新干西晋墓和南昌西晋墓出土的青瓷器。据此推断，港塘新村和港塘小学前各窑址的年代当为东汉晚期至三国东吴时期；而港塘清丰河窑址的年代当为东汉晚期到西晋时期。

图4-18 港塘清丰河窑东汉陶塑

港塘是丰城故县址所在地，其地理位置与行政区划在唐代属洪州管辖，

图4-19 《天工开物》中琢玉图

图4-20 西汉谷纹玉璧（南昌市出土）

所以港塘窑亦应是洪州窑的创烧地，也是江西最早的青瓷发源地，它比景德镇瓷器烧造要早千余年，也是中国瓷器的最早发源地之一。以往《中国新闻报》和《人民日报》(海外版)曾报道过，中国瓷器的故乡是浙江上虞县。从现已掌握的考古资料分析，江西丰城亦是中国瓷器的故乡之一。

五、玉石雕琢

"玉，石之美者。"其质温润柔和，其色晶莹剔透，在中国古老的传统文化中，玉是沟通神灵的圣物，也是辟邪殓葬的灵物，常被用于祭天祀地和美化生活。它既是权力和财富的象征，又是君子人格和品德的标志。中国传统的古玉泛指一切软玉、各类彩石、玛瑙、翡翠、绿松石和水晶等。考古发现的雕刻艺术品中，以玉雕艺术品最为绚丽多彩，亦最富艺术魅力。玉雕的品种多、用途广、制作精、造型美，依其用途大致可分为装饰品、观赏品、礼仪器和其他杂项等类。

汉代玉器制作技术基本上沿袭战国时代已定型的治玉成法，大致分为玉

图4-21 东汉螭龙纹玉璲（南昌市郊出土）

第四章
秦汉时期江西的经济(下)

材切锯成片、锯出外轮廓、雕琢成粗型、雕刻线纹、钻孔、修整器表和抛光等工序。雕琢之法实质上是用质坚细密的矿石细砂以磋磨玉料,使之成型。加工玉器的工具主要有铁制的锯、钻和磨器等,抛光则使用木质或皮革制作的打磨工具"轮"。由于玉石的硬度很大,因此加工玉石比加工石器、骨器和角器要困难得多,必须使用金属刀具进行雕琢。

江西境内汉代墓葬中出土过不少玉器,如南昌老福山西汉木椁墓出土了5件玉器,有礼玉璧(图4-19),葬玉琀、瑱和琫,以及人身修饰和镶嵌剑身用的佩玉。在南昌东郊西汉墓中出土了一件舞女形象的玉雕,舞女一手甩袖于腰前,一手高举拂袖于头顶,舞姿优美,雕工巧妙(见插页)。南昌塘山东汉墓也出土了玉剑佩,质地洁白坚硬,雕有精致的大小蟠螭形象,图案造型怪异,栩栩如生,体现出精湛的工艺制作水平(图4-20)。在其他一些

图4-22 西汉滑石钫
(1974年南昌市郊出土)

汉墓中还出土了水晶珠、玛瑙珠和琥珀装饰品,证明玉器已在当时的日常生活中广泛使用,玉匠也能根据实际需要雕琢加工出各种造型的玉器。

此外,在南昌东郊西汉墓中还出土了一批滑石器,器形有鼎、敦、壶、钫、盒、瓿等,虽然滑石的质地比玉石松软,但同样需要采用整套的玉石加工技术,不然不可能制作得如此规整端庄,光滑洁白(图4-22)。

六、漆器制作

中国是世界上最早使用天然漆的国家。早在原始社会时期,我们祖先就开始以漆为墨作画,宋人高承《事物纪原》载"舜作食器,黑漆其上;禹作祭器,黑漆其外,朱画其内"。新石器时代的浙江余姚河姆渡先民就已掌握了制漆和用漆技术,在河姆渡遗址出土过一件内外有朱红涂料、色泽鲜艳的木碗,这是早期的木胎漆碗。商周时期的漆器已有多处出土。到战国时期我国的漆器工艺已达到相当高的水平。长沙马王堆汉墓出土的形制多样、精致华美的漆器则赢得

图4-23 《天工开物》漆器制作中的装饰雕刻工序图

了普天下的赞誉。

江南地势卑湿,很适宜漆树生长,秦汉时期漆树栽培几乎遍布江南各地区。江西亦为漆树的主要种植地区,生漆的产量很高。[1]

天然漆是用漆树的胶质液体制成的。生漆是指从漆树上取出还含有水分的漆汁,经过日晒脱水后的深色稠状漆汁称为熟漆。先民们最初利用漆来粘连和加固物体,后来用漆涂抹器物表面,以期防腐防潮。在长期使用漆的过程中,他们又掌握了在漆内添加颜料和染料的技术,使漆器成为既实用又美观的一种传统手工艺品。在制漆的过程中,古代先民常常将油桐植物油掺和其内,使漆器色泽更为光亮,防腐、耐酸和耐碱性能大为增强。

汉代江西漆器使用已相当广泛,制作工艺水平较高,漆器种类有耳杯、盘、壶、扁壶、盒和羽觞等饮食器,板和虎子等日用杂品,案和几等家具,盂和盒等容器。不少汉代墓葬中棺木也经过髹漆。南昌老福山西汉木椁墓内出土的124件随葬品中,就有70多件漆器,器形多为汉代江南各地常见的典型品类,如盘、盒等,也有特色漆器,如羽觞和扁壶等,其中扁壶的纹饰较为精美,绘饰有朱彩兽首纹、卷曲纹和山字形纹等图案。

---

[1] 沈福文:《漆器工艺技术资料简要》,《文物参考资料》1957年第7期;曹元宇:《中国化学史话》,江苏科学出版社1979年版。

第四章
秦汉时期江西的经济(下)

图4-24 《天工开物》中用木模制作泥砖坯图

汉代江西漆器成型工艺主要以雕木成胎为主,部分漆器采用卷木成胎,或脱模成胎的方法。雕木成胎一般经过削斫出粗型和再精雕细琢两道工序。比较厚重的漆器木胎也有采用旋木成型的,圆形的日用器皿常采用此种旋木胎。卷木成胎方法适用于圆筒形漆器,即用薄木片卷粘成筒形胎,以木钉为榫接合,底部钉连圆木片,外壁再裱以麻布。脱模成胎的方法俗称夹纻胎法,即以木、漆灰或泥做成漆器的内模,然后在模外裱以纻麻布帛,裱层定型后去掉内模,再在裱层胎内外髹漆,因此这种漆器又称为"脱胎漆"。一般而言,卷木胎制作最为简便,夹纻胎制作工艺最复杂,比较高级的漆器常用此制胎。器胎制成以后,还需经过上漆、描绘油彩花纹、雕刻铭文、成器修整等多道复杂细巧的工序,才能制作出一件精致的漆器。所以,汉代《盐铁论》有"一杯棬用百人之力,一屏风就万人之功"的说法。

汉代江南其他地区还发现采用金钮、银钮、铜钮、针刻和平脱等装饰工艺制作的漆器,但迄今为止,江西地区还只是在六朝时期墓葬中有所发现。

七、建筑业

1.大体量的土作建筑

西汉时的江西已出现王侯建筑游乐宴赏之地。汉武帝元光六年(前129年)立宜春侯国,"宜春侯刘成于城中立五台,其最胜者宜春也。高凡五十余丈,植桃李万计"。可见当时江西境内的高台建筑至少有5处。西汉元平元年(前74年),刘贺封为海昏侯,食邑4千户。刘贺来到江西就封国,筑昌邑围城,死后又筑有工程浩大的"魂城"。西汉中期以后,江西经济快速发展,人口增长迅速,从公元2年到公元140年,豫章郡人口净增近132万口,由全国各郡的第53位跃居

图4-25 《天工开物》中造瓦坯图

至第3位(仅次于南阳、永昌两郡),户数仅次于南阳郡,为全国第二位。[①]人口和户数的增长,同时也意味着住宅建筑的大量增加。

秦汉时期,由于陶质砖瓦的普及使用,住宅、宫署和高台建筑与汉末的佛寺庙宇建筑相比,土作量大为减少,土作量从原来的主要地位降低到从属、辅助的地位。以高台建筑为例,先秦时期的高台建筑将土台夯成高高的阶梯形,倚台逐层建木构房屋,借助土台,以单层房屋形成类似多层建筑的外观。而使用砖木混合结构的高台建筑,可以建构成多层楼阁建筑,不用夯筑大体量的高土台。东汉时期,高台建筑逐渐减少,多层楼阁建筑则不断增加。至于住宅、官署、寺庙等房屋建筑,除夯筑屋内地面和台阶等少量的土作外,大量墙体的土作为砖构所替代。

但是,秦汉时期的城墙和城基建筑仍是大体量的土作建筑,江西也不例外。如豫章和南壄土城墙的垒筑、昌邑"紫禁城"的土作等。这些早期城墙都需要大体量的土作夯筑。土筑城墙的土城虽然粗糙简陋,但在当时劳动力非常有限,铁制工具又十分珍贵的条件下,民众仍需要使用大量的木制工具,并通过人工碾压和夯实,以提高泥土的密度和强度,达到抵御风雨冰霜侵蚀和敌方刀

[①] 陈文华、陈荣华主编:《江西通史》,江西人民出版社1999年版。

第四章
秦汉时期江西的经济(下)

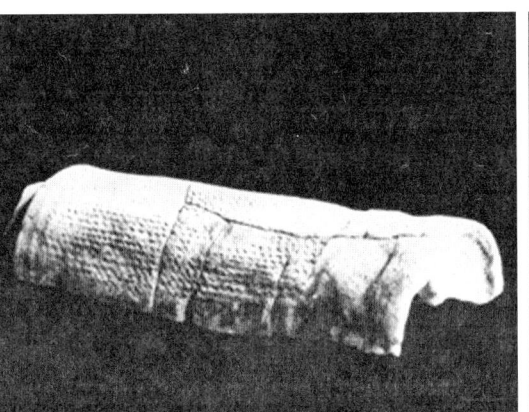

图4-26 汉代筒瓦

图4-27 汉代板瓦

图4-28 东汉印花纹瓦当(新建县出土)

兵火攻的目的,这无疑是一项艰巨的、劳动量很大的建筑工程。

2.砖瓦的推广

秦汉时期,江西地区政治局面稳定,经济日益繁荣,铁工具使用日渐广泛,生产力得到进一步发展,为建筑工艺的进步准备了充分的物质条件,这首先表现在建筑材料的制作上,不仅扩大了生产规模,而且提高了质量,最终促成了建筑结构体系和建筑造型由经济适用步入艺术化的成熟阶段。

先秦时期的建筑仍处于土作和土木混作阶段,建筑材料以土和木材为主,也使用少量的陶质建材。西周时期已制作出陶瓦,但仅用于大型建筑坡面屋顶的屋脊,以防止坡面交接处渗漏。春秋战国时期,瓦的使用范围扩大,但生产规模及品种仍十分有限。樟树吴城商代先民使用没有经过焙烧的土质砖砌筑窑炉,表明江西地区最早的标准建材预制件已问世。战国时期,耐水性强、刚度更高和尺寸划一的陶质砖开始在建筑中使用,但主要用于铺地和砌筑地基,还没有用其砌筑墙体,当时的墙体仍是木骨泥墙和版筑夯土墙,或泥质土坯砖墙。

秦汉时期江西的陶制建材砖、瓦的生产规模扩大,品种增加,质量大幅提高。从调查、勘探汉代庐陵城址、昌邑城址、南壄城址、柴桑城址、丽城城址和各地汉代砖室墓葬中发现,当时的砖有方形、长方形、楔形和空心砖、画像砖等品种。东汉陶砖表面多模印网纹、网钱纹、叶脉纹、鱼纹和几何图案等装饰花纹。陶

图4-29 汉兽面纹黑陶瓦当
(南昌市出土)

瓦则有板瓦、筒瓦和瓦当等品种。板瓦、筒瓦饰以粗绳纹、细绳纹和楞纹。瓦当饰纹极为精致,有兽面纹、卷云纹和莲瓣纹等装饰图案(图4-26、图4-27、图4-28、图4-29)。这些优质建筑材料的生产是江西先秦制陶业在长期发展过程中经验和技术不断积累的结果。

秦汉时期江西的建筑开始普遍使用砖瓦,砖瓦不再局限于在地基、地面、铺作和屋脊结压中使用,而且用来覆盖屋面和砌筑墙体。陶瓦经过焙烧,质地坚实,用其覆盖屋顶增强了遮雨防漏、防风暴的能力,这对地处南方多雨气候的江西来说确实是一项意义重大的建筑用材改良。同时,板瓦和筒瓦组合覆盖屋面,在屋面边沿连接瓦当,对木料实施防水保护,有很强的实际功用,也对屋面起到了一定的装饰作用。

江西在汉代已将陶砖应用于砌筑房屋墙体、铺地、砌灶、砌水井、砌谷仓、砌窑(砖瓦窑、陶瓷窑)以及构筑砖室墓。虽然江西境内至今尚未发现秦汉砖构建筑的地面遗存物,但从地下汉代砖室墓可以看出当时的砖材及垒砌的方法。其中平铺的方法有平铺接缝、横竖错缝、斜形接缝和斜形错缝四种。砌筑的方法有多种式样的斗、眠、丁组合,最常用的是一斗一眠的单丁斗子式。如果墙体较高,则下部眠砖砌筑,上部构砌为单丁斗子。陶砖为形制划一的建筑预制构件,经过焙烧,质地坚固,耐火耐水,用其砌筑墓室,克服了先秦木椁墓易腐烂和不能承受重压的缺点。若用它垒筑地面建筑物墙体,可以克服木骨泥墙、夯土墙和土坯砖墙经不住风雨冲刷的缺点。正是由于陶砖具有耐水侵蚀的特点,

第四章
秦汉时期江西的经济(下)

才促成了房屋的屋顶由悬山式逐步改变成为硬山式。汉代江西住宅建筑两侧墙体开始构砌各式各样的山墙,在房屋密集区域用以防火和分界,同时也具有装饰之美,这正是利用了陶砖的耐火特点。当然,陶砖的广泛应用还标志着中国古建筑史上第一个阶段——以土作和土木混作为主流的建筑时代宣告结束,一个新的历史阶段——砖木混作建筑的时代已经到来。

3. 木构架的完善

木构架是中国民族特色建筑中的主要屋架结构方式。这种结构主要有三角梁架、抬梁式梁架、穿斗式梁架三种。先秦时期,江西地区屋架结构盛行三角梁架。这种屋架是在平梁上斜置"人"字型叉手,与平梁构成三角形梁架,以承托坡形屋顶。这种梁架要求进深方向的立柱对位,以榫卯方式连接柱、梁和叉手木构件,从南昌、高安、宜春等地发现的战国和西汉时期的木椁墓葬可以看出,当时以榫卯方式连接木构的技术已十分成熟。采用三角梁架的结构方式是中国古建筑史上早期木结构技术第一次意义重大的飞跃,与此前的平梁结构相比,它加强了木结构的横向联系,使木构中的立柱不再需要栽埋,减少了面阔方向列柱的数量,有利于建筑物内部空间的扩大。原由柱长决定建筑物高度转变为由柱长与梁架共同决定建筑物的高度。直至西汉时期,江西地区仍然流行这种屋架。东汉时期,江西建筑物屋架不仅有三角梁架,还有抬梁式和穿斗式梁架,尤其是穿斗式梁架最为普遍,在城乡十分流行,并有取代三角梁架的趋势。

穿斗式梁架是以进深列柱平位开凿卯眼,再用多根水平穿枋穿插卯眼将进深列柱横向连接起来,形成支撑坡面屋顶的屋架。其立柱多且密,不利于节省材料,也不适用于建筑较高的房屋,但其结构牢固坚实,稳定性能好,施工简便,所以在江南颇为流行。东汉以后,江西民间建筑一直采用这种屋架结构。

抬梁式梁架是以两根立柱承托纵向平梁,平梁上又立两根短柱,两根短柱上再置横向平梁,如此层叠而上的木结构纵向联系方式。这种屋架可使建筑物取得更大的跨度和高度,如果同时调整平梁长度及其上面的各层短柱的高度,可以根据需要改造屋顶的造型。这种屋架结构方式主要流行于北方,但在江西也有使用,而且常常是和穿斗式屋架结合使用。

江西的穿斗式梁架和抬梁式梁架在东汉时期已基本定型,结构和技术较为完善,并成为此后两千多年间江西建筑木结构的主流形式。这种木结构技术为建筑造型艺术的发展提供了现实基础,使先秦时期的四坡庑殿式和两坡悬山式屋顶发展为庑殿、悬山、硬山、歇山、攒尖等多姿多彩的屋面形式。

4.住宅建筑的改进

住宅建筑是人类最基本和最重要的建筑类型,因地制宜、因材施用是其最突出的特点。江西地处亚热带,建筑房屋时首先要考虑避风雨、遮阳光和抵御潮湿,还要顾及接近水源、交通方便等问题。先秦时期,江西住宅建筑创造了利于泄水、通风、防潮的坡面屋顶和木骨或竹骨泥墙,以及"干栏式"建筑的传统形式,住宅的朝向首先考虑通风,其次考虑日照。秦汉时期,随着陶质建材的普遍使用和木结构技术的发展,江西住宅建筑在承袭先秦优良传统的基础上,又有创新和发展。平面布局多为一堂二室,即堂在中间,居室在两侧,屋顶为木构架的悬山顶、庑殿顶。东汉屋顶出现硬山顶,木版夯筑土墙,后出现承重砖墙。院落多为"日"字形,院落一角常盖有猪圈和厕所。当时江西一些地主庄园内出现了楼阁建筑。古文献也记载了本地区汉代望族人士拥有布局严谨、多重院落组合的"府第",以及读书授徒的"精舍"。

这一时期,江西还出现了多层住宅建筑楼屋。居住用的楼屋与登高望远用的楼阁外观及结构大体相同。它们与单层木构架房屋的不同之处,在于要使上层的立柱得到稳固的支撑。上层木构架中的立柱采取柱脚处加设地栿的方法使其稳固,柱头处连接额枋,以降低柱子的直立高度。有的还在柱身中部加一根"壁带"(横木),以使立柱能够得到稳固的平衡力。汉代楼屋的上层立柱常采用这种方法保持其平衡。立柱与斜撑、额枋、壁带、地栿互相紧密连接,得到稳固的平衡,就可以与其他的木构件构成一个完整的木构架。

楼屋与楼阁建筑技术的进步标志着中国建筑结构已趋于成熟。汉代江西先民已掌握利用斗拱作为支撑和装饰楼檐的技术,在楼层之间设置平坐和腰檐。平坐和腰檐挑出,就像挑檐式屋顶一样,既可保护墙体不受雨水冲刷,同时也美化了楼身,居住在此可以遮蔽阳光和凭栏远眺。

楼阁式建筑出现后不久,很快就与印度雄浑的宫殿建筑风格融合为一体,形成了具有中国民族特色的佛塔——楼阁式塔。东汉时期佛教已传入江西。根据历史记载,现已确知东汉江西建有两座佛寺。按照当时建寺必建塔的原则,东汉江西已有佛塔建筑,其形制必是楼阁式塔,至于是木塔还是砖塔,已不得而知。

秦汉时期江西先民普遍信奉鬼神,为此兴建了不少祭拜鬼神以祈祷消除灾殃的"房祀"(神庙)。东汉顺帝时(126—144年),清流代表人物栾巴任太守,

第四章
秦汉时期江西的经济(下)

"悉毁坏房祀",禁淫祀①。东汉时期,佛教传入江西,永平年间(58—75年)今彭泽县境内建安禅寺,元嘉元年(151年)今浮梁县境内建双峰寺②。江西先民从此开始了创寺建塔的活动。

秦汉时期,江西地区先民的人居条件已有很大的改善。南昌地区东汉墓葬出土有屋形陶厕所明器,该厕所高大宽敞,左右两间并列,悬山顶,坡面瓦垄高粗分明,前后及两侧山墙都出檐深广,屋前台阶坚厚宽广,长方门。由于侧墙与前后墙成水平高,悬山顶与侧墙形成较大的通风空间,使厕所内浊气能迅速排出。左右两间并列,或许是男女分厕,也可能一间是厕所,另一间是猪圈,因为同时代的江苏、湖南、浙江地区出土的猪圈模型常常是厕所和猪圈建在一起的,以使猪粪与人粪一道经沤熟后用于肥田(见插页)。东汉文献也有记载:"深耕细锄,厚加粪壤,勉致人工,以助地力。"③还有"厕溷合一""厕中豕群出"的记载④。可见当时的先民已认识到人居环境卫生的重要性,并将防止粪便污染与积肥改良土壤结合起来。

江西地区的汉代墓葬中还出土有陶灶和石灶,说明当时已十分注意家居的炊事卫生。灶的结构简洁,但很科学,平面一般为三角偏弯形,整体形似粗短牛角。灶膛空间较大,以利用冷热空气对流回旋,火力最大的火眼上置锅,灶门上有防烟墙,以保持灶台上炊具清洁。灶台上有2个或3个火口,能同时给2件或3件炊具加热,既可节省柴火,又可缩短烹饪时间(见插页)。

汉代江西先民还十分注重打井,以保持生活用水的清洁。汉代文献中有"浚井改水"⑤的记载,所谓"浚井改水"显然有保持井泉清洁之意。江西地区汉代墓葬尤其是东汉墓葬中出土了不少陶制水井及附属设备模型。如南昌市郊一座东汉墓中出土陶水井1件,筒形井体,井口设梯形架,架上安装滑轮⑥;南昌青云谱汉墓出土的陶井多达6件,各井内都有铜制或陶制小水桶,其中一件也有安装滑轮的梯形架(见插页)。⑦这些实物表明秦汉时期江西先民已会使用滑轮取水,从这个意义上说,当时江西先民开凿水井可能还有用其作灌溉之用的

---

① 《后汉书》卷五十七《栾巴传》。
② [清]刘坤一、李文敏修,刘绎纂:《江西通志·胜迹略》。
③ [汉]王充:《论衡·率性篇》。
④ 《汉书》卷六三《燕剌王刘旦传》。
⑤ 《后汉书志》第五《礼仪志中》。
⑥ 江西省文物管理委员会:《南昌市郊东汉墓清理》,《考古》1965年第11期。
⑦ 江西省文物管理委员会:《江西南昌青云谱汉墓》,《考古》1960年第10期。

目的。

八、造船业

江西是造船业的发源地之一,因这一地区河流纵横,水运畅通,其重要的地理战略地位和丰富的林木资源,以及有长期因水乡生活之需要而积累的丰富的造船经验,造船技术便在全国遥遥领先。

秦代时南壄(今大余)设有赣江最南的一处水陆换载港口,船只到此地后必须起卸改陆运。馀汗(今余干县)地处信江下游,秦汉王朝征伐南方越人时,军用物资要在馀汗中转,因此这里就成为较早的一处港口。其他如彭泽(今湖口)、鄡阳(今都昌县西)、海昏(今永修吴城镇南)、番(今鄱阳县东北)、豫章(今南昌)、新淦(今樟树)、巴邱(今峡江)、庐陵(今吉安)、南康(今赣州)、雩都(今于都)等城镇也都是当时船只往来停泊或修造地。①

秦汉时期,鄱阳湖区的造船手工业已相当发达。当时鄱阳湖区(时称彭蠡湖)粮食生产和渔业兴旺,水运繁忙,余干、浔阳是重要的港口和造船基地,"越人欲为变,必先由馀汗界中,积食粮乃入"。但是闽越、南越还没有彻底归顺中央王朝,秦汉中央政府必须长期屯军于此,将楼船贮在浔阳,一旦越人有变,秦汉军队便在余干"伐林治船",积粮进军闽、粤。而闽、粤越人为抗拒秦汉军队的进攻,常"阴计奇策,入燔寻阳楼船"②。从西汉初期至东汉末期,豫章郡一直是长江流域重要的造船业中心之一,所造船只不仅满足朝廷水师作战之需,而且供应民间航运之用。汉代江西所造木船已有浅水船和深水船之别。浅水船适合于在信江等河道航行。汉武帝曾命人在长安昆明湖"治楼船,高十余丈""可载万人"的大船,并以"豫章"命名③,也许是采用了豫章造船技术或模仿了豫章所造舟船外观形式的缘故。正是由于具备这一优越条件,东汉末年时东吴将帅周瑜才决定以江西九江作为操练水师和造船的基地。

据历史文献记载,当时的造船技术已比同期罗马造船工业先进得多,不仅船舶的体量和载重量大,而且品类多,船舶的功能和设备也较为完善、齐备。以军用船只而言,就有戈船、楼船、冒突、先登、艨冲、赤马、斗舰、斥侯等不同功用

---

① 沈兴敬:《江西内河航运史(古、近代部分)》,人民交通出版社1991年版。
② 《汉书》卷六四上《严助传》。
③ 《史记》卷三〇《平准书》、《三辅黄图》卷四引《庙记》。

第四章
秦汉时期江西的经济(下)

的类型;木构帆船的帆、舱、橹、锚等主要设备齐备。[①]可见,船舶制造业最先源于江南水乡生活交通的实际需要,但其造作技术的提高则是受到战争的推动。

九、墓葬营建

秦汉时期,江西地区墓室修筑技术有了较大的进步,先后出现竖穴土坑墓、崖葬、木椁墓、空心砖墓和砖室墓等五种墓葬形式。其中竖穴土坑墓、木椁墓、砖室墓是两汉墓葬的主流形式,崖葬和空心砖墓只在部分地区出现,较为少见。

西汉时期,江西墓葬形式主要是竖穴土坑墓和木椁墓。墓葬地表已普遍堆筑封土,以单室墓多,双室墓少。墓室平面呈长方形或正方形,部分有墓道,而形成"凸"字形布局,墓道挖成阶梯。坑内填土多为纯净的黄沙土,也有在木椁

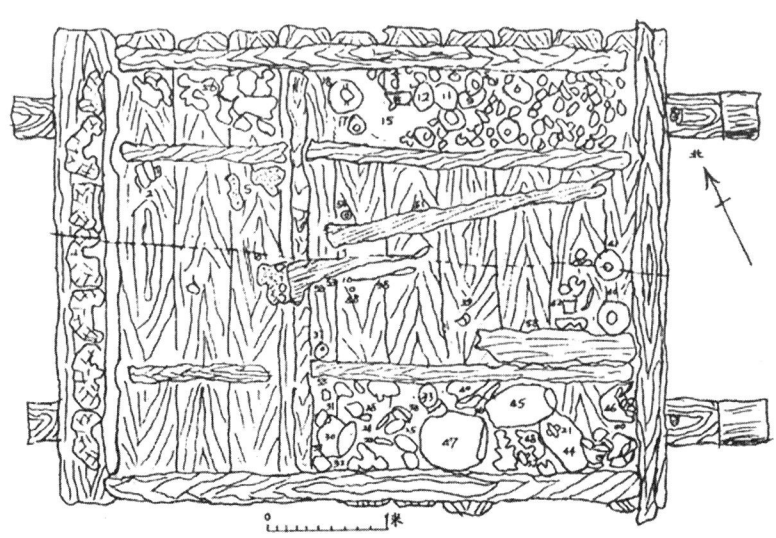

图4-30 南昌市老福山西汉木椁墓平面图(1、棺;2、扁壶;3、22、夹纻漆耳杯;4、14、19、耳杯;5、案;6、7、陶罐;8—10、16、17、陶坛;11、12、陶盒;13、陶鼎;15、18、陶壶;20、36、49、56、残漆器;21、夹纻漆器;23—29、夹纻漆盘;30、铜瓿;31、木胎漆耳杯;32—35、漆盘;37、铜镜;38、铜剑;39、铜熏炉;40、41、铜锤;42、铜钫、壶、锏;43、玉珡;44—47陶瓮;50、玉琀、瑱;51、52、木板;53、铜勺;54、铁臼形器;55、玉璧)

---

① 上海交通大学史话组:《秦汉的船舶》,《文物》1977年第4期

外四周填塞木炭或白膏泥,以作防潮防腐之用。采用竖穴土坑墓和木椁墓构筑方式不利于棺木的防腐和耐压,所以西汉时江西部分地区已使用空心砖代替木板为椁,在墓坑内起挡土和隔断作用。但这种方式仅是一种过渡,东汉初期便被砖室墓所取代。这里以南昌老福山木椁墓①和南昌东郊墓群②为例予以说明。

南昌老福山西汉木椁墓于1964年秋天发掘清理。该墓平面呈长方形,墓顶因先期动土已被破坏,部分主室及前室也已挖去。墓向为北偏西65度。墓深埋于距地表3米以下。墓底平整,并用厚约30厘米的白膏泥填底。椁室用巨大木板构成。椁底有两根直行枕木,在四方体枕木榫内,平铺11块底板,板上有卯。底板大小厚薄一致。底板之下铺垫10厘米厚的木炭。椁壁均用大圆木劈成两半边而制成。左、右、后三椁墙,将墙板下边砍削平整后,置于底板上。墓门则用7筒大木制成齿形,并排竖立作封门。椁内壁糊5~7厘米厚的白膏泥,外壁则糊12~14厘米厚的炭屑。墓门前也用炭屑筑成三级台阶,每级高10厘米,宽12厘米,最

图4-31 东汉对角几何纹、钱纹、鸟纹砖(2006年新余市出土)
(图片出处:大江网 http://www.jxnews.com.cn/)

---

① 江西省文物管理委员会郭远谓:《江西南昌老福山西汉木椁墓》,《考古》1965年第6期。
② 江西省博物馆:《南昌市东郊西汉墓》,《考古学报》1976年第2期。

第四章
秦汉时期江西的经济（下）

低一级比椁底略高。

墓室全长5.3米，宽3.9米，分前后二室。前室又用两根直木分隔为3小室。中间小室长2.06米，宽2.28米（左右两小室的宽度分别为0.72米和0.9米）；后室比前室长，也用两根直木分隔为3小室，同样是中室比侧室宽大。棺木置放在后室。棺木髹漆，并绘有图案花纹。棺的两侧平置两块大木板，疑为承放棺木之用。人骨架已腐朽无存。后边两侧室均置放殉葬品。左侧室以置漆盘、羽觞等漆器为主，其次有铜器、铁器，尚有4只大陶瓮。右侧室以置坛、鼎、壶、洗、罐等陶器为主，其次为4件漆羽觞。两侧室内的器物多叠压放置。

该墓出土随葬器物计有青铜器18件，陶器29件，此外尚有建筑模型、铁器两件、漆器70余件、玉器5件等。根据墓室规模和随葬器物推断，该墓主人极有可能是豫章郡郡守。

南昌东郊西汉墓群是一个家族墓地，发现于1973年1月，共发掘清理大小墓葬12座。

墓葬形制有两种。一为有墓道的土坑竖穴墓，其中有两座的墓道长达8米以上，一为一般长方形竖穴墓。有的墓葬还用白膏泥夯实，有的在棺椁四周填塞木炭作为防腐材料。

该墓群出土随葬器物计有200余件，有铜盉、铜锤、铜豆、铜钫、铜俑、铜镜、铜剑、铁刀、象牙手镯、象牙剑饰、玉璧以及各种滑石器和陶器等。随葬的陶器组合为鼎、盒（豆）、壶，保存了西汉早期的葬俗。

东汉时期，江西地区流行券拱砖室墓，其构筑技术已经成熟，以条砖、平砖和楔形砖修筑墓室（图4-31）。砖室墓形制较复杂，平面有呈长方形的，也有呈"十"字形、"凸"字形、梯形、刀形、"亚"字形和多耳室的，多为券拱。较完备的墓室布列有墓道、前后室、左右耳室，砌有壁龛，也有单室墓。早期的砖室墓砌成纵列券筒拱，券筒拱端部砖砌墓门、后壁；墓底一般铺人字形错缝排列地砖，铺底砖下设置排水沟，有的排水沟从墓室内一直延续到墓外，长达几千米。后来券筒拱逐渐演变成穹隆顶，先是墓的前室为穹隆顶，后室仍为券筒拱，东汉后期又演变成前后墓室都为穹隆顶，墓室的侧壁开始逐渐增宽、增厚，墓门外加砌翼墙，后壁加砌砖柱，以加强砖室墓整个墓壁的坚固性。如宜春发掘的32座东汉墓均是券拱砖室墓，墓室两壁、端墙和封门墙均用长方形花纹砖错缝平砌；永新县江畔乡下周村东汉墓为长方形砖室墓，墓室四壁由云纹及同心圆纹砖砌成，墓顶由楔形砖砌拱；九江马回岭东汉墓四壁全用带花纹的"火砖"围砌,砌法十分讲究,墓群环山排成弧形。

20世纪80年代初,永新县发现一座东汉砖室墓,长2米,宽1.5米,高2米。墓室用楔形砖砌成券顶,四壁用云纹、同心圆纹以及车马纹砖砌成。墓室中央置放一青铜椁,铜椁前横置五块有榫的车马纹砖,砖中央置放一铜熏炉,炉的两侧各置一青铜小盖盒作供奉器。铜椁长25厘米,宽15.5厘米,通高22厘米,分底座、方椁和轿顶式方盖三部分构成,盖上有一宝珠形佛光顶。椁内置一铜棺,棺长19厘米,宽7厘米,通高9厘米,由棺座、棺身和棺盖组成,均有榫卯套接,椁棺外表刻绘有佛教图案和花纹。内棺中央置放一蒜头形玻璃瓶,内装大半瓶黄色灰烬,经检测主要成分是"骨灰的象征物"。东汉时期的墓葬罕见有铜质葬具,且是有棺有椁,特别是随葬的蒜头瓶,经检测为"钠—钙玻璃"瓶,这对研究佛教文化在我国南方的传播,以及古代东西方文化交流,包括玻璃生产的历史等都具有极高的价值。①

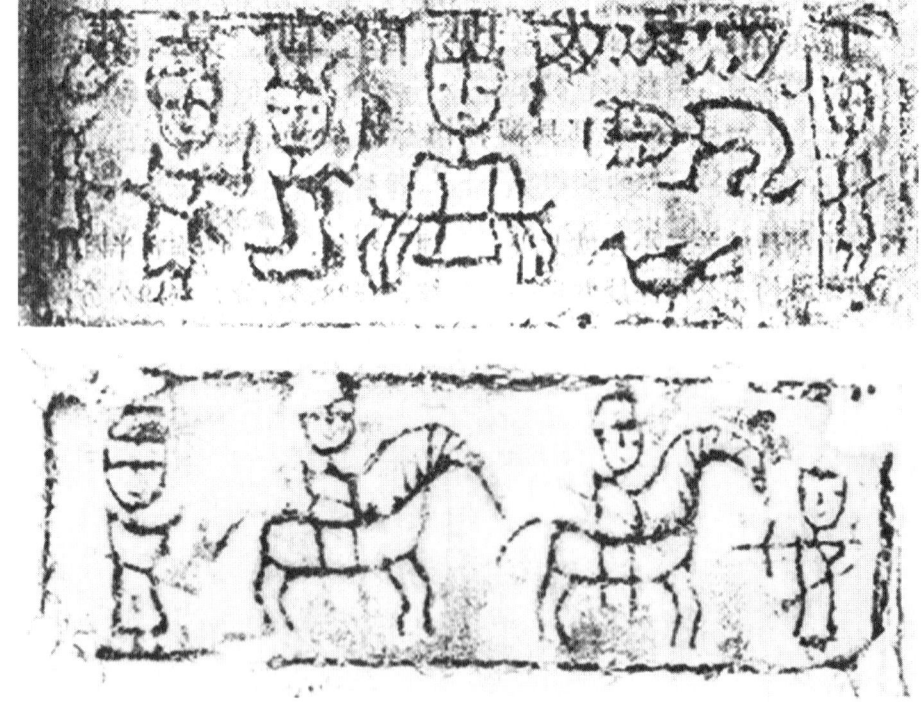

图32 东汉画像砖拓片(1980年赣州市出土)

① 李志荣:《永新古墓出土青铜棺及玻璃器》,《江西文物》1991年第3期。

第四章
秦汉时期江西的经济(下)

东汉晚期,江西还出现石板砌筑的墓室。在赣州市郊蟠龙发现过一座东汉画像砖墓。这座画像砖墓于1980年发掘清理。该墓为竖穴单室,平面呈长方形,长2.82米,宽1.23米,残高1.5米;墓室全部用画像砖横平错砌而成,墓底大多用画像砖一横一竖铺设,间以少量同心圆纹小砖。画像砖长30.5厘米,宽22.5厘米,厚7厘米。画像和纹饰均在砖的宽部侧面。该墓早年曾被盗掘,墓顶现已坍塌,经清理尚出土有陶器、釉陶器、铁器和铜镜等16件。画像砖图案以人物活动为主题,且内容完整,表现墓主人生前召见臣属时旁有侍女执扇和左右侍卫的生活场面,以及出巡时骑吏导从的威风情景。它为研究汉朝在江西南部的政治设置和军事布防提供了形象的实物资料(图4-32)。[①]

自东汉迄至明清,砖室墓一直是江西墓葬的主要形制。早在春秋战国时期江西古越族先民生活区已出现崖葬方式(如鹰潭龙虎山崖墓),即在悬崖峭壁上的岩洞中安置葬具和随葬器物,至两汉时期仍有此种习俗存在。

在社会生产力水平尚很低下的古代,先民们在"事死如事生""事亡如事存"观念的支配下,为了让尸体能长久地保存,祈望死者在阴间也能像生前一样生产和生活,于是不惜耗费巨大的人力和物力,在墓室的构建和随葬品的设置上煞费苦心。考古发掘让古墓葬重见天日,人们从颇为讲究的墓室结构、随葬的丰富多样的生产工具和生活用器,形象地看到了古代的丧葬习俗和社会经济状况。因此,从某种意义上可以说,墓葬营建正是当时手工业经济发展水平的综合反映。

第二节
水陆交通与商品经济

一、水陆交通

秦汉江西交通道路的开拓是由秦征"百越"带动的。公元前219年,秦发兵50万分五路大举进攻百越,其中两路取道赣境。这两条进军路线便成为后来江西境内的两条水陆主干线:一是由赣江水路上溯至大庾岭,通过大庾岭山路入广东南雄。二是循信江水东行至广丰转陆路至浙江江山,翻越仙霞岭,东下瓯

[①] 薛翘、张嗣介:《江西赣州汉代画像砖墓》,《文物》1982年第6期。

江可至温州,南入闽江可达福州。在统一岭南,设郡建县的第二年(始皇三十四年,前213年),为加强对新开发地区的统治,秦又立即着手"筑南越地"①。所谓"南越地",即《史记·南越尉佗列传》中所说的"新道"。开辟"新道"的目的,是要打通南岭山脉的阻隔,将岭南的道路同始皇所修的"驰道"连接起来,沟通五岭南北的交通。据考证,秦修"新道"主要有四条,其中三条均起自湖南境内(一条自今湖南郴州逾岭入广东连州,一条自湖南道州入广西贺县,一条自湖南全州入广西静江),唯有一条是自江西南部逾大庾岭,进入广东南雄。②

自秦开"新道"后,"自北徂南,入越之道,必由岭峤"③。若以京师咸阳为起点,则自北而南入越之线路大致为:从咸阳出发,过潼关,由洛阳、汝阳折向东南,经南阳沿白河、汉水入长江,尔后进入鄱阳湖,顺赣江流域谷地,翻越大庾岭,出横浦关(即梅岭关)进入广东。从此江西成为南北交通的中枢之一。所以江西交通道路的开拓,是秦始皇对百越用兵的结果。

两汉时期,江西交通道路的发展主要由两方面促成:

一是汉朝与南越国的官方往来和商旅贩运。当时,中原至东南沿海地区的交通,虽已开通东南海道,但因海路易遭风暴袭击,风险太大,一般不取海路,而多取道豫章境内的水路和陆路南下。汉初,中原与南越互通关市,交往颇勤。汉之"金铁田器,马牛羊"④,铁农具和牲畜输往南越,南越和海外的象牙、犀角、珠玑、玳瑁、翡翠等奢侈品运往中原;南越给汉王朝的贡品以及朝廷给南越的赏赐物,也是取道赣江和湘江。如南越王"时内贡职",向朝廷贡献石蜜、鲛鱼、荔枝、犀角、紫贝、孔雀、驯象、珊瑚树等,朝廷也"厚报遣其使"。皆从江西过境。这种民间和官方的交往,大大促进了豫章郡内的交通运输。

二是军事活动。汉武帝时,对南越、闽越发动过大规模的战争,豫章郡处于非常重要的地位,既是后方补给特别是战船的供应地,又是前方战场,所以军队的集结和运动往往都在豫章郡内进行,这对江西水陆交通运输的发展无疑起了刺激和推动的作用。

因而,至东汉末期,江西境内基本形成了以豫章郡城为中心而向周邻州郡辐射的道路网骨架。主要路线有:

---

① 《读史方舆纪要》卷一〇〇《广东》。
② 参见林剑鸣《秦汉史》(上册),上海人民出版社1989年版。
③ 《通典》卷一八四《刑郡》一四。
④ 《汉书》卷九五《西南夷南粤朝鲜传》。

第四章
秦汉时期江西的经济（下）

1、九江至豫章郡：自今南昌市经海昏(治今永修)、历陵(治今德安)至柴桑(治今九江市)，北越长江可达九江郡治所寿春(治今安徽寿县)。

2、豫章郡至南海郡：自今南昌市经新淦(治今樟树市)、石阳(治今吉水)、庐陵(治今吉安市)、赣县、南野(治今南康县)，南越大庾岭横浦关可达南海郡番禺(治今广州市)。

3、豫章郡至闽中郡：由赣江转信江往东，翻越仙霞岭，可达闽中郡的东冶(治今福州市)。

4、豫章郡至长沙国：自新淦经宜春至湖南醴陵。

5、豫章郡至会稽郡：自馀汗(治今余干县)沿信江经今玉山可往会稽郡等。

秦汉时期，车、船是水陆交通的重要工具。关于车的起源，有三说：一是奚仲作车，二是奚仲之子吉光作车，三是黄帝造车。[1]从文献记载来看，自夏代始，车马便在社会结构中扮演着独特的角色，是财富、地位的象征。当时的社会礼仪、制度明确规定使用不同车马象征着不同的社会含义，即身份与地位。如史载"至奚仲为夏车正，建其斿旐，尊卑上下，各有等级"[2]。自春秋始，"礼制大乱，……上下无法"；降及战国，"奢僭益炽，……竞修奇丽之服，饰其舆马，文罽玉缨，象镳金鞍，以相夸上。……荣利在己，虽死不悔"；及秦并天下，"揽其舆服，上选以供御，其次以锡百官"；汉兴，诸事草创，"承秦之制，后稍改定"，然而汉代"车辂各庸，旌旗异局。……匪豪丽缛"[3]。正如《盐铁论·散不足篇》引文学之言，"今富者连车列骑，骖贰辎軿。中者微舆短毂，烦尾掌蹄"；"今庶人富者银黄华左搔，结绥韬杠。中者错镳涂采，珥靳飞軨"。汉代车马出行之奢华与炫耀由此可见一斑。

秦汉时期的造车技术已经达到了有史以来的最高水平，能够生产出各种

---

[1] 一是奚仲作车说，古人多以奚仲为车的发明者，《墨子·非儒》："奚仲作车。"《荀子·解蔽》："奚仲作车乘。"《吕氏春秋·君守》："奚仲作车。"《世本》："奚仲始作车。"对于奚仲所处的时代，说法不一。如《淮南子·齐俗训》说："故尧之治天下也……奚仲为工。"而《左传·定公元年》说："薛之皇祖奚仲，居薛，以为夏车正。"二是奚仲之子吉光为车说，据《山海经·海内经》认为奚仲之子吉光发明了车："番禺生奚仲，奚仲生吉光，吉光始以木为车。"三是黄帝始造车说，如《周易·系辞》："黄帝、尧、舜……服牛乘马，以利天下，引重致远，盖取诸随。"刘熙《释名·释车》："黄帝造车，故号轩辕氏。"谯周《古史考》中指出："黄帝作车，引重致远，少昊时略加牛，禹时奚仲加马。"《古今注·舆服》云："黄帝与蚩尤战于涿鹿之野，蚩尤作大雾，兵士皆迷，于是作指南车，以示四方。"

[2] 《后汉书志》第二十九《舆服志上》。

[3] 《续汉书·舆服志》。

各样的车,类型繁多,制作精致,用途广泛,在日常生活中充当着越来越重要的角色。如《释名·释车》云:

> 路(辂),天子所乘车称"路",所谓"天子所乘曰路(即辂),路亦车也。谓之路者,言行於道路也。金路玉路以金玉饰车也,象路革路木路各随所以为饰名之也。"
> 墨车,"漆之正黑无文饰,大夫所乘也。重较其较重,卿所乘也。"
> 安车,"盖卑坐乘,今吏所乘小车也"。
> 軘车,"戎者所乘也"。
> 轺车,"轺遥也。遥,远也。四向远望之车也"。
> 辇车,"人所辇也",郑注《周礼·乡师》云"辇人挽行"。
> 胡奴车,"东胡以罪没入官为奴者引之殿所制也"。
> 羊车,"羊祥也,祥善也,善饰之车,今犊车是也"。
> 羸车羊车,"各以所驾名之也"。
> 役车,"给役之车也"。
> 栈车,"栈靖也,靖物之车也";与役车一样,"皆庶人所乘也"。
> 柏车,"柏,伯也,大也。丁夫服任之大车也。"
> 猎车,"所乘以畋猎也"。
> 槛车,"上施阑槛以格猛兽亦囚禁罪人之车也"。
> 小车,"驾马轻小之车也。驾马宜轻使之局小也"。
> 高车,"其盖高立乘载之车也"。
> 衣车,"前户所以载衣服之车也"。
> 容车,"妇人所载小车也,其盖施帷所以隐蔽其形容也"。
> 辎车,"载辎重卧息其中之车也。辎,廁也。所载衣物杂廁其中也"。
> 軿车,"軿屏也。四面屏蔽妇人所乘牛车也"。"辎軿之形同,有邸曰辎,无邸曰軿。"

从上述史料分析,乘车大致可以分为几类:第一类是有身份地位人所乘之车,如天子所乘的车为路(辂),大夫所乘的车为墨车,若更重的是为墨车卿所乘的,吏所乘的小车为安车,士卒所乘的车为軘车,富人所乘的轺车。《续汉书·舆服志》中还记有大使车、小使车、导从车、载车等。第二类是以人、畜作动力的

第四章
秦汉时期江西的经济(下)

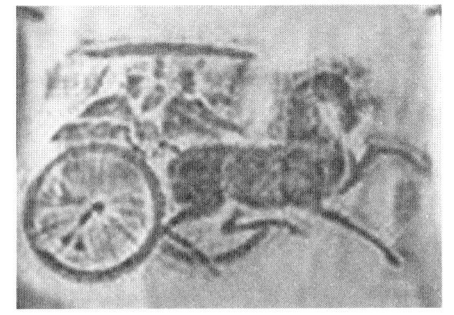

图4-33 秦汉车马图
(图片来源:中国国学网)

车,如辇车以人力挽行,胡奴车以东胡罪人拉车,赢车、羊车以马、牛或牛犊拉车,但羊车的装饰比较好,牛车比较简陋。第三类是服役的车,如役车、栈车、柏车等。第四类是狩猎之车,如猎车、槛车,但槛车还有囚罪犯之功能。第五类是以大小来命名的车,如小车、高车。第六类是妇女可以乘载的车,如容车、骈车。第七类是可载重物之车,如辎车、衣车,辎车还可以卧息其中。

在汉代社会,轺车、牛车可能是最为普遍使用的车,史书记载比较多,有些家赀丰厚的富商大贾,"其轺车百乘,牛车千两"①。汉武帝时期,为了增加国家财政收入,对车马还课以税收。如《史记·平准书》记载:"轺车以一算。商贾人轺车二算。"普通人的轺车课一算,即120钱;商贾的轺车课以二税,即240钱。

船,《释名·释船》曰:"船,循也,循水而行也。"又曰:"舟,言周流也。"舟船也是比较重要的交通工具,车只能在陆路上行走,水路则完全依靠舟船运输。

---
① 《史记》卷一二九《货殖列传》。

汉代之所以称"富商大贾周流天下,交易之物莫不通",是因为汉代已经有了比较先进的舟船。

如前所述,秦汉时期豫章郡曾有造船厂,彭蠡泽、赣江流域是船舶制造基地,寻阳、余汗、鄱阳是重要的造船点①。《水经注·赣水》:"赣水又径谷鹿洲,即蓼子洲也,旧作大艑处。"唐代虞世南《北堂书钞》:"豫章城西南有舸艦洲,去度支步可二里,是吴吕蒙袭关羽造舸艦舰于此。"舸艦洲,就是蓼子洲。可见南昌的蓼子洲就是汉代造船厂遗址,曾经制造艑、舸艦等船。

汉代已经能够制造多种类型的船,如民用舟船、运输货船、军用战船,乃至高达十余丈、建有三层楼的"楼船"。其中,民用舟船主要有扁舟、轻舟、舸、舫、艑、艇、艅、舡等。如《淮南子·俶真训》说"越艅蜀艇,不能无水而浮",高诱注曰:"艅,小船也。"战船主要有先登、艨艟、赤马舟、戈船、斗舰、楼船等。如《释名·释船》曰:"军行在前曰先登,登之向敌阵也。外狭而长曰艨冲,以冲突敌船也。轻疾者曰赤马舟,其体正赤疾如马也。上下重版曰舰,四方施版以御矢石,其内如牢槛也。"

由于造船技术的不断提高,汉代交通中舟船的使用比较普遍,江南水网地区尤甚。当时的船只通常以长度"丈"来计算,所谓"船长千丈",是指商贾的所有船只累积长度达1000丈,说明船只数量之多。国家也以丈来征收船税,一般

图4-34 汉代广州木板船模型(图片来源:中国国学网)

---

① 参见许怀林《江西史稿》,江西高校出版社1993年版,第59页。

第四章
秦汉时期江西的经济(下)

图4-35 广州出土汉代船模(图片来源:中国国学网)

是"船五丈以上一算"①。汉代豫章郡水资源比较丰富,郡内有十条河水汇入一大湖,郡外有一条长江经过,因而舟船的使用相当普遍。《太平御览》卷四八引《九江记》曰,古彭泽县马当山立马当山庙之缘由是护船航行,立庙之前此江水面"回风急击,波浪涌沸,舟船上下,多怀忧恐"。又《水经注·庐江水》记载的一个神话故事也提到吴郡太守张公直妻"夜梦致聘,怖而遽发,明引中流,而船不行。合船惊惧……"说明当时赣北地区使用舟船作为交通工具是比较常见的。

综上所述,交通道路的开拓与交通工具的广泛使用,为江西与全国各地经济文化的交流,尤其是商品经济的发展创造了条件。正如左思《吴都赋》所说:"水浮陆行,方舟结驷,唱櫂转毂,昧旦永日。开市朝而并纳,横阛阓而流溢,混品物而同廛,并都鄙而为一,……轻舆按辔以经隧,楼船举舳而过肆,果布辐凑而常然,致远流离与珂珬。"

二、商品交换与货币经济

商品交换是以农业、手工业的发展为基础,以交通道路的畅通为依托的。从前述内容来看,秦汉时期,江西地区农业、手工业的总体趋势是进步发展的,

---

① 《史记》卷三〇《平准书》。

交通条件也得到改善。与之相应,商品交换也逐渐起步并日益趋向于活跃。

西汉初年,开放关塞,免征关税,允许自由贸易,给南来北往的商人提供了一个相对自由的广阔空间。所谓"汉兴,海内为一,开关梁,弛山泽之禁,是以富商大贾周流天下,交易之物莫不通,得其所欲"①。至惠帝、高后时,"复弛商贾之律"。宽松、优惠的工商政策,有利于各地物产的流动,促进了商品经济的快速发展,因此,"重装富贾,周流天下,道无不通,故交易之道行"②。

江西地处南北交通要冲,水陆运输便利,在"富商大贾周流天下,交易之物莫不通"的刺激下,贩运商业迅速发展起来。如前所述,江西境内已经形成以豫章郡为中心向周边郡县辐射的交通网络,极大地拓展了商品交换的空间。

商品交换空间的扩大,带动了商品交换种类的增多。当时豫章郡的竹、木材、粮食、鱼、陶瓷、铜矿等货物都是商品交易的主要对象,金、银、铜、铁器具则是输入或辗转输往岭南的重要物资,即《豫章记》中所说的"金铁篠簜,资给于四境"。司马迁说,楚越之地,"通鱼盐之货"③,江西是水资源、鱼资源丰富的区域,除了赣水水系与鄱阳湖的自然鱼资源以外,还有人工养鱼,如《水经注》所载东汉和帝永元中豫章太守张躬筑塘以通南路,遏赣江洪水,兼并养鱼,"鱼甚肥美"④。除鱼资源以外,还有豫章的木材,出自深山穷谷,运向洛阳精细加工,远销万里之外的乐浪、敦煌。如王符《潜夫论·浮侈篇》云:"夫櫑梓豫章,所出殊远,又乃生于深山穷谷,经历山岭,立千丈之高,百丈之谿,倾倚险阻,崎岖不便,求之连日,然后见之,伐斫连日然后讫。会众然后能动担,牛烈然后能致水,油溃入海,连淮逆河,行数千里,然后到洛……东至乐浪,西至敦煌,万里之中,相竞用之。"⑤

商品交换的发展,又促使商人队伍不断扩大。江西丰富的物产,需要商人来贩运与销售,所谓"江南之楠梓、竹箭……待商而通"⑥。司马迁称楚越之地,"其民多贾"⑦,即指当地利用资源优势从事鱼盐贩卖的人比较多。除职业商人外,尚有不少"编户齐民",舍本农而事末利。大量方物特产的交易与农民弃农

---

① 《史记》卷一二九《货殖列传》。
② 《史记》卷一一八《淮南衡山王列传》。
③ 《史记》卷一二九《货殖列传》。
④ 《水经注》卷三九《赣水注》。
⑤ 王符:《潜伏论·浮侈篇》。
⑥ 《盐铁论·本议篇》。
⑦ 《史记》卷一二九《货殖列传》。

第四章
秦汉时期江西的经济(下)

从商的趋热,加强了农民与市场的联系,带动了乡里聚落市场的出现。

乡里聚落市场的产生,似可追溯到春秋时代。《易·系辞下》云:"日中为市,致天下之民,聚天下之货,交易而退,各得其所。"《公羊传·宣公十五年》何休《解诂》曰:"井田之义,一曰无泄地气,二曰无费一家,三曰同风俗,四曰合巧拙,五曰通财货,因井田以为市,古俗语曰市井。"①《管子·乘马篇》云:"方六里命之曰暴,五暴命之曰部,五部命之曰聚,聚者有市,无市则民乏。"又《战国策·齐策五》称:"通都小县,置社有市之邑,莫不止事而奉王。"《战国纵横家书》云:"梁之东地,尚方五百余里,而与梁,千丈之城,万家之邑。大县十七,小县有市者卅有余。"对于乡里聚落市场的功能,《管子·侈靡篇》认为,"市也者,劝也,劝者所以起本",其目的是为了推动农业生产的发展。

黄今言认为,汉代农村市场是随着人口增加和经济发展而自发涌现和兴起的,主要有乡市、里市(聚市)和亭市等多种类型。《汉书·百官公卿表》记载西汉有"乡六千六百二十二",《后汉书·郡国五》注引《东观书》记载东汉有"乡三千六百八十二"。为便于交易,每乡一个市,则西汉末有6622个乡市;东汉桓帝永兴时期,有3682个乡市。至于"里市"的数量与规模,若按"十里一乡"之制,以一里一市来计算,则西汉的里市有66220个;东汉的里市有36820个。里市分别超过了乡市的10倍。②

豫章郡治南昌是汉代江西的商业重镇,以此为中心向其他县城辐射。从北方都市来看,城市内肆店林立,有酒肆③、屠肆、肉肆④、牛肆、马肆⑤、鱼肆、革肆、

---

① "市井"一词,自汉代以后史文多见。如《白虎通义》:原始之市,"因井为市,故曰市井"。唐人张守节《正义》在对《史记·刺客列传》作注时说:"古人朝聚汲水,有物便卖,因成市,故曰市井。"

② 参阅黄今言《秦汉商品经济研究》,人民出版社2005年版,第147—154页。作者根据乡里数量考证乡市、里市的数量,认为,《汉书·百官公卿表》曰:"县大率方百里,其民稠则减,稀则旷。乡、亭也如之。凡县、道、国、邑千五百八十七,乡六千六百二十二。"又《后汉书·郡国五》:"至于孝顺,凡郡国百五,县、道、邑、侯国千一百八十。"注引《东观书》曰:"(桓帝)永兴元年,乡三千六百八十二。"为便于交易,每乡一个市,则西汉末有6622个乡市;东汉桓帝永兴时期,有3682个乡市。至于"里市"的数量与规模,《后汉书·百官五》注引《风俗通》曰:"国家制度,大率十里一乡"。这个"里",是乡居之里,是指散居乡村地域或据居住在乡村地域而定的行政单位。若按"十里一乡"之制,西汉有6622个乡,便有66220个里;东汉3682个乡,则36820个里。假设一里一市,则西汉的里市有66220个;东汉的里市有36820个。里市分别超过了乡市的10倍。

③ 《后汉书》卷五二《崔寔传》。

④ 《太平御览》卷八二八《资产部》"肆"条。

⑤ 扬雄:《法言·吾子篇》。

帻肆、宿肆①、药肆②、书肆③等等,各肆都有一定规划。南方的吴地市场,"水浮陆行,方舟结驷,唱櫂转毂,昧旦永日。开市朝而并纳,横阛阓而流溢,混品物而同廛,……轻舆按辔以经隧,楼船举舳而过肆,果布辐凑而常然,致远流离与珂玱。"④估计豫章郡内的商业市肆亦如此。假如事实真如司马迁所说,"富无经业,则货无常主,能者辐凑,不肖者瓦解","庶民农工商贾,率亦岁万息二千"⑤,那么,当时全国各地商业可能存在某种程度的竞争,而且各行各业具有一个相对平均的利润率,即百分之二十。⑥

对于豫章郡内商业市场的管理,由于缺乏史书记载,难以考稽,但是从秦汉时期国家有关市场法令来看,亦可以管窥一斑。从云梦竹简和张家山汉简来看,秦汉时期国家对市场上的商品质量有明确规定。据载:

> 布袤八尺,福(幅)二尺。布恶,其广袤不如式者,不行。⑦(《金布律》)
> 贩卖缯、布,幅不盈二尺二寸者,没入之。能捕告者,以畀之。⑧(《市律》)
> 诸食脯肉,脯肉毒杀、伤、病人者,亟尽孰(熟)燔其余。其县官脯肉也,亦燔之。当燔弗燔,及主吏者,皆坐脯肉臧(赃),与盗同法。⑨(《赋律》)

第一条引文秦简《金布律》中规定市场上出售布匹,其长度、宽度必须符合规格,不符合标准者,不得入市。第二条引文汉简《市律》规定了"贩卖"的缯、布,必须符合尺寸要求,假如"幅不盈二尺二寸者",官府将其没收。同时官府鼓励告发,并给予奖励。第三条引文《赋律》明确规定:为了防止劣质肉类产品进入市场,凡有毒或变质的肉类产品要及时焚烧,若隐匿不处理,"与盗同法",相关

---

① 《太平御览》卷八二八《资产部》"肆"条。
② 《后汉书》卷八三《逸民传》。
③ 《后汉书》卷八二《蓟子训传》。
④ 左思:《吴都赋》。
⑤ 《史记》卷一二九《货殖列传》。
⑥ 战国时期的商业利润,据《史记·苏秦列传》说:"周人之俗,治产业,力工商,逐什二以为务。"当时的利润一般是十分之二,即百分之二十。在《史记·货殖列传》、《汉书·贡禹传》中也有明确记载:"庶民农工商贾,率亦岁万息二千,百万之家即二十万,而更徭租赋出其中,衣食好美矣。""商贾求利,东西南北,各用智巧,好衣美食,岁有十二之利,而不出租税。"
⑦ 《睡虎地秦墓竹简》,文物出版社1978年版。
⑧ 《张家山汉墓竹简》,文物出版社2001年版。
⑨ 《张家山汉墓竹简》,文物出版社2001年版。

第四章
秦汉时期江西的经济(下)

人员要受到惩处。

除了商品质量管理以外,还加强了商品度量衡的管理,防止缺斤少两,以确保公平公正的市场交易活动。早在商鞅变法时,秦国就有"平权衡、正度量、调轻重"之制度。秦统一全国后,在"商鞅方升"的基础上,统一度量衡,向全国推行标准度量衡。据秦简《内史律》规定:"有实官县料者,各有衡石赢(累)、斗甬(桶)。"①说明秦官府有精确的标准度量衡。还规定官府必须对通行的度量衡进行定期检核,如秦简《工律》说:"县及工室听官为止,衡、石、累、斗、桶、升,毋过岁壹。有工者勿为正。叚(假)试即正。"②意思是说,县和工室的衡、石、累、斗、桶、升,每年应该检核一次。若县府与工室有校正工匠,就不必代为核正,而是仅在借用时加以校正。然而,度量衡在实际操作过程中难免存在一些误差。对于这个问题,秦代官府特颁法令,明确规定度量衡的误差系数以及对相关责任人员的惩处措施。如秦简载曰:

> 衡石不正,十六两以上,赀官啬夫一甲;不盈十六两到八两,赀一盾。甬(桶)不正,二升以上,赀一甲;不盈二升到一升,赀一盾。
>
> 斗不正,半升以上,赀一甲;不盈半升到少半升,赀一盾。半石不正,八两以上;钧不正,四两以上;斤不正,三朱(铢)以上;半斗不正,少半升以上;参不正,六分升一以上;升不正,廿分升一以上;黄金衡赢(累)不正,半朱(铢)以上,赀各一盾。③(《效律》)

上述法令表明,衡制——两、斤、石,以十六两为一斤,以一百二十斤为石;量制——升、斗、桶,是十进制;度制——寸、尺、丈,也为十进制。根据律文规定,度量衡必须定期校核,假如衡量器存在误差,官府将根据其误差的大、小给予罚盾、甲的惩处。由此可见国家对度量衡管理之严格,是为了确保其制度的标准性与权威性。

汉承秦制,亦对度量衡有严格的管理。如《汉书·高帝纪》:"天下既定,……命张苍定章程。"注引淳曰:"章,历数之章术也。程者,权衡丈尺斗斛之平法也。"设置了掌管度量衡的吏员,"夫度者,……职在内官,廷尉掌之;夫量者,……职

---

① 《睡虎地秦墓竹简》,文物出版社1978年版。
② 《睡虎地秦墓竹简》,文物出版社1978年版。
③ 《睡虎地秦墓竹简》,文物出版社1978年版。

在太仓,大司农掌之;衡权者,……职在大行,鸿胪掌之"①。1975年,江陵凤凰山汉墓出土了一件衡杆,刻有"称钱衡"字样②,系检测市场流通钱币是否符合标准重量的专用衡器。西汉前期,国家放宽工商政策,允许私人铸造货币,致使大量伪劣货币肆意流行,同时作为称量货币的黄金仍在流通领域使用,所以,"称钱衡"便应运而生。它对规范货币流通、保证交易公平起了重要作用。正如桑弘羊所言,县官设衡立准,人从所欲,"虽使五尺童子适市,莫之能欺"③。

秦汉政府对市税的征收管理也很重视,颁行市律,严禁商人偷税漏税。如张家山汉简《二年律令》规定:

> 市贩若不自占租,坐所匿臧(赃)为盗,没入其所贩卖及贾钱县官,夺之列。列长、伍长弗告,罚金各一斤。啬夫、吏主者弗得,罚金各二两。(《市律》)④

此律文责令市贩经商者务必向官府自行申报市税,若隐瞒不报,以匿赃罪论处,官府没收其货物及货币,关闭其列肆、店铺。如果列长、伍长知情不告,以罚金一斤论处;倘若啬夫、吏主渎职,各罚金二两。说明当时官府对市税管理之严格。

豫章郡地处江南,与南越接壤,亦是通向南越的一条交通要道。《史记·南越列传》:

> 高后时,有司请禁南越关市铁器,(赵)佗曰:"高帝立我,通使物。今高后听谗臣,别异蛮夷,隔绝器物,此必长沙王计也。"

可见,汉、越之间早已互通使节,交流"器物"。高后时,汉与南越关系趋紧,先是有司建议禁止中原铁器通过关市流入南越,嗣后干脆颁布诏令,"毋予蛮夷外粤金铁田器。马牛羊即予,予牡,毋与牝"⑤。文帝后关系缓和,《史记·南越列

---

① 《汉书》卷二一上《律历志》。
② 晁华山:《西汉称钱天平与砝码》,《文物》1977年第11期。杜金娥:《谈西汉称钱衡的砝码》,《文物》1982年第8期。
③ 《盐铁论·禁耕篇》。
④ 《张家山汉墓竹简》,文物出版社2001年版。
⑤ 《汉书》卷九五《两粤传》。

第四章
秦汉时期江西的经济（下）

传》：(武帝)元鼎四年(公元前113年)，南越太后上书，"请比内诸侯，三岁一朝，除边关"，武帝许之。《文献通考·市籴考一》："互市者，自汉初与南粤通关市，其后匈奴和亲，亦与通市。"说明汉朝与南越之间设置了关市，估计关市过道就是大庾岭道，至于关市的具体地点难以查考。

商业贸易日渐发达，促使货币大量进入流通领域，而货币需求量的增加，又大大刺激了货币铸造业乃至货币经济的发展。①

秦统一六国后，废除了战国时期山东六国形制不同、轻重不一的货币，统一币制。《史记·平准书》云：

> 及至秦，中一国之币为二等，黄金以溢名，为上币铜钱识曰半两，重如其文，为下币。而珠玉、龟币、银、锡之属为器饰宝藏，不为币。然各随时而轻重无常。

统一后的货币分为二等：以黄金为上币，以溢为单位，重一锭(即20两)；以铜钱为下币，以两为单位，重半两(即12铢)；珠玉、龟贝、银、锡等皆为器饰宝藏之物，不再作为货币。此后，各种货币的形制、轻重虽时有变化，且一度出现新莽币制繁杂混乱的状况，但黄金、铜钱(以五铢钱为主)作为主流货币的地位始终未变。

汉代黄金计算单位改"溢"为"斤"，一斤值万钱。每块的大小、重量、厚薄不等，其形制一般是圆饼形，厚缘，中心内凹，背面粗糙。到汉武帝太始二年(前95年)，黄金货币改铸"马蹄金""麟趾金"，形状呈圆形或椭圆的饼形状，但其主要作为一种纪念品或赏赐物，并未广泛流通②。黄金货币以饼块为主，重量不一，大致在207.57~462.2克之间；有的黄金饼块底部刻有各种文字或记号，可根据实际需要，任意切割、分散使用。种种迹象表明，当时的黄金货币仍处在比较原始的称量货币阶段。③据考古资料初步统计，有关汉代黄金货币出土的报导共有26处，遍及14个省市，具体地点是：陕西省：西安、咸阳、兴平、临潼；河南省：洛阳、荥阳、郑州、扶沟；河北省：满城、定县、邯郸；湖南省：长沙、湘乡；湖北省：宜昌；北京市：怀柔；广西省：合浦、贵县；广东省：德庆；山西省：太原；辽宁省：

---

① 货币经济的相关内容参见黄今言：《秦汉商品经济研究》，人民出版社2005年版，第282—321页。
② 田昌五、漆侠主编：《中国封建社会经济史》(第一卷)，齐鲁书社、文津书社1996年版，第471页。
③ 参阅李祖德：《试论秦汉的黄金货币》，《中国史研究》1997年第1期。

大连、新金;安徽省:寿县;江苏省:赣榆、铜山;浙江省:杭州;山东省:即墨。① 但迄今为止,江西境内尚未见有黄金货币出土,黄金器物也极少见。由此推测,汉代黄金货币流通的范围是有限的,可能并未在全国地方市场上广泛流通,真正在市场上广泛流通并为人们普遍接受的货币是铜钱。

两汉四百余年间,经历过多次货币改革。汉初,曾"以为秦钱重难用,更令民铸荚钱"。注引如淳曰:"如榆荚也。"② 榆荚钱系由秦半两钱改铸而来。

吕后年间,先后更铸"八铢钱"和"五分钱"③。

文帝五年,"为钱益多而轻,乃更铸四铢钱,其文为'半两'"。因铸造费用昂贵,朝廷放宽政策,重新允许民间私铸铜钱,"除盗铸钱令,使民放铸"④。

至武帝时,又多次变更币制。建元元年更铸"三铢钱",建元五年铸"三分钱",元狩五年行"五铢钱",元狩六年铸"赤仄钱"等。由于币制变换频繁,加上民间盗铸成风,引起通货膨胀。史载:"从建元以来,用少,县官往往即多铜山而铸钱,民亦盗铸,不可胜数。钱益多而轻,物益少而贵。"⑤ 于是武帝下令"悉禁郡国毋铸钱,专令上林三官铸。钱既多,而令天下非三官钱不得行";"自孝武元狩五年三官初铸五铢钱,至平帝元始中,成钱二百八十亿万余云"⑥。

至王莽时,货币改革频繁,且五花八门,先后铸造过"大钱""契刀""错刀""五铢钱""大泉""小泉",另有"宝货五物,六名,二十八品",其中"五物"为金、银、铜、龟、贝;"六名"为金货、银货、龟货、贝货、泉货、布货;"二十八品"为金货一品、银货二品、龟货四品、贝货五品、泉货六品、布货十品。币种复杂,且将秦代以来早已废除的币材尤其如龟、贝之类原始货币重新投放流通领域,杂糅于黄金铜钱中并用,结果造成币制混乱,通货膨胀。

因王莽滥改币制,劣币甚多,缺乏信用,"民私以五铢钱市买",东汉初,光武帝乃"复五铢钱,与天下更始"⑦。从此开始,先后铸过"五铢钱""四出文钱""小钱"等。至东汉末年,献帝初平元年(190年),董卓坏"五铢钱",更铸"小钱"⑧。

---

① 李祖德:《试论秦汉的黄金货币》,《中国史研究》1997年第1期。
② 《汉书》卷二四下《食货志》及注。
③ 《汉书》卷二四下《食货志》。
④ 《汉书》卷二四下《食货志》。
⑤ 《汉书》卷二四下《食货志》。
⑥ 《汉书》卷二四下《食货志》。
⑦ 《汉书》卷二四下《食货志》。
⑧ 《后汉书》卷九《献帝纪》。

第四章
秦汉时期江西的经济(下)

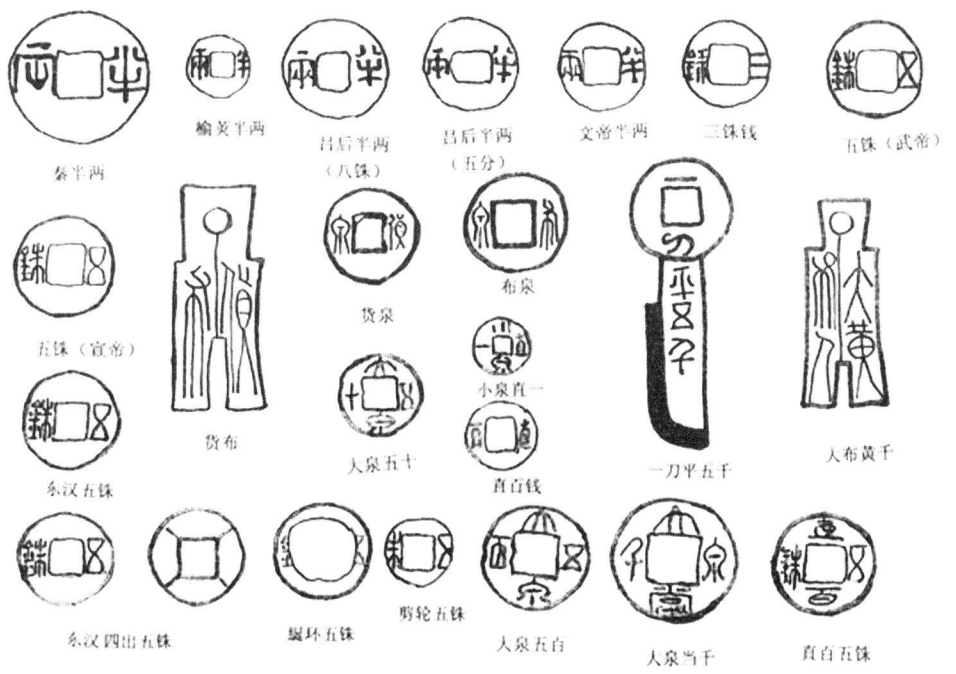

图4-36 秦汉铜币的样式和形制

曹操任丞相后,罢"小钱",恢复使用"五铢钱"。

如前所述,西汉时期江西境内铸币现象就很盛行,吴王刘濞曾据豫章铜山铸钱。《史记·吴王濞列传》:"吴有豫章郡铜山,濞则招致天下亡命者盗铸钱,煮海水为盐,以故无赋,国用富饶。"又《史记·平准书》载:至孝文时,因荚钱多且轻,"乃更铸四铢钱,其文为'半两',令民纵得自铸钱。故吴,诸侯也,以即山铸钱,富埒天子,其后卒以叛逆。邓通,大夫也,以铸钱财过王者。故吴、邓氏钱布天下,而铸钱之禁生焉"。因私铸之风严重影响乃至威胁到国家财政收入和中央集权统治,国家才会制定禁止私铸铜钱的法令。

从考古材料来看,江西铸钱、盗铸钱并非豫章一处。例如:1991年9月,高安县大城乡金田村出土的一批汉代铜钱,总重量为10.5公斤,共计4000余枚。铜钱品种多,数量大,其中西汉四铢"半两"钱共20枚,西汉上林三官五铢钱共10枚,西汉五铢钱共190枚,东汉早期五铢钱共339枚,东汉晚期五铢钱共1222枚,东汉"四出"五铢钱共5枚,另有新莽货泉74枚,分三种:"大泉五十",仅见3枚;

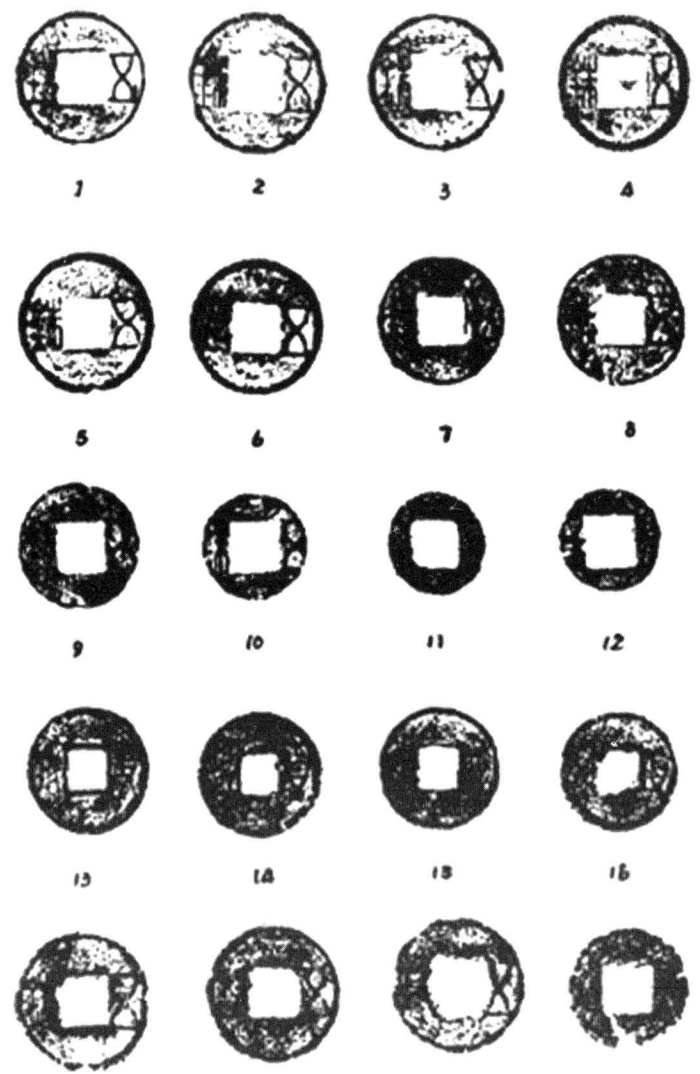

图4-37 1978年横峰出土汉代铜钱拓本

"货泉",68枚,大小不一,厚薄互异;"布泉",有3枚。在这批古钱中,磨郭、剪轮和私铸的五铢约占全部五铢钱的40%之多,加上綖环五铢就更多了。此比例与浙江临海下塘村出土汉钱盆相仿,[1]说明当时减重盗铸钱币之风遍及全国,将

---

[1] 徐三见、朱汝略:《临海出土汉代铜钱》,《中国钱币》1986年第3期。

第四章
秦汉时期江西的经济(下)

近每二枚五铢钱中就有一枚是假的。①

1976年在萍乡湘东区麻山出土的西汉五铢钱铜范,长15.7厘米,宽7厘米,重1550克,分公母两块扣合而成。母范正面有"五铢"反写阴文篆书两字,字迹清楚、规整。此范一次可铸8枚五铢钱。疑是西汉中期昭帝之时的钱模。故有学者认为这是"郡国或者是豪强大贾盗铸的钱范,不是西汉王朝统一铸钱的钱范"②,因昭帝、宣帝时,物价低廉,五铢的购买力很高,各地都发生了盗铸五铢钱的现象。还认为萍乡出土的钱范是受湖南的影响,反映了萍乡与湖南之间有着密切的经济联系。萍乡市共清理汉墓200余座,其中芦溪、赤山、湘东一带还发现汉墓群,在墓葬与窖藏中曾出土大量五铢钱,如1982年在赤山出土五铢钱多达300余斤。③钱范与铜钱的出土,说明当时萍乡地区的货币经济相对发达,且与豫章西邻长沙国的商品交往比较密切。

1987年10月上旬,在横峰县岑阳镇何家村出土一批汉代铜钱,原有数量约35公斤,现尚存27公斤,共计8648枚,其中新莽货泉34枚,占总数的0.39%,私铸五株46枚,占0.53%,其余的全是两汉五株。两汉五铢在这批铜钱中占90%以上,其中规整五株5462枚,占现存总数的63.1%;磨边五株2246枚,占25.97%;剪轮五株860枚,占9.94%。④

1972年8月至1990年9月,在安远镇岗乡湾里村接连四次发现汉代窖藏铜钱,出土的铜钱总计多达一二百斤。所发掘的西汉钱币中,有四铢"半两"2枚,西汉五铢钱共五式十种(元狩五铢、赤仄五铢、上林三官五铢、宣帝五铢二品、小五铢及剪轮"五铢");新莽时期钱币有货泉56枚,布泉2枚;东汉时期钱币有六式十八种,其中有汉光武帝五铢、记号钱三品、磨边五铢、剪轮五铢、花穿五铢、董卓小五铢等。⑤铜钱数量之大,品种之多,时间跨度之长,实属江西境内罕见,亦说明当时币制相当混杂。

另外,在宁都、乐安、赣县、万安等地也都陆续发现汉代各个时期铸造的铜币。例如:1979年8月,宁都县东名公社琳池村发掘出汉代"半两"钱、"五铢"钱(三种)、剪轮五铢、"货泉"。⑥1983年在宁都县大沽乡小沽村出土汉代的"半两"

---

① 肖锦秀:《高安大城出土汉代铜钱》,《南方文物》1998年第1期。
② 刘敏华:《西汉五铢钱铜范》,《江西历史文物》1987年第2期。
③ 刘敏华:《西汉五铢钱铜范》,《江西历史文物》1987年第2期。
④ 黄国胜:《横峰出土汉代铜钱》,《南方文物》1989年第2期。
⑤ 钟荣昌:《江西安远湾里出土汉代窖藏铜钱》,《南方文物》1993年第1期。
⑥ 刘劲峰:《宁都县出土一批古代铜钱》,《南方文物》,1980年第2期。

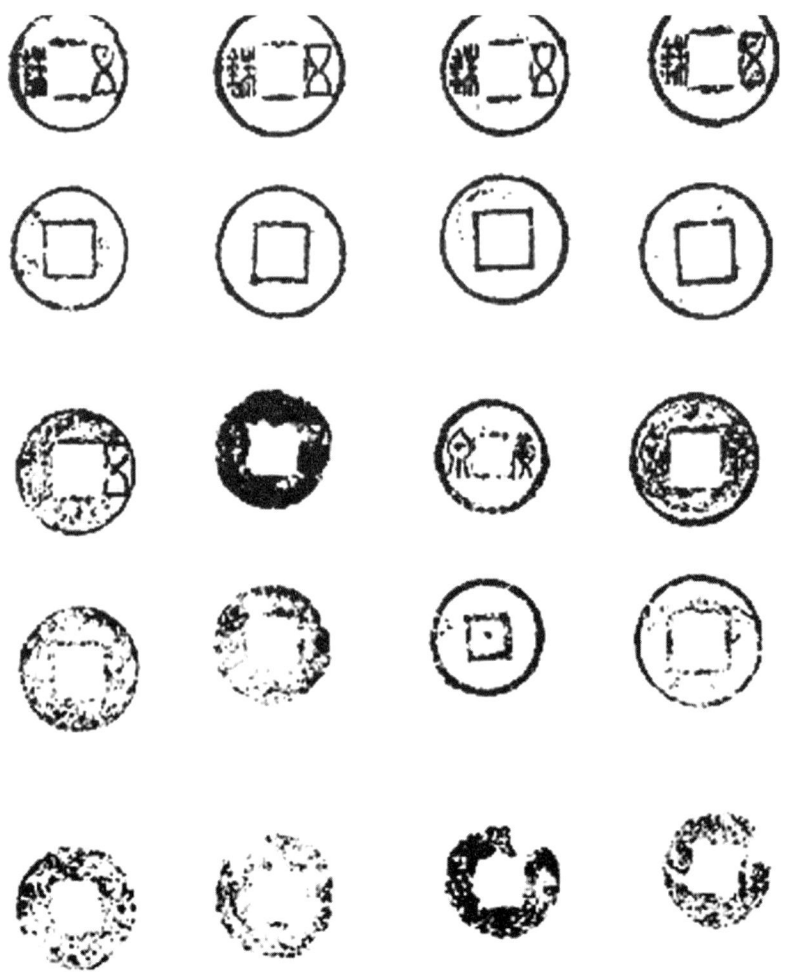

图4-38 1986年赣县出土汉代铜钱拓片

钱、五铢钱两种。①1985年9月中旬,乐安县敖溪镇与供坊乡两地掘出一批古铜钱,其中两汉五铢钱4枚,东汉早期的剪轮五铢7枚(4枚残缺),私铸五株1枚,新莽货泉1枚。②1986年7月间,赣县城东北44.5公里处的南塘乡澄藉村黄塘口田圳边挖出两罐汉代铜钱币。罐藏于离地表约1米深的圳壁上,铜币散装罐中,部分锈蚀严重,经拣选共1511枚,重4.4公斤。③1988年3月万安县枧头村湖洲发掘

① 嵩爱华:《宁都县新出土一批古钱》,《南方文物》1984年第2期。
② 黄爱宗、罗春生:《乐安出土一批古钱》,《南方文物》1987年第1期。
③ 赖斯清:《赣县出土汉代钱币》,《南方文物》1989年第1期。

第四章
秦汉时期江西的经济(下)

出20多公斤古铜钱,其中有西汉四铢"半两""五铢"钱,东汉"五铢"钱、磨廓"五铢"、剪轮"五铢"、新莽"货泉"等。[1]1992年12月中旬,高安市相城乡在城郊修筑京高公路时发现一古钱窖藏,其中有西汉的"半两""五铢",新莽"货泉""大泉五十",东汉的"五铢"钱。[2]

以上铜钱的出土,对于我们了解两汉货币很有帮助,也从一个方面反映了汉代尤其是东汉时期江西货币经济的发展程度,以及当时江西与其他地区经济文化交流频繁的状况。

---

[1] 陈凯华:《万安县发现汉代铜钱窖藏》,《南方文物》1990年第1期。
[2] 肖锦秀:《江西高安发现铜钱窖藏》,《南方文物》1997年第2期。

第五章
秦汉时期江西人物与文化

先秦时期,江西地区尽管留下了万年仙人洞、清江吴城、新干大洋洲等令世人惊叹的石器时代和殷商青铜文明遗迹,但人文方面几乎空白,只留下了洪崖仙人之类传说的雪泥鸿爪。秦汉时期,在全国统一、江西地方社会政治经济文化大为进步的内外因素的影响与作用下,江西的政治军事性人物、文化人士已开始不断地成长起来,不断地创造出新的文明,并颇具影响地陆续登上了江西乃至全国的历史舞台。值得特别注意的是,宗教作为一种特殊文化,自先秦以来即活跃于江西地区,秦汉时期本区的宗教文化已处于全国比较先进的行列。事实上,秦汉江西地区文化虽然与全国先进地区相较表现得逊色,但决非东汉时人所认为的是"卑薄之域"[①]。

第一节
政治军事人物

秦汉时期,随着中国大一统,"车同轨、书同文、行同伦",江西地区纳入了中原王朝的政治版图。本区人物也与中央的政治、经济、文化活动产生了联系,陆续登上了江西乃至中国历史的舞台,展现自己的丰采。当然,受地域文化的

---

① 《后汉书》卷五三《徐稚传》。

第五章
秦汉时期江西人物与文化

影响与作用,江西人物身上也表现出自己的地域个性特色。①

一、江西第一人杰——吴芮

在南昌滕王阁第四楼,有一幅巨大的江西历史文化名人壁画。在这些杰出人物中,余干人吴芮居第一,因为吴芮(?—前201年,一说前202年)是江西历史上第一个有明确记载的杰出人物。

关于吴芮的生平事迹,《史记》只有零散记载,《汉书》为其立传,但仍然较为简略,其云:

> 吴芮,秦时番阳令也,甚得江湖间民心,号曰"番君"。天下之初叛秦也,黥布归芮,芮妻之,因率越人举兵以应诸侯。沛公攻南阳,乃遇芮之将梅鋗与偕攻析、郦,降之。及项羽相王,以芮率百越佐诸侯,从入关,故立芮为衡山王,都邾。其将梅鋗功多,封十万户,为列侯。项籍死,上以鋗有功,从入武关,故德芮,徙为长沙王,都临湘,一年薨,谥曰文王,子成王臣嗣。薨,子哀王回嗣。薨,子共王右嗣。薨,子靖王差嗣。孝文后七年薨,无子,国除。初,文王芮,高祖贤之,制诏御史:"长沙王忠,其定著令。"至孝惠、高后时,封芮庶子二人为列侯,传国数世绝。

《汉书》的记载使我们对吴芮及其事迹有个大致的了解,但由于记载过略,又使后人在一些问题上产生了分歧。如吴芮的籍贯问题。《史记》《汉书》对此并未交待清楚,只说曾任秦"番令"或番阳令,因"甚得江湖间民心"而"号曰'番君'"。所以后人据此认为吴芮是秦时或秦汉之际鄱阳人,当无异议。问题是秦代鄱县所辖范围很广,几乎包含了整个鄱阳湖地区,自汉已降,县数不断增加,至今已有鄱阳、景德镇、浮梁、乐平、万年、德安、余干、都昌等数县市并立,于是便有鄱阳、余干、景德镇诸说。更有研究者据唐宋以后方志传载甚至某些传闻考证,认为吴芮乡邑籍贯乃景德镇市鹅湖乡。②其实,关于吴芮籍贯问题,秦汉文献既称其"番令""番君",已明确地告诉我们,他是今赣北环鄱阳湖地区人氏,这比当时文献中常见的"某某郡人某某"叙述方式要具体得多。因而,从学

---

① 本节人物凡未注明出处者皆见吴新雄主修《江西省志·江西省人物》,方志出版社2007年版,及陈荣华、陈柏泉、何友良主编《江西历代人物词典》,江西人民出版社1990年版。
② 详见李新才:《吴芮乡邑籍贯考略》,《江西历史文物》1987年第2期。

术上讲,此类争议既纠缠不清,也无持续下去的必要。

相传吴芮是周太伯之后、春秋战国时期吴王夫差七世孙。公元前473年,卧薪尝胆的越王勾践终于灭了吴国,杀掉了吴王夫差,同时下令斩草除根,追杀夫差后人。于是,夫差子孙四散逃命。其中一支隐居于鄱湖地区,吴芮即出自这支。这在秦汉史籍中未见记载,多来自民间传说和吴氏谱牒。但吴芮既能以小小县令而"甚得江湖间民心,号曰'番君'",且为越王勾践后裔闽越王无诸、东海王摇和江湖大盗英布追随,除了他个人的号召力与亲和力外,家世的背景也是不容忽视的。据史载,吴芮的父亲吴申曾在楚考烈王时为臣,因谏议事被贬官到鄱阳,后徙迁余干县西南善乡龙山定居。他会制酒,也会治病,在当地人民中很受尊重。公元前241年,吴芮出生在余干善乡(今社庚乡)龙山,相传吴芮出生时,龙山顶有五彩云呈现,故人们将龙山改为五彩山。父亲将他取名为"芮",芮是一种适合于高纬度山区生长的水稻,意思就是希望他的一生能够为天下人的温饱而奋斗。所以,传说虽不足信,但前有吴太子庆忌"出居于艾",国破之后,吴王子孙避难于同属吴楚(越楚)中间地带的番,并以国号为姓,传至吴芮时,遂成为越民领袖——"番君",也是合乎情理的。

秦末,陈胜、吴广在大泽乡揭竿而起。秦朝刑徒英布也率领一支义军来到番阳。秦二世二年(前208年)八月,吴芮在番邑率子侄及部将梅鋗宣告起义,百越民众群起响应。吴芮并把女儿嫁与英布为妻,以张大势力。秦朝灭亡后,项羽分封吴芮为衡山王,建都于邾(今湖北黄冈市西北),统管百越地区。楚汉相争,吴芮附汉,助刘邦统一天下,建立西汉政权。在楚汉相争之中,凭自己占据的地盘和吴国君王之后的身份吴芮附汉,项羽败亡后,与韩信等人上表称臣,拥戴刘邦为帝,成为西汉的开国元勋。公元前202年,刘邦登上帝位伊始即封吴芮为长沙王。以原秦长沙郡建立长沙国,将湘县改名为临湘县(今日的长沙城即在此基础上发展而来),作为国都。领长沙郡以及名义上的豫章、象郡、桂林、南海四郡。从此,湖南历史上出现了第一个诸侯王国,长沙第一次成为王国都城,"楚南雄镇"发展为汉藩王都,长沙开始以"楚汉名城"显扬于世。

吴芮之所以被刘邦封为长沙王,原因在于:其一,他在越族中的地位和影响。在南方越族人口众多,一时无力征服的汉初,刘邦需要吴芮这样的人物来安抚越族。其二,在反秦起义中,吴芮是较早起来响应陈胜且有英布、越族首领无诸和摇等重要人物追随的秦朝官员,在当时影响很大。其三,刘邦曾与项羽在楚怀王面前相约:"先入关中者王之。"在进军关中途中,为析(今)、郦(今)守

第五章
秦汉时期江西人物与文化

军阻击,关键时刻,得到吴芮部将梅𫓶的协助,并一直"从入武关",为刘邦"先入关中"立下汗马之功。其四,在刘项决裂、楚汉战争爆发后,吴芮审时度势,坚定不移地站到了刘邦一边。曾追随他的无诸和摇也率越族部众投向刘邦,英布虽然一度站错队伍,但后来还是成为刘邦麾下的悍将。总之,吴芮及其旧部在关键时刻都投向了汉方,大大增强了刘邦的势力。这几个因素综合起来,再加上吴芮对刘邦的忠诚,遂使他成为汉初八大异姓诸侯王之一。从史籍记载看,吴芮具备领袖才质,却从不自我张扬。项羽封他为衡山王,都邾(今湖北黄冈县西北),这里原属楚国腹地,经济相对发达,又靠近家乡鄱阳。刘邦将其徙为长沙王,都临湘(今湖南长沙市),这里经济、人文均明显落后,东汉时还是"人多以乏衣食,产乳不举"①。更有意思的是,刘邦在分封异姓王的诏书中,徙封吴芮的理由是:

> 故衡山王吴芮与子二人、兄子一人,从百粤之兵,以佐诸侯,诛暴秦,有大功,诸侯立以为王。项羽侵夺之地,谓之番君。其以长沙、豫章、象郡、桂林、南海立番君芮为长沙王。②

从中可见,刘邦徙封吴芮,明是表彰,实含贬抑。首先,"番君"之名得来已久,何来"项羽侵夺之地,谓之番君"?事实应是吴芮既投汉反楚,则项羽封的王号自然终结,刘邦污项羽贬其为"番君",为的是让吴芮牢记他的皇恩,是他使吴芮由番君变成长沙王的。其次,《汉书·诸侯王表序》记曰:"波汉之阳,亘九疑,为长沙。"这就是说吴氏长沙国北濒汉水,南抵九嶷山。它的领域大致上包括当今湖南省的绝大部分,以及广东、广西、江西、湖北四省区的一小部分。但实际上,吴芮真正只拥有长沙一郡之地:他名下有三郡都被南越王赵佗占有,长沙王直到相传五世绝嗣除国,也没拥有过这三个郡。至于豫章郡则已经封给了淮南王英布,怎么可能又给吴芮?当然,这也许是史载或传抄失误。所以,吴芮名义上是诸侯王,实际上与郡守差不多。对此,吴芮应是心知肚明的。但是他却无怨无悔,始终对汉朝忠心耿耿,其后代也奉守父道,默默守候在南方边陲。这使刘邦改变了对他的态度。后来刘邦毫不留情地铲除异姓王,却对吴芮格外开恩,原

---

① 周天游:《八家后汉书辑注》,上海古籍出版社1986年版,第226—227页。
② 《汉书》卷一下《高帝纪》。

图 5-1 [元]赵孟頫《汉番君庙碑》拓帖(局部)
(图片来源:书艺公社－中国书法之门)

因就在于此。所以,西汉末大司徒司直陈崇才会在奏书中称:"高祖之约,非刘氏不王,然而番君得王长沙,下诏称忠,定著于令,明有大信不拘于制也。"①长久以来,史界多认为异姓长沙王之所以独存,是因为其势力弱小,恐怕并非如此。至于说"长沙当时尚属边陲,其政治经济地位对于汉王朝来说无足轻重,故

① 《汉书》卷九九上《王莽传》。

第五章
秦汉时期江西人物与文化

让其独存如此之久"①,更有失偏颇。事实恰恰相反,正因为长沙地接南粤,属边防重地,又远离京城,中央对其鞭长难及,才使忠实可靠的吴芮血脉传承下去。

说起吴芮的忠诚,后人称颂不已,认为他的品德一直在激励着后代。唐王德琏《鄱阳县记》称当地风俗是"忠臣孝子继踵而出,吴芮之遗风难泯"②;元赵孟頫书《汉番君庙碑》帖册;清蒋士铨作长诗《番君庙》:"汉定天下封功臣,异姓而王者八国。称忠祇一长沙王,生都临湘死庙食。暴虐当时苦秦政,独有番君重民命。抚字能仁杀贼勇,汉家名将秦时令……丈夫功业立天下,生王死神宁苟且?江湖民心亦易得,在尔鄱阳后来者。"③

据传,公元前201年,吴芮还曾奉令率兵定闽,至赣南金精山(今宁都县西北15公里翠微峰)病逝,谥号文王。吴芮去世前,立下遗嘱,死后一定要将遗体归葬家乡。原来,汉初,刘邦见江山已定,开始大力剪除异姓王,作为唯一保存下来的异姓王吴芮应该感受到巨大压力。深知权力之争无情的吴芮,对自己的后事作了明智安排。他不愿葬于别处,而是选择家乡余干作为归宿之地。旧《婺源县志》家墓有记:"……王虽薨于长沙,犹反葬其故乡也。"吴芮墓位于当时余干乐安乡鸡山。东汉光和元年(178年),朝廷以余干(时称余汗)县乐安乡置乐平县,鸡山属乐平丹阳乡。唐开元二十八年(740年)婺源建县,唐元和七年(812年)又从乐平划出丹阳乡归属婺源,今吴芮墓位于婺源镇头镇鸡山上,至今墓前还完整保存有清雍正年间所立石碑,上刻:汉长沙王吴文王芮墓。南宋著名诗人、学者王十朋曾到吴芮出生地五彩山探幽访胜,写了一首《游五彩山》的诗,诗云:"吴芮当年生此山,此山彩色锦官城。如今不爱繁华地,松林森林一青青。"与吴芮相关的遗址很多,散见于鄱阳湖地区。鄱阳人为纪念吴芮的功德,将其少年读书的私塾命名为番君书院,并为其立庙(长沙王庙,又称番君庙)。

二、其他人物

秦汉时期,江西地区纳入大一统格局,本地区有了更多的人物参与国家的军政活动,得以青史留名。但由于本区偏离政治军事活动中心,经济文化较为落后,其历史人物总的说来较少,事迹也较为简略。现就文献资料所及江西的

---

① 陈文华、陈荣华主编:《江西通史》,江西人民出版社1999年版,第99页。
② 清雍正《江西通志》卷二六《风俗·饶州府》。
③ [清]蒋士铨著、邵海清校、李梦生笺:《忠雅堂集校笺》(全四册),上海古籍出版社1993年版,第58页。

著名或非著名的军政人物,大致按时间先后罗列于下:

灌婴(? —前176年),前汉初大臣,睢阳(今河南商丘)人。初以贩卖丝绸为业。秦末农民战争中,曾随刘邦转战各地,陷阵却敌。青年时期,以骁勇善战闻名全军,赐号昌文侯。高祖五年(前202年),从刘邦击项羽于垓下,追羽至东城,破之,率将吏破吴郡,得吴守,定豫章、会稽郡,还定淮北,凡五十二县。身经百战,功绩显著。灌婴南略时,抵豫章,下九江,始筑九江城,民得安堵。据《九江府志》"古迹篇"记载:灌婴筑九江城时,曾在庾楼侧开凿一井,因井水应江浪而动,名为"浪井"。唐代著名诗人李白曾有诗云:"浪动灌婴井,浔阳江上风。"宋代著名诗人苏轼也曾为此井题诗:"江波浮云阵,岸碧立青铁。胡为井中泉,浪涌时警发。……"后由于垒石护岸,江岸加宽,井底与江孔堵塞,因而不能听到井浪中声。浪井位于今九江市西园路369号门前。现已建亭护井,将李白、苏轼诗文勒石刻碑嵌于亭壁,原有"浪井"碑石立于井旁。刘邦称帝,灌婴任车骑将军,封颖阴侯。后与陈平、周勃共同平定吕氏叛乱,迎立文帝,任太尉。不久任丞相,后以丞相薨,谥懿侯。

章文,一作章交。西汉豫章郡南昌人。汉高祖五年(前202年)汉将灌婴(一说陈婴)率兵定吴、豫章52县时,献地降于婴;又以南昌当南北之冲,进筑城之计。灌婴令其经营筹划。功成,郡民立祠祀之。

罗珠,江西罗氏开山祖。据《江西罗氏大成谱》载,西汉初期,职守九江郡,奉朝令在今南昌一带修筑城池。城池竣工之日,罗珠曾经在城内亲植豫、樟之树,并且举家搬到南昌城定居落籍。后来,朝廷决定在此设郡,就由于罗珠曾为南昌城手植豫樟,为了纪念罗珠的筑城之功,也为了豫、樟两种树木已经成为南昌城的特有景观之一,使将该地命名为"豫章郡"。豫章一地,很早就是罗氏的主要繁衍中心,此后豫章罗氏不断地繁衍壮大,很快成为当地望族。《广韵》称,罗姓"望出豫章、长沙",《太平寰宇记》也称豫章五大姓中罗姓居首位。

陈夫乞(? —前176年),西汉豫章郡建成(今高安市)人。秦二世元年(前209年)陈胜、吴广起义后,聚众于蜀水(今高安锦江)之北,立寨练兵。汉高祖元年(前206年)刘邦入关灭秦时,率军从之。四年,以都尉从刘邦击项羽,定燕地。六年,以功封高胡侯,邑千户。汉文帝四年(前176年)卒。谥忠侯。

曾据,西汉豫章郡人。其先人封于鄫(今山东苍山县)。公元前646年鄫亡,遂以国为氏。尝以功封为都乡侯。王莽之乱时,弃爵避居豫章郡,遂世为豫章人。

第五章
秦汉时期江西人物与文化

李淑,两汉之际豫章人。绿林、赤眉起义爆发后,投身于绿林军。新莽地皇二年(23年),王莽败亡,绿林军首领拥立汉朝宗室后裔刘玄为帝,年号"更始"。李淑因文才而任军师将军(或作军帅将军)、博士。更始帝暗弱无能,又嗜好酒色,委政于外戚赵萌,自己则"日夜饮谑后庭",不理政事。于是,"赵萌专权,生杀自恣。郎吏有说萌放纵者,更始怒,拔剑斩之,自是无敢复言"①。李淑挺身劝谏,冀望刘玄改弦更张,选用良材。更始二年(24年)上疏称:"陛下定业虽因下江(军)、平林(军)之势,斯盖临时济用,不可施之既安。"触怒更始帝,被投进监狱关押一年多。至更始政权失败后才被释放。

陈靖,字康叔。东汉豫章郡馀汗(今余干)人。愤王莽篡汉,集乡兵千人隶绿林国下江兵王常麾下,为中牙典军校尉。后王常荐之于光武帝刘秀,授为散骑常侍。尝封馀汗侯。

羊茂,字季宝(一作季实)。东汉豫章郡人。为东郡(治今河南濮阳)太守。

严丰,字孟侯,两汉之际豫章人。事迹不详,仅有"为郡主簿。太守贾萌举兵欲诛王莽,有飞蜂附萌车衡,丰谏以为不祥之徵,萌不从,果见杀"②记载,由此可见严丰应是精通方术之士。

何汤,字仲弓,两汉之际豫章郡南昌县人。少时师从沛郡龙亢(今安徽怀远西北)人桓荣修习经学,成绩优异。史称:"荣门徒常四百余人,汤为高第,以才明知名。"③东汉初,何汤以明经拜郎中,负责守卫京城洛阳南门——开阳门。何汤为人刚直不阿,恪守原则,满腹经纶却谦虚礼让。一天,光武帝刘秀微服出行,深夜方归,何汤竟以宵禁为由,闭门不纳,刘秀无奈,只好改从中东门入城。这种明目张胆的犯上行为,在君主专制时代是不多见的。幸好刘秀是位崇尚"柔道"的开明君主,对其不仅不怪罪,还注意上了这位年轻的城门官,特地"召诣太官赐食",而对中东门诸门郎则处以"夺俸"的责罚。建武十八年(42年)夏,久旱不雨,公卿大臣皆头顶烈日步行出城求雨,以示虔诚。但洛阳县令竟乘坐

---

① 《资治通鉴》卷三九。其事迹另见《后汉书》卷一一《刘玄传》、《汉纪》卷第二《光武皇帝纪》。
② 周天游辑注:《八家后汉书辑注》,第197页。按:贾萌事迹,《汉书》卷九九下《王莽传》云:"莽扬州牧李圣、司命孔仁兵败山东,圣格死,仁将其众降,已而叹曰:'吾闻食人食者死其事。'拔剑自刺死。及曹部监杜普、陈定大尹沈意、九江连率贾萌皆守郡不降,为汉兵所诛。"与谢书相悖,江西方志多用谢说,亦有引班固《汉书》纠谬者。班书所载地名、官职皆用新莽时称,如九江连率(即豫章太守),而谢书则用汉称,与事实不合。故应以班书为是。
③ 《后汉书》卷三七《桓荣传》注引谢承《后汉书》。另见周天游《八家后汉书辑注》,第47—48页。

带车盖的马车出城门,何汤当即率领卫士挡住县令的车,将其收捕归案。刘秀知道后,下诏撤销县令官职,并提拔何汤为虎贲中郎将。为此,刘秀曾感慨说:"纠纠武夫,公侯干城,何汤之谓也。"①何汤的老师桓荣乃东汉著名经学大师,但仕途不畅,年届六十才选充大司马府幕僚。当时刘庄(汉明帝)初立为太子,刘秀选求明习经学者教授太子,看中何汤,何汤推荐其师桓荣。桓氏经学因此不致埋没,桓荣也深受刘秀敬重,先后补博士,进太子少傅,拜太常。明帝永平二年(59年),拜五更,封关内侯。因而,桓荣每提及自己晚年仕进时就会说:"此皆何仲弓之力也!"何汤的为人及其对恩师之深情由此可见一斑。

刘陵,字孟高,东汉豫章郡艾县(今修水县)人。和帝时任长沙郡安成县(今江西莲花县东北)长,颇有政绩。据称,该县长期虎多为患,百姓纷纷迁往他县。刘陵到任后,修德政,治虎患,只一个多月,"虎悉出界去,民皆还之"。因功官拜侍中,曾劝谏和帝不要在乘车出行时瞌睡,以保持天子的尊容和威严,和帝面带愧色地说:"敬受侍中斯言,以为后戒!"②

邓通③,字子渊,东汉豫章人。生性通达聪慧,"以清廉正直为行,又严毅不畏强御"。曾任越骑校尉,治军严整,为部下将士所敬畏。后被推荐出任左冯翊④,严厉打击不法豪族大姓,号为"豪强所病"⑤。

宋度,字叔平,东汉豫章人。出任定陵县(今河南舞阳县北)令,为官清廉,生活俭朴,"素杯食麦饭",受到人们称颂。又敬慕贤能。"县民杜伯夷清高不仕,(宋)度数就与高谈,致枣栗而已"。杜伯夷终被感动,接受了县署的委任。升任长沙太守后,宋度发现这里经济落后,很多民户缺衣少食,因无力供养而时有杀婴现象发生。宋度召来三老⑥,严加训斥,张贴布告,严禁民间杀婴。短期之内,民风大变,"比年之间,养子者三千余人",为感谢宋度恩德,人们所生婴儿

---

① 《后汉纪》卷第九《孝明皇帝纪上》。另见周天游《八家后汉书辑注》,第47—48页。
② 周天游辑注:《八家后汉书辑注》,第219页。
③ 邓通或曰"邓道",据王谟《江西考古录》应为一人。
④ 汉代三辅(京兆尹、左冯翊、右扶风)之一,西汉治所长安(今陕西西安市西北),东汉移治高陵(今陕西高陵县西南)。左冯翊既是官名,相当于太守,又是政区名,相当于郡。
⑤ 周天游辑注:《八家后汉书辑注》,第222—223页。
⑥ 三老,掌地方教化。战国魏已有三老。秦置乡三老,汉又增县三老。《汉书·高帝纪上》:"举民年五十以上,有修行,能帅众为善,置以为三老,乡一人。择乡三老一人为县三老,与县令、丞、尉以事相教。"东汉时又有郡三老,见《后汉书·王景传》。

第五章
秦汉时期江西人物与文化

不论男女,"皆以'宋'为名也"。①后迁任京城谒者,任职期间,曾因九卿之一的大鸿胪(掌少数民族事务)办事不勤,"奏罢大鸿胪"。京师流传着"宋叔平一使,奏罢九卿"的话语。

谌重,一作谌仲。字文叠。东汉豫章郡南昌人。和帝时为薛县(今山东滕县)令,顺帝时高第举为豫章郡博士。累迁京辅都尉、右内史、卫尉、大司农。诏加奉车都尉,擢荆州(治今湖南常德市)刺史,封汉昌侯,政绩甚重。

喻猛,一作喻孟。字骄逊。东汉豫章郡人。和帝时官苍梧郡(治今广西梧州)太守。

项诵,字叔和。东汉豫章郡人。顺帝时官为郡主簿。

周腾,字叔达。东汉豫章郡南昌县人。博学精星相。汉桓帝时任侍御史。

孔恂,字巨卿。东汉豫章郡新淦(今樟树市)人。官至州别驾。

羊茂,字季宝,东汉豫章人。曾任东郡(治今河南濮阳县西南)太守,为官清廉,公私分明,"冬坐白羊皮,夏处丹板榻,常食乾饭,出界买盐豉,妻子不历官舍"②,为历代称颂。

张冀(一作张载),字仲宗,东汉豫章人。曾任广陵(治今江苏扬州市西北)太守,举孝子吴奉为孝廉。吴奉为感谢张冀的举荐之恩,在张冀离任还乡后,专程携带礼金登门拜谢。张冀问清缘由后,紧闭宅门,执意不受。吴奉无奈,只好用布袋装着礼金,乘夜深人静时投到张冀宅园里,然后迅速离开了。次日晨,张冀发现后已追之不及。于是,张冀打点行装,赶到广陵吴家,把礼金归还吴奉。③

廖国祥,字硕补,原籍陈留郡(河南开封东南陈留镇)。延熹年间(158—166年),任临汝(今临川)知县,建宁二年(169年)弃官,卜居临川龚溪,捐资拦河筑陂,修渠五十余年,灌田千顷。未几,陂溃,复捐资修筑,历时年余始成。乡民建陂王庙,以志其功。

施阳,字季儒(一字季伦)。东汉豫章郡宜春人。汉末为舒县(今安徽庐江县)令。

罗劭,字仲进。东汉豫章郡南昌人。建安初为侍中。李傕之乱时从汉献帝避难弘农郡(治今河南灵宝)。及车驾还都,被封为列侯。

---

① 周天游辑注:《八家后汉书辑注》,第226—227页。
② 周天游辑注:《八家后汉书辑注》,第199页、第498页。
③ 周天游辑注:《八家后汉书辑注》,第230页。

彭材,东汉豫章郡人,农民起义军首领。建安十八年(213年)与李玉、王海等在豫章举行起义,拥众万余人。孙权派新都太守贺齐前往镇压,起义失败。

以上所列人物虽然不多,事迹也多为简略,但他们的出现及其行为,已充分表明江西地方人物开始逐渐登上国家的政治舞台。同时,秦汉时期江西的军政人物,他们或忠于职守,或廉洁奉公,或拥护正统政权,或反对暴政,显现了江西人的朴实、忠诚、重正统的思想以及不畏强暴的精神。这一思想精神特征,一以贯之于千百年的江西人物。

第二节
儒家文化人物

儒家文化教育在江西出现得较早,春秋末期,孔子门生澹台灭明南游楚地,定居南昌,聚徒讲学,死后葬于今南昌市东湖之滨。①战国秦汉之际,江西地区不见有影响的儒家人士,地方教育也不可考。中国古代有确切记载的地方官办儒学教育始于西汉。汉景帝末文翁化蜀,首起"学官",招下县子弟以为学官弟子。汉武帝令天下郡县皆立学校,汉元帝在郡国置《五经》百石吏,汉平帝时更有县道邑建立官学的详细措施。然江西境内直到东汉末仍不见有办官学的明确记载。史籍中只有九江寿春人梅福,西汉时为郡文学,补南昌尉;东汉和帝时谌重任豫章郡博士,江西地方官学似从此发端。东汉中后期时江西儒学已有较大的进步,成绩较为突出。在《后汉书》中正式入列传的江西文化名人就有徐稚、程曾、唐檀等,他们不仅为儒学在江西的发展奠定了基础,而且开江西的"节义"风气之先。

一、儒者程曾、唐檀、张遐

程曾,字秀升,东汉前期豫章郡南昌县人。自汉武帝采纳董仲舒建议,"罢黜百家,独尊儒术"后,经学逐渐兴起,东汉尤盛,官儒合流,士子多通经入仕。程曾亦不远千里,辗转京师长安(今陕西西安市),从名师受业,学习《严氏春秋》。积十余年功力,返回家乡,教授生徒。有弟子数百人,其中以会稽郡(治今

---

① [清]雍正《江西通志》卷一一〇《邱墓》。

第五章
秦汉时期江西人物与文化

浙江绍兴)人顾奉最为著名。著书百余篇,都是疏通《五经》疑难之作,又作《孟子章句》。章帝建初三年(78年),举孝廉,迁海西县(治今江苏灌南县东南)令,因病卒于任所。①今存清朝人马国翰辑《孟子程氏章句》一卷附一卷(玉函山房辑佚书刻本)。

唐檀,字子产,东汉后期豫章郡南昌县人。"少游太学,习《京氏易》《韩诗》《颜氏春秋》,尤好灾异星占"②。学成后回归乡里,聚徒讲学,门生常达百余人。东汉经学盛行,谶纬泛滥,方术亦大行其道,尤其在统治腐败黑暗、天灾人祸频仍、社会矛盾尖锐之时,灾异星占之术大有市场。"灾异星占之术"不宜简单地斥之为迷信,其中包含的观察、分析、推理、预测都体现了行为者的学识和睿智,在当时也是传统儒士维护统治的重要工具。元和七年(120年)至延光四年(125年)间,唐檀即借灾异之变抨击宦官、外戚专权。《后汉书·唐檀传》载:

> 元初七年,郡界有芝草生,太守刘祗欲上言之,以问檀。檀对曰:"方今外戚豪盛,阳道微弱,斯岂嘉瑞乎?"祗乃止。永宁元年,南昌有妇人生四子,祗复问檀变异之应。檀以为京师当有兵气,其祸发于萧墙。至延光四年,中黄门孙程扬兵殿省,诛皇后兄车骑将军阎显等,立济阴王为天子,果如所占。

顺帝永建五年(130年),举孝廉③,除中郎。不久,因汉室外戚、宦官为祸,政治黑暗,弃官而去,终老于家。著有《唐子》28篇。

张遐,字子远。东汉豫章馀汗(今余干)人。年十七通《易经》。后举孝廉,补郡功曹。灵帝建宁间,授为五经博士,迁鸿儒学士。著有《易传》《筮原》《龟原》《五经通义主义》《吴越春秋外纪》等书。

---

① 事见《后汉书》卷七九下《儒林列传》。
② 《后汉书》卷八二下《方术列传》。
③ 孝廉,汉代选官制度——察举制的主要科目之一,汉武帝始设。孝廉是孝顺父母、办事廉正之意。孝廉举至中央后,虽不立即授以实职,而是入郎署为郎官,承担宫廷宿卫,"观大臣之能",熟悉朝廷行政事务。但一段时间后,经选拔可根据品第结果授予不同的职位,如地方的县令、长、相或中央的有关官职。因而,一旦被举为孝廉,就意味着正式踏上仕途。

二、南州高士徐稺[①]

图5-2 徐稺像

徐稺(97—169年),字孺子,东汉后期豫章郡南昌县人。相传,徐稺的曾祖徐审言,是一位饱学之士,西汉沛郡人,据传,王莽末年,全家徙居会稽郡太末县(今浙江龙游)。东汉建武年间(25—55年),又因避兵乱而迁居豫章郡南昌县,起初住在南塘,后来定居沙村。徐稺出生时,其祖父徐昌龄年已古稀,体弱多病,靠他父母务农维持生计,非勤力耕稼便难获温饱。徐家虽贫,却知书达理,毫不自卑,从不轻易求人,而对济助邻里解除困难,却莫不尽心竭力。徐稺生性孝顺,资质聪敏,幼年时即帮助父母从事稼穑,并在父母教导下刻苦学习。他9岁时便能记诵《春秋经》和《公羊义例》的全文。15岁时奉父亲徐俭之命,在外祖父的资助下,去楮山和智度寺(两地均在今江西丰城东南)就师于著名学者唐檀。他勤奋好学,天资颖悟,颇受老师器重,经其悉心教育,遂尽得唐檀之艺而又过之。徐稺后赴京师洛阳,进太学读书。他在太学时,获得与更多的当代学者接触的机会,曾一度前往鲁阳(今河南鲁山),向坚拒东汉安帝征聘为博士的南阳大儒樊英请教,并以己见与之商榷。徐稺的谈吐令樊英大为惊叹,感到他是个非凡之才。徐稺后来又慕江夏(今湖北黄冈西北)黄琼之名,负笈前往,从之学习,使学问、德业大获进益。

徐稺的学识极为渊博,在年轻求学时,便对《严氏春秋》《京氏易》以及《欧阳尚书》等经学颇有研究。且即知即行,躬行实践,并行之执著。此外,他还对"七纬""变易"等纬学以及风角、星官、算历、《河》《图》之类的知识、技能也都相当丰富和擅长,并能触类旁通,予以阐发,给予新颖与比较合理的解释和运用。徐稺的学问、才识在师友和郡县乡里享有卓著声誉,其言行品德,尤能砥砺世俗。据南朝宋范晔《后汉书》记载,徐稺"家贫,常自耕稼,非其力不食",待人诚

[①] 此文基本采用周銮书主编《江西历代名人传·徐稺》(百花洲文艺出版社2002年版),文字稍作改动。作者徐高祉。在此表示感谢。

第五章
秦汉时期江西人物与文化

恳、谦逊、尚贤乐善，见利不争，有过不讳，"闾里服其德化"。在他的风范影响下，豫章民风为之淳厚。

一向敬贤礼士的尚书陈蕃，为人方正，因得罪权贵，于桓帝建和元年(147年)被排挤而出任豫章太守。陈蕃为太学时，便与徐稚相识相知。所以陈蕃刚到南昌，还未进公廨，便立刻到徐稚家去拜访，畅谈别后情谊，并礼请徐稚担任豫章郡府功曹。徐稚辞谢不就，却常与他交往。陈蕃在太守官衙从不接待宾客，唯独徐稚例外。为表示对徐稚的敬重，陈蕃特在署内设置一榻，专供徐稚来访时坐息、对谈，徐稚一走，便将榻悬挂起来。"初唐四杰"之首的王勃撰写的名文《滕王阁序》中说："豫章故郡，洪都新府"是"人杰地灵"之区；而豫章人杰的代表人物，便是"下陈蕃之榻"的徐孺子。

徐孺子对官场专权腐败深恶痛绝，曾感叹说："大树将颠，非一绳所维，何为栖栖不遑宁处？与其混迹于朋党，争斗于恶浊世道之中，不如隐居，洁身自好。"被世人称为"南州高士"。徐稚曾经多次被察举、辟荐。他的老师黄琼于桓帝永兴二年(154年)，任职太尉，向朝廷荐徐稚，举有道("有道"是汉代选举士人的科目之一，指有道德、才能的人士)，官拜太原太守，请徐稚到京城洛阳任职，共襄汉政。徐稚不仅一再委婉辞谢，而且从太学毕业与黄琼分别后，便不曾过往，绝不复交。直到延熹二年(159年)，新升任尚书令的陈蕃，见祸国殃民、骄横跋扈的太将军梁冀被诛，认为东汉政治可望澄清，遂会同仆射胡广等联名上疏桓帝，称徐稚"爰自江南卑薄之域，而角立杰出"，能"左右大业"，如若起用，必然"增光日月"。桓帝接受建议，派人以安车、玄纁前来征辟。可是徐稚仍然不肯应召。汉灵帝即位之初，东汉政权摇摇欲坠，想借用一批德高望重、学富才优的能人，为腐朽王朝装饰门面，挽救危局，也想用蒲轮聘徐稚入京任职，可是就在这年(灵帝建宁二年，即169年)五月，徐稚病故，享年72岁。

东汉时期，先是外戚擅权，继而宦官与外戚展开了长期的争权夺利的斗争，延至桓、灵时期，又兴起了党锢之狱，政治极端腐败，许多才德之士认识到东汉王朝已临末日，都不应征聘，不求仕进。徐稚冷眼现实，坚决不肯接受东汉朝廷的征聘，因而没有卷入当时的政治斗争，既幸免于党锢之祸，也保持了自身的清白。徐稚平素不结交权贵，却极重友情。他曾拒绝老师黄琼的举荐，不去京城任职，并与黄琼绝不复交；但后来听到黄琼病逝时，却不远万里赴丧。黄琼归葬时，徐稚负粮徒步走到江夏参加葬礼，由于家贫，川资不足，便带着磨镜工具，沿途为人磨镜取值，补充路费。到达墓所后，把从家里带去藏在鸡腹的渍酒棉絮,浸水成酒薄祭,哭毕而去,不告姓名。郭泰母卒,徐稚赴太原介休吊唁,由于路途太远,兼以家贫,无他物作为祭礼,只置生刍一束于墓庐之前而去。会葬众人不知是谁,亦不解其故。郭泰得知后便说:"《诗经》有言,'生当一束,其人如玉',此乃徐孺子所为。"徐稚的老师唐檀,辞官归隐豫章郡故里。后卧病经年,徐稚经常前往看望侍候,并致医药、饮膳。顺帝阳嘉四年(135年)唐檀病故,家徒四壁,身后萧条。徐稚与同郡诸受业于唐檀的学生,共营葬事,哭丧尽哀。以后每年都亲往师墓祭扫,对唐檀的后人,时予周济。①又《三吴土地记》曾载:东汉时徐孺子曾哭吊友人姚元起于孺山(位于今浙江湖州市境的故菰城)。该书还说当时有位九江郡人何子翼曾记叙过这件事。何说:"南州孺子,吊生哭死;前慰林宗,后伤元起。"孺山原有土地庙,内供"南州高士"神像。今庙与像虽已不存,但还有一块"徐南州旧隐"五字的横匾,此一徐稚遗迹为当地乡民所保藏。徐稚一生的道德、操行、学识和能力,为世人所称誉,其高风亮节,千古流芳,九州共仰。

徐稚卒后,葬于其故宅(今江西南昌市内的孺子亭公园内)东南约五里许的社坛(今东坛巷)。三国时期,徐稚墓已颇具规模,其后历代都经州郡官府和徐氏后人迭加修葺。墓为圆形,层叠红石砌建,上锐下广,作金字塔状。墓前有巨石碑镌"汉高士徐孺子先生之墓"隶字。每逢清明、冬至两节,例有来自苏、浙、皖及江西的徐氏后人或代表,集于墓地祭奠。惜在"文革"浩劫中,被横加破坏,墓地已被夷平;现幸存的仅有大石碑两座,其上所镌诗文字迹,依稀可辨。

除徐稚外,东汉时期江西还有一些高士:

袁京,字仲誉,东汉章帝、和帝时代人。本居京城,因厌倦京城奢华生活与权谋倾轧,不乐仕进,遂隐居宜春县城东北五里山,集贤讲学。他一生清廉,是东汉中期的节义名士。死后葬于五里山,后人推崇其"高义",称袁高士,立"高士坊"。今宜春市区亦有"高士路"。所隐居处,取名"袁山"。"袁州""袁河"皆因袁山而得名。

黄向,字文章,东汉豫章人。"为性廉洁",乐于助人。喜好早晨散步。有一次,在散步途中捡到一个沉甸甸的布袋,解开一看,全是金银珠宝,估计价值三百余万。黄向不为所动,雇人四出打听到失主,将珠宝原封不动地还给他。本已绝望的失主要分财物的一半给黄向,以感谢他的恩德。黄向头也不回地快步离

---

① 明崇祯乙亥《唐氏宗谱·艾南英序》。

第五章
秦汉时期江西人物与文化

开了。①

三、陈、雷之谊

陈重,豫章郡宜春县人。年少时与同郡雷义结为好友,一起学习《鲁诗》与《颜氏春秋》等儒家经书。有一年,豫章郡太守张云推荐陈重为孝廉,陈重让给雷义,并先后十余次向张云申诉理由。张云未听其言。第二年,雷义也被举为孝廉,于是,两人同在中央郎署为郎官。任职期间,有一同僚负债数十万钱,无力偿还,债主天天催逼。陈重得知后,私下帮他把债还了。此人发现后感恩戴德,要重谢陈重。陈重却若无其事地说:"这不是我做的,也许是与我同姓名的人代你偿还的吧!"始终不承认自己的恩惠。又有一次,同舍一郎官告假回家奔丧,匆忙中误将另一郎官的裤子带走。失主怀疑是陈重拿了,陈重并不为自己申辩,而是去市场买了条裤子赔偿他。此事直到奔丧的同僚回来后,把误拿的裤子归还主人,才真相大白。后陈重与雷义同时拜授尚书侍郎官职。雷义因代人受过而被免官,陈重见好友离京还乡,无心留任,也称病告退。居家不久,陈重又被推为茂才,②出任细阳(今安徽太和县东南)县令,政绩考评优异,拟升任会稽太守,因姐姐去世而辞官离职。后又为司徒征召,官拜侍御史,卒于任上。

雷义,字仲公,鄱阳人。初时任郡功曹,举荐擢拔了很多德才兼备的人,却从不夸耀自己的功劳。雷义曾经救助过一个犯了死罪的人,使他减刑得以赡养一家老少。这个人为了感谢雷义的再造之恩,攒了两斤黄金送到雷家,以表寸心。雷义坚辞不受。这个人没法,只好暗暗把金子放在雷家老屋的天花板上。若干年后,雷义修葺房屋,翻开屋顶,才发现那两斤金子。但送金子的人此时已过世,妻小也不知流落何方,无法退还。雷义便将这两斤黄金交付县曹,充入官库。雷义任尚书侍郎时,有一同僚因犯事,当受处罚,雷义为他分担责任,向上司上书申辩,愿意自己独担罪责。同僚闻知,弃职进京自陈衷曲,请求为雷义赎罪。后顺帝下特诏,两人皆免予刑事处分。雷义回乡又被举荐为茂才,雷义认为陈重托病辞官全因自己引起,要把这功名让给陈重,刺史不批准。于是雷义就假装发狂,披头散发在街上替陈重奔走呼吁,而不去应命就职。因此乡人谚云:

---

① 周天游辑注:《八家后汉书辑注》,第201页。
② 茂才,汉代察举常科之一。原称"秀才",东汉避光武帝刘秀讳更名"茂才"。与孝廉皆为郡举、来源平民、先为郎官不同,茂才是州举,推荐对象多是低级官吏、太学生等,且举为茂才后随即出任县令或相当于县令一级的官职。因而,虽同是察举常科,但茂才地位高于孝廉。

"胶漆自谓坚,不如雷与陈。"后用"雷陈"形容友谊真挚,交情牢固。后三府(太尉、司徒、司空)同时征召两人,雷义被任命为灌谒太守,让他持节督察诸郡国的风俗教化,他设席讲学,太守令长各级官员来听讲的有70多人。因他秉公办事、敢作敢为,不久又官拜侍御史,复授南顿令,卒于任上。

陈重与雷义,是东汉后期豫章郡两位品德高尚、轻生重义、扶危济困的名士,也是一对至交密友,"陈雷胶漆"或曰"陈雷之谊",成为古代交友的典范。如元杂剧无名氏《鲠直张千替杀妻·楔子》便有"咱便似陈雷胶漆,你兄弟至死呵不相离"[①]的唱词。

两汉时代是儒学独尊时代,亦是礼法盛行时代。在汉帝国的一统文化之下,社会生活纳入规范的模式之中,在上层,文人士大夫大都以名节自励,以忠事国,以孝事亲,行为方正之士成为社会楷模;在下层亦推行教化政策,"居民以礼,风之以乐"。并令礼官劝学,目的在于"崇乡党之化"。汉代政府通过乡里什伍的基层组织控制底层社会,"里共同体"是汉帝国的行政基础。里长、三老均承担教化之职责,自然担任里长、三老的人本身就是民间的德行之人。汉代社会,尤其是东汉社会,官方从上至下努力地推行着儒家的伦理思想,纲常名教规范成为统一社会生活的标准模式。礼教的推行的确在一定程度上引导了社会风气,但它同时亦"隐伏一种虚骄之种子"[②]。东汉末年,随着政治危机的加重,崇尚名节的士人与宦官集团进行了数次搏击,但均以名士失败而告终;党锢之祸不仅抑制了正直士人,而且也在一定程度上助长了好名的风气。诚如吕思勉所言:"东汉名士,看似前仆后继,尽忠王室,实多动于好名之私,挟一忠君之念耳。"[③]又由于奉循礼教可以延揽名誉,博取官禄,所以不轨之徒以此沽名钓誉,如当时的民谚对征辟察举制名不副实情形多所讥讽:"举秀才,不知书,举孝廉,父别居,高第良将怯如鸡。"在社会矛盾加剧与政治危机加深的形势下,儒家礼教日益丧失了维系人心的效用,真正的名士在屡遭禁锢的情形下,标榜名誉,清议时政,但被排斥于政事之外,于世事无补;即使政府任用他们,他们也因谨守儒术,专注修身而缺乏政治实践才能,因此不能满足人们的期望,而追名逐利之徒更是直接败坏礼教。江西儒家学人的高尚情操,无疑是对

---

① 徐沁君校注:《新校元刊杂剧三十种》,中华书局1980年版。
② 邓子琴:《中国风俗史》第二章"魏晋风俗",巴蜀书社1988年版。
③ 吕思勉:《两晋南北朝史》第一章"总论",上海古籍出版社1983年版。

两汉礼法、节义文化的努力践行与积极弘扬,在东汉后期尤具特别意义。

第三节
社会风俗文化

《汉书·地理志》曰:"凡民函五常之性,而其刚柔缓急,音声不同,系水土之风气。故谓之风;好恶取舍,动静亡常,随君上之情欲,故谓之俗。"孔颖达疏曰:"风与俗对则小别,散则义通。"应劭《风俗通义·序》亦曰:"风者,天气有寒暖,地形有险易,水泉有美恶,草木有刚柔也。俗者,含血之类,像之而生。故言语歌讴异声,鼓舞动作殊形。"这种解释用现代语言表述就是:群体生活方式的差别是风俗的基本内容,风俗是在自然与人文共同作用下形成的,因此"风俗"有自然与人文的双重意义。①自20世纪二三十年代以来,研究秦汉时期社会风俗的成果相当多,然而研究江南社会风俗的成果不多,至于专门考察江西社会风俗的成果更为少见,一般都是在相关论著中涉论之。这方面研究首推许怀林《江西史稿》中涉及秦汉时期豫章郡风俗的有关内容,虽然稍嫌简略,但为后来的研究奠定了基础。其次是黄今言主编《秦汉江南经济述略》中有关经济生活和社会风俗方面的内容,亦可作为参考。其他相关成果有时也会涉及豫章郡的风俗情况,但均论之不详。近年来,有学者开始运用生态民俗学理论与方法,从生态与民俗关系的视角考察古代社会风俗。如陈业新的《秦汉时期北方生态与民俗文化》一文②专门考察了北方各地区生态环境与民俗文化的密切关系,但是未论及江南的生态风俗。江西地理"吴头楚尾",先秦以来其风俗受吴、楚文化影响至深,同时又受越国文化的影响。至秦始皇时,自秦军兵发岭南后,江西开始归属于秦朝,开始接受中原文化的影响。然秦朝短祚,至西汉初,江西才完全归属到汉代疆域的版图内。西汉中期,武帝镇压南越国叛乱之后,中央集权开始直接管辖江西。为此,中原文化(包括国家、民间的习俗)不断南传,对江西社会风尚影响最大,拉开了江西风俗与中原风俗大致统一局面的序幕。到东汉时期,江西社会风俗虽不失江西本地水土之特色,但不少风习已基本趋于与中原

---

① 彭卫、杨振红:《中国风俗通史》(秦汉卷),上海文艺出版社2002年版,第3页。
② 陈业新:《秦汉时期北方生态与民俗文化》,《社会科学辑刊》2001年第1期。

一致。然而,作为秦汉政治统治下江西地区的风俗具体如何,史书并没有什么单独记载,难以得其详,我们只能结合江西秦汉考古发掘资料,参照荆扬地区楚、吴、越风俗推断出江西社会风俗的大致状况。

一、杂而多端的风俗

《史纪·货殖列传》记载:

> "衡山、九江、江南、豫章、长沙,是南楚也,其俗大类西楚。郢之后徙寿春,亦一都会也。而合肥受南北潮,皮革、鲍、木输会也。与闽中、干越杂俗,故南楚好辞,巧说少信"。西楚"其俗剽轻,易发怒,地薄,寡于积聚"。
>
> "江南卑湿,丈夫早夭。……九疑、苍梧以南至儋耳者,与江南大同俗,而杨越多焉。"(《正义》:今儋州在海中。广州南去京七千余里。言岭南至儋耳之地,与江南大同俗,而杨州之南,越民多焉。)

因此,秦汉时期江西地区风俗是杂而多端的特征,既有其独具特色的个性一面,又有与其他南方地区风俗相似的一面。

其一,人口以山越人为主,"文身断发"。《吕氏春秋·恃君览》:"扬汉之南,百越之际。"说明了江西土著人是百越居民。《淮南子·人间训》记载:秦始皇使尉屠睢发卒五十万征服百越,赣南地区还处于山越人统辖。

《史记·周本纪》载:"长子太伯、虞仲知古公欲立季历以传昌,乃二人亡如荆蛮,文身断发,以让季历。"《集解》应劭曰:"常在水中,故断其发,文其身,以象龙子,故不见伤害。"①自吴太伯、仲雍始,吴地就有"断其发,文其身"之习俗,是相对于中原华夏族的束发笄冠而言。至春秋时,依然如此。如《史记·鲁周公世家》载:"七年,吴王夫差强,伐齐,至缯,征百牢于鲁。季康子使子贡说吴王及太宰嚭,以礼诎之。吴王曰:'我文身,不足责礼。'乃止。"又如《史记·越王句践世家》载:"越王句践,其先禹之苗裔,而夏后帝少康之庶子也。封于会稽,以奉守禹之祀。文身断发,披草莱而邑焉。后二十余世,至于允常。允常之时,与吴

---

① 《史记》卷三一《吴太伯世家》有类似记载:"吴太伯,太伯弟仲雍,皆周太王之子,而王季历之兄也。季历贤,而有圣子昌,太王欲立季历以及昌,于是太伯、仲雍二人乃奔荆蛮,文身断发,示不可用,以避季历。季历果立,是为王季,而昌为文王。太伯之奔荆蛮,自号句吴。荆蛮义之,从而归之千余家,立为吴太伯。"《集解》应劭曰:"常在水中,故断其发,文其身,以象龙子,故不见伤害。"

第五章
秦汉时期江西人物与文化

王阖庐战而相怨伐。允常卒,子句践立,是为越王。"由此见,春秋时期吴王、越王都是"断发""文身",至于平民更是"文身断发"。在《史记·赵世家》中对"大吴之国"的习俗有较详细的描述:"夫剪发文身,错臂左衽,"《索隐》错臂亦文身,谓以丹青错画其臂。孔衍作"右臂左衽",谓右袒其臂也。瓯越之民也。《索隐》刘氏云:"今珠崖、儋耳谓之瓯人,是有瓯越。"《正义》按:属南越,故言瓯越也。《舆地志》云:"交阯,周时为骆越,秦时曰西瓯,文身断发避龙。"则西瓯骆又在番吾之西。南越及瓯骆皆芈也。《世本》云"越,芈姓也,与楚同祖"是也。"黑齿雕题",《集解》刘逵曰:"以草染齿,用白作黑。"郑玄曰:"雕文谓刻其肌,以青丹涅之。"后来由此产生了对蛇类的图腾崇拜,使"断发文身"带上神秘主义与信仰色彩。吴震方《岭南杂记》上载:"潮州有蛇神,其像冠冕南面,尊曰游天大帝。龛中皆蛇也,欲见之,庙祝必致辞而后出,盘旋鼎俎间,或倒悬梁椽上,或以竹竿承之,蜿蜒纠结,不怖人亦不螫人,长三尺许,苍翠可爱。"

这种习俗,主要在春秋至西汉中期一直延续。武帝以后,似乎史书记载便少,可能是在国家礼仪文化的影响下,这种受儒家文化"歧视"的习俗逐渐消失了,转而接受了儒家文化要求下的习俗。不过,直到三国时期,东吴控制下的江西山区仍然有不少山越族保持这种风俗。

其二,地势卑湿,多疾疫,"丈夫早夭"。《史纪·货殖列传》《汉书·地理志》记载:"江南卑湿,丈夫早夭。"《史记·屈原贾生列传》载:汉初,贾谊为长沙王太傅,"贾生既辞往行,闻长沙卑湿,自以寿不得长"。武帝时,严助说:越族居住地区"林中多蝮蛇猛兽,夏月暑时,欧泄霍乱之病相随属也"①。唐孙思邈《备急千金要方》的《养性序》说:"是以关中土地,俗好俭啬,厨膳肴馐,不过葅酱而已,其人少病而寿;江南岭表,其处饶足,海陆鲑肴,无所不备,土俗多疾而人早夭。北方仕子游官至彼,遇其丰赡,以为福祐所臻,是以尊卑长幼恣口食啖,夜长醉饱,四体热闷,赤露眠卧,宿食不消。未逾期月,大小皆病。或患霍乱、脚气、胀满,或寒热疟痢、恶核丁肿,或痈疽痔漏,或偏风猥退,不知医疗,以至于死。凡如此者比肩皆是,惟云不习水土,都不知病之所由。静言思之,可谓太息者也,学者先须识此以自戒慎。"孙思邈就正确解释了江南地区"土俗多疾而人早夭"的现象,并不完全是水土不服,而是北方人到南方后"恣口食啖"所致病,又不知医疗的情况下死亡。

---

① 《汉书》卷六四上《严助传》。

其三，山区长期处于"刀耕火耨"的原始耕作状况，东汉时期个别平原地区亦出现了先进的牛耕方式。《山海经·海内经》："南方有赣巨人，人面长臂，黑身有毛，反踵，见人笑亦笑，唇蔽其面，因即逃也。"晋朝郭璞在《山海经》注说："今交州南康郡深山中皆有此物也。长丈许，脚跟反向，健走、被发、好笑，雌者能作汁，洒中人即病，土俗呼为山都。南康今有赣水，以有此人，因以名水。"郭璞指出了赣巨人的活动具体地点，指出赣水名称的由来。赣南的赣巨人传说，恰是反映了当时赣南处于蛮荒时代。《太平寰宇记·赣县》引顾野王《舆地志》：虔州"木客"，"形似人，乃鬼类也。语亦如人，……能砍杉枋，聚于高峻之上，与人交易，以木易人刀、斧"。实际上，进一步反映了赣南原始的落后生产方式。

据史书记载："楚有江汉川泽山林之饶；江南地广，或火耕水耨。"①"江南火耕水耨"②，《集解》应劭曰："烧草，下水种稻，草与稻并生，高七八寸，因悉芟去，复下水灌之，草死，独稻长，所谓火耕水耨也。"关于江南地区"火耕水耨"的范围、程度、时限等一直有些争议，从江西自然地理状况来看，"火耕水耨"方式主要在江西山区的冷浆水地进行，因为这种农田一年四季是泉水不断、土壤松软，有冷泉水冒出的周围数平方米内土壤稀松，易水草，人畜踏上易陷入下去，浅则五六十公分左右，深则近一米五六左右，若超过了这个深度，一般这块土地就是荒地了，无人敢耕种，因为人畜不敢近此处，无法种收农作物。

西汉时期，中原地区的先进耕作方式逐渐南传，江西地区也逐渐掌握了牛耕技术发展农业生产。时人认为："牛乃耕农之本，百姓所仰，为用最大，国家之为强弱也。"③今有研究者提出在西汉初年吕后时期江西地区可能掌握了牛耕技术。④其实，西汉中期武帝开始大规模推广牛耕与代田法，西汉末期牛耕技术才开始向江南地区传播，至东汉末期，江西农人已经基本掌握了牛耕技术，大大地提高了江西地区农作物的产量。据考古发现，宁都县东汉墓出土了马拉车、牛拉车、牧牛的画像砖。此外，还在赣江沿线发掘出大量的铁农具，也有不少的犁具等，说明江西地区的农业生产力发展至东汉时期已有较大的提高。

其四，民众主要过着"饭稻羹鱼"式的自然经济的生活。《史纪·货殖列传》记载："楚伐之地，地广人希，饭稻羹鱼，或火耕而水耨，果隋蠃蛤，不待贾而足，

---

① 《汉书》卷二八下《地理志》。
② 《史记》卷三〇《平准书》。
③ [汉]应劭：《风俗通义·佚文》。
④ 陈文华、陈荣华主编：《江西通史》，江西人民出版社1999年版，第109—110页。

第五章
秦汉时期江西人物与文化

地势饶食,无饥馑之患,以故呰窳偷生,无积聚而多贫。是故江、淮以南,无冻饿之人,亦无千金之家。"《汉书·地理志》亦载:"楚有江汉川泽山林之饶。江南地广,或火耕火耨。民食鱼稻,以渔猎山伐为业,果蓏蠃蛤,食物常足。故呰窳媮生,而亡积聚,饮食还给,不忧冻饿,亦亡千金之家。"当然,说江西人"饭稻羹鱼",并不是仅以稻、鱼为食,其实,秦汉时期江西人的食物已较为丰富。仅以肉食为例,除各色鱼、虾之类的水产外,还有马、牛、羊、猪、狗、鸡、鸭等。1983年在湖口县文桥乡象山张村山坡发现的东汉墓葬中,发掘出土了陶马、陶牛、陶狗、陶羊、陶猪、陶鸡、陶鸭等物品,①就是很好的说明。此外,江西地区山地众多,自然生态良好,民众还可获取大量的虎、鹿、野猪、野兔之类的野生动物作为肉食。

越族人多半居住山中,无有城邑里。《淮南子·人间训》载秦始皇征战百越时,"越人皆入丛薄中,与禽兽处,莫肯为秦虏"。《汉书·严助传》载淮南王刘安说:"臣闻越非有城邑里也,处溪谷之间,篁竹之中。"说明了越族的居住习俗在山林之中生活。对于大部分居于平原、丘陵地带的江西民众来说,虽然不见建筑起"井干增梁,雕文槛楯""雕修缮饰,穷极巧使"之类的豪华房宅②,人们居住状况较先秦有较大改观。已开始建筑简朴、实用的房室作为居所,所用的材料一般是竹木、茅草,较为先进的砖瓦房尚未普及。如《后汉书·钟离意传》注引《东观记》曰:"意在堂邑(今江苏六合县北),为政爱利。初到县,市无屋。意出俸钱,帅人作屋。人齐茅竹,或持林木,争起趋作,浃日而成。"史料反映的长江中下游的情形,江西地区当大致如是。与五口之家或八口之家的小家庭人口结构相应,秦汉民宅的基本形制是一堂二室。《云梦睡虎地秦简·封诊式·封守》记载了一个被查封家产的士伍的房屋即为"一宇二内,各有户"。《汉书·晁错传》亦云:"营邑立城,制里割宅,返田作之道,正阡陌之界,先为筑室,家有一堂二内门户之闭,置器物焉。"此外,秦汉民众注重对居室环境的选择,普遍讲究风水禁忌,植树绿化。迄今为止,虽不见有关反映秦汉江西房屋方面的文献考古资料,但推测事实亦当大致如是。

秦汉时期的服装原料主要包括丝帛、麻布、葛布和动物皮毛,此外,棉布也初步进入了生活领域。就全国而言,秦汉时期的丝织业在先秦的基础上又有了长足的进步。种植桑麻、养蚕织绩是当时农民家庭副业不可或缺的内容。朝

---

① 杨赤宇:《湖口县象山东汉纪年墓》,《南方文物》1986年第1期。
② 史料分别见《汉书·杨震传》《盐铁论·散不足论》。

廷不仅把劝课农桑作为一项基本国策,而且还将它作为考量地方官员政绩的一个重要指标。《四民月令》"三月"条将"治蚕室""乃同女子,以懃其事"视为一个家庭每年三月的重要工作。然《淮南子·原道训》称江南吴越之地,"生葛绨"。受地域物种生长与经济开发的影响,秦汉时期江西当大致如同荆楚、吴越之地,主要种植麻、葛。据《后汉书·卫飒传》载:"南阳茨充代飒为桂阳,亦善其政,教民种植桑柘麻纻之属"。注引《东观记》曰:"元和中,荆州刺史上言:臣行部入长沙界,观者皆徒跣。臣问御佐曰:'人无履亦苦之否?'御佐对曰:'十二月盛寒时并多剖裂血出,燃火燎之,春温或脓溃。建武中,桂阳守茨充教人种桑蚕,人得其利,至今江南颇知桑蚕织履,皆充之化也。'"湖南长沙与江西南昌是近邻,若是长沙在东汉建武期间仍不知桑蚕纺织之事,那么江西接壤湖南的那些地区更不知纺织之业,从侧面说明了此时江西人亦无穿履习俗,主要原因是不知桑蚕纺织之技术。此后,皆赖茨充之教化功效,人"颇知桑蚕织履"。

秦汉时的服装以保暖、蔽形和装饰为中心,实用性、身份性和审美性并重,主要由领、襟、袖、衽、裾等部件组成。服装可分为外衣、中衣、内衣和下裳(裙)。外衣包括全身袍式服装和长至膝盖的短外衣。秦汉全身性袍式服装均从深衣发展而来,深衣流行于战国,是衣、裳相连,以衽交掩,衽置于身后左侧。深衣根据身份把领、袖缘以不同颜色的丝边,表现出等级性,秦汉时期的服饰颜色主要以黑、白为基调。秦汉时期各式的全身性服装沿袭了深衣的基本特征,为当时最为重要的服制,是社会上层人士和正式场合的典型服装。①史籍中反映江西服装的资料往往只有片言只字,如《方言》卷四称:"江、淮、南楚之间谓襌,关之东西谓之襌衣。"所谓"襌"或"襌衣",就是夏季穿的没有衬里的宽衣博袖式的袍式服装,多以轻薄的衣料制成。据《续汉书·舆服志下》,襌衣在汉代服装中的地位很高,是百官上朝时穿的朝衣。这或反映出江西的服装形制与全国其他地区大同小异的情形。

其五,民风由"急进""巧说少信"转向敬慕文化节义。秦汉长江流域楚越一带,风俗急进、尚武力。对此《史记》记载颇详。如《史记·吴王濞传》曰:刘邦"患吴、会稽轻悍"。《史记·淮南衡山列传》曰:"荆楚僄勇轻悍。"《史记·大史公自序》谓"越荆剽轻",又有"剽楚庶民"的说法。《史记·货殖列传》说:豫章地属南楚,"其俗大类西楚",而西楚"其俗剽轻。"另外,《史记·屈原贾生列传》晁错说,"扬粤之地少阴多阳,其人疏理"。《汉书·严助传》载淮南王刘安说:"越人愚戆

---

① 彭卫、杨振红:《中国风俗通史》(秦汉卷),上海文艺出版社2002年版,第112页。

第五章
秦汉时期江西人物与文化

轻薄,负约反覆。"据《史记·货殖列传》,豫章"与闽中、干越杂俗,故南楚好辞,巧说少信"。由此可见,在当时中原人眼里,深受楚越等南方文化影响的江西民众,不仅剽悍、轻薄,且不守信义。但是,随着经济文化的不断发展与进步,东汉时期江西地区的民风当已发生较大变化。前述徐稚、黄向、陈重、雷义等人的节义行为就是典型的说明。

二、婚嫁丧葬习俗

婚嫁、丧葬是人生大事,也是探讨与说明秦汉江西风俗不可或缺的内容。然而,关于秦汉江西地区的这方面习俗,史书记录阙如。我们也只能从秦汉时期的整体情形以及尽可能利用文献考古资料推测。

先秦时期,婚姻程序必须依纳采、问名、纳吉、纳征、请期、亲迎等"六礼"而行,《艺文类聚》卷四〇引郑众《婚礼谒文》曰:"纳采,始相与言语,采择可否之时;问名,谓问女名,将归上(卜)之也;纳吉,谓归卜吉,往告之也;纳征,用束帛,征成也;请期,谓吉日将亲迎,谓成礼也。"但这只是理想的婚姻程序,加之全国政治、经济、文化水准相差很大,国家控制力量有限,难以普遍推广实行。秦汉时期,政府通过行政手段,使先秦时代散见于各书的婚姻道德思想得到整理,混乱的婚姻现象得到控制,各地的婚俗更加趋同一致。[①]秦汉时期的结婚礼俗虽基本承继了古之"六礼",但由于六礼过于程序化和繁琐,普通百姓大多不拘泥于六礼,操办婚事更加实际。上层社会的婚礼仪式虽然十分隆重,但也出现了一些新的变化。婚礼隆重喜庆,但也追求奢靡而铺张浪费,婚礼之费成为时人不小的支出。对于不大重积蓄、少"千金之家"的江西民众来说,尤其是沉重的经济负担。此外,婚姻重亲(亲上加亲)、一夫多妻者普遍、婚嫁尚早、离婚与再嫁自由、婚礼举乐也是秦汉婚俗的重要特征,这些特征,在江西地区当或多或少地亦有所表现。另外,秦汉时期男女交往相对自由、性观念相对开通,秦汉人选择配偶的标准很多,或以门第、或以容貌、或以才德、或以卜相。其中门第观念在当时人的择偶意识中占有举足轻重的地位,门当户对的观念盛行。[②]秦汉时期自然经济的封闭特征以及交通的落后,使得人们的选择配偶的范围大多局限在狭小的地域圈之内。农业人口以及平民大多在同乡、同县选择婚姻

---

① 徐舜杰主编:《汉族风俗史》(第二卷),学林出版社2004年版,第156页。
② 彭卫、杨振红:《中国风俗通史》(秦汉卷),上海文艺出版社2002年版,第314页。

对象,最远不过到邻县寻找,距离大都在百里之内。①这一时期,处于自然经济状态之下的江西民众的婚姻圈也大致如是。

秦汉丧葬之礼仪,大体继承古制又有所发展,一般依循先秦的"事死如事生"的丧葬观念。对死者的装殓、埋葬、坟墓修建、祭祀活动等,形成了一套较之于先秦更为隆重而复杂的礼仪制度和习俗。据杨树达《汉代婚丧礼俗考》所述,汉代的丧葬礼仪大致可分为三个阶段:一是葬前之礼。这一阶段包括招魂、沐浴饭含、大小敛、哭丧停尸等项内容;第二阶段为葬礼,包括告别祭典、送葬、下棺三个环节;三是葬后服丧之礼。江西地区的丧葬礼仪,由于资料缺乏,今不可知,但从秦汉全国风俗逐渐混同,上述江西丧葬习俗以及上引徐孺子之类的人物为他人奔丧的情形,推测江西地区也大体如是。另外,古越族有二次葬习俗,即迁葬,或者称洗骨葬。如《墨子·节葬下》所说的"楚之南,有啖人国者,其亲戚死,朽其肉而弃之,然后埋其骨"。秦汉时期,江西地区越族人口不少,这一葬俗当仍然流行。

汉以前的墓,不论大小深浅,都是由地面一直往下掘,称为"竖穴"。"西汉中期,在黄河流域开始流行在地下横掏土洞,作为墓圹,称为'横穴'。西汉时,主要是在中原地区,盛行用庞大的空心砖堆砌墓室。到了东汉,无论是在中原还是在南方和北方的边远地区,都普遍用小型砖来券筑墓室。从西汉末年开始,还流行石墓室。此外,从西汉到东汉,在有些地区,还有一种'崖墓',其墓圹亦属横穴式。总起来说,用横穴式的洞穴作墓圹,用砖和石料构筑墓室,是汉墓与汉以前的墓在形制和构造上的主要区别,其特点在于模仿现实生活中的房屋。"②江西地区的丧葬之风大致符合这一历史情形。"东汉墓散及江西全境,赣南山区至今已有十几个县市发现东汉墓。墓葬多为券拱砖室墓,大的有前、中、后三室,平面呈十字形,也有中小型的长方形砖砌成单层或双层的券顶墓室平面的长方形。"③据杨东晨研究认为,"南昌、高安、南康、宜春等地发掘的西汉墓,分为有墓道的土坑竖穴墓、长方形土坑竖穴墓两种,出现极少的木棺椁墓,形制多模仿中原西汉墓"④。

---

① 彭卫、杨振红:《中国风俗通史》(秦汉卷),上海文艺出版社2002年版,第322页。
② 王仲殊:《汉代考古学概说》,中华书局1984年版,第85页。
③ 江西省博物馆、江西省文物考古研究所:《十年来江西的考古发现与研究》,《文物考古工作十年(1979—1989)》,文物出版社1991年版。
④ 杨东晨:《论秦汉时期江西地区的民族与文化》,《上饶师范学院学报》2001年第1期。

第五章
秦汉时期江西人物与文化

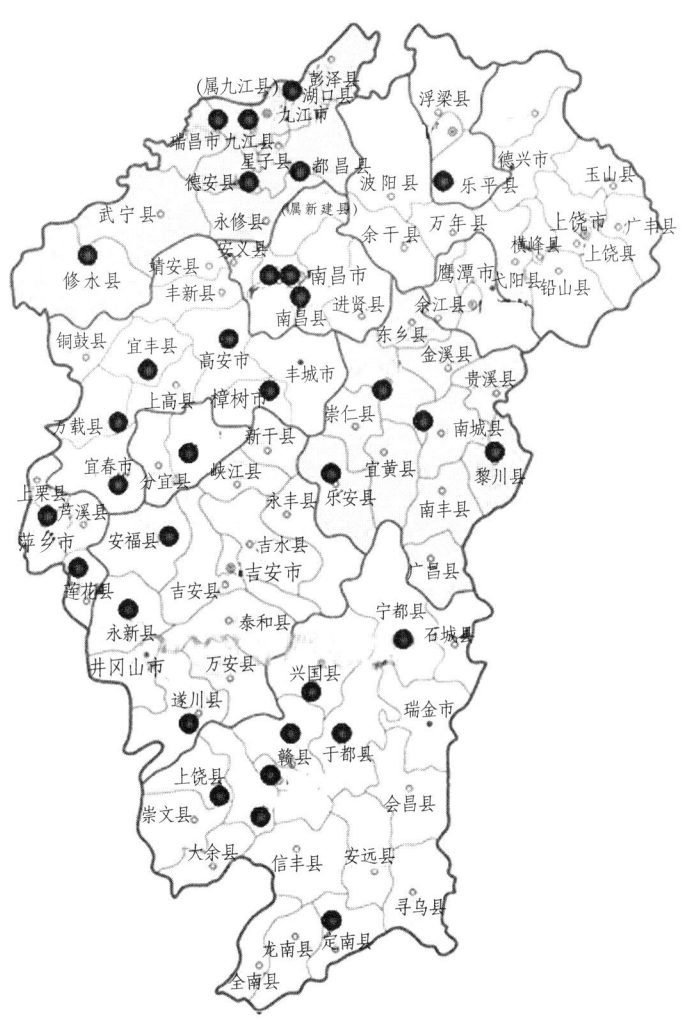

图5-3 江西考古发现的汉代墓葬分布示意图

汉代江西的丧葬习俗,受中原文化影响较深,亦多为相似。例如,1980年赣州博物馆于赣州市郊区蟠龙公社武陵大队狮子岭发现一座画像砖墓,出土的两幅画像砖为人物活动像:一幅画像的中心人物为一着宽帽端庄坐像,似墓主人形象。像前置一木几,右近侧上方有一匍匐在地的着帽像,下方停立一只朱雀鸟;左侧近旁有一跪地执扇的女像,当为墓主侍女,女旁立一佩剑著帽像;左右两边各站立一个武士像,或佩剑或手执棨戟。画像上部饰有连续三角纹类似帐幔。一幅画像是两个腰佩刀剑的骑马着帽像,朝同一方向作行进状,前面有一佩刀荷戟的武士开路,后面有一佩刀像随行。①值得注意的是,其画像内容见于山东汉墓和山东肥城东汉章帝建初八年画像石墓;②骑马画像作风与甘肃威雷台东汉墓的乘骑铜俑相似。③墓中出土的陶罐除有南昌地区东汉墓常见样式外,也有与湖南湘乡可心亭西汉墓出土陶罐相似的。其他器物如铁剑、铁刀和铁马钉为洛阳烧沟汉墓所出;变形螭纹铜镜在洛阳烧沟汉墓中属于西汉晚期至王莽及其稍后,而这种铜镜还见于江苏盐城三羊墩西汉至东汉早期墓。同时,这些随葬品均系实用器皿,它是我省南昌青云谱东汉前期墓葬的特征。④"在清江、宜丰、永新等地还发现一批东汉画像砖墓,尤其在赣南地区,如赣州、上犹、于都、瑞金、兴国等地都发现了车马纹砖墓。1980年在赣州市南郊清理的画像砖墓,画像砖描绘墓主饮宴和马队出巡的场景。从出行图有两武士随从来看,墓主可能是东汉前期食禄四百石或三百石的赣县县令一级官员"⑤。"画像砖墓与河南省南阳等地的同类画像砖墓风格相同"⑥。

秦汉时期,人们的祖先崇拜和鬼神观念根深蒂固,相信人死以后灵魂不灭,还会在另一个世界里继续生活,即《论衡·薄葬篇》所说的"谓死如生"。所以厚葬成为这一时期丧葬习俗中最显著的特色。厚葬的出发点,一方面是在墓室的形制和结构上模仿现实生活中的房屋,另一方面在随葬品方面也尽量做到应有尽有,凡是生人所用的器具、物品,无不可以纳入墓中。《盐铁论·散不足》所谓"厚资多藏,器用如生人",也说明了这一事实。⑦或是受江西比较落后的经济状态的影响,相对中原、山东地区墓葬而言,江西的汉墓随葬品是相当少的,主要是陶器、石器、铁器、小件铜器等普通的生产生活用品或其模型,而且制作粗糙,诸如金器、银器、大型铜器等贵重器物几乎没有。例如:1973年南昌市老福山发掘的西汉墓中,遗物十余件,有铜戈、铜提壶、石鼎、陶壶、陶甕等。在南

---

① 薛翘、张嗣介《赣州发现汉代画象砖墓》,《江西历史文物》1981年第3期。
② 王子云:《中国古代石刻画象集》,中国古典艺术出版社;王思礼:《山东肥城汉画象石墓调查》,《文物参考资料》,1958年第4期。
③ 甘博文:《甘肃武威雷台东汉墓清理简报》,《文物》1972年第2期。
④ 江西省文管会:《江西南昌青云谱汉墓》,《考古》1960年第10期。
⑤ 江西省博物馆、江西省文物考古研究所:《十年来江西的考古发现与研究》,《文物考古工作十年(1979—1989)》,文物出版社1991年。
⑥ 杨东晨:《论秦汉时期江西地区的民族与文化》,《上饶师范学院学报》2001年第1期。
⑦ 徐杰舜主编,周耀明、万建中、陈华文著:《汉族风俗史》(第二卷),学林出版社2004年版,第170页。

第五章
秦汉时期江西人物与文化

昌市郊区京山、招贤、塘山等地先后发现了四座东汉墓,其中京山墓葬中出土器物有:铜镜一面,铜豆一件,铜刀一件、五铢钱数枚、陶盘一件。招贤墓葬中出土了铁斧一件、铁矛一件、陶壶一件、陶罐一件、铁釜三足架一件。塘山墓葬中出土了金戒指四件、铁剑一件、铜带勾二件、铜镜二面、铜盉一件、铜提梁壶一件、陶灶一件、铜罐一件、陶罐五件、五铢铜钱二十枚;此外还出土有残破的铁刀二件、铜洗一件、铜盘一件、陶案一件和一些铜器、绿釉陶器及青瓷器的碎片,均因残缺而难以复原。塘山4号墓葬出土器物有铜虎子一件、铜镜一面、铜钱数枚、铜带勾、黛砚各一件(已残破)。前三座墓室均为砖砌,塘山4号墓明显是土坑竖穴墓葬,塘山3号墓葬则出土了四枚金戒指,是江西汉墓中少有的现象。①1983年在湖口县文桥乡象山张村山坡发现的东汉墓葬中,发掘出土了陶马、陶牛、陶狗、陶羊、陶猪、陶鸡、陶鸭、陶杯、陶壶、陶盆、陶井、青灰瓷钵、青灰瓷缸、陶仓、陶盏等。②在都昌县汉墓中,"从已破坏的汉墓中发现有少数随葬品,主要是陶器,兼有少量的铜器。如周溪洒山大铺岔墓出土有陶碗二只,铜剑一把,黄湖张七房村墓中发现铜剑一把,铜镜一面,陶罐一只,但大多数墓中未发现或很少有随葬品。"③2002年在安福县枫田镇车田村发现的东汉末年墓葬,其主人身份可能是官吏或者富人,随葬器物不多,保存完整,有铜镜、铜带钩、铜印章、琉璃鼻塞、素面磨光石牌、双唇印纹硬陶罐、残铁刀环首、五铢钱、软陶盖等。④

从以上墓葬考古发掘来看,汉代江西的丧葬习俗主要仿效中原文化,有追求厚葬的意味。但随葬品少且不贵重,不见像河南、河北、山东的大型厚葬墓葬,的确反映了司马迁、班固所说的江南(江西)地区"无千金之家"的事实。

三、岁时节令之俗

春秋战国时代,华夏诸族的历法处于草创时期,各地历法制度不一,故未有统一的岁时节令,也没有统一的节日。秦汉时期随着大一统局面的形成,天文历法知识的不断进步,节日文化日渐形成。秦王朝实行颛顼历,行用夏正,以十月为岁首,岁终置闰。汉武帝太初元年(前104年),朝廷改定新历,施行以正月为岁首的太初历,并将此时已臻完备的二十四节气订入历法,以没有中气的月份为闰月,使月份与季节配合得更合理,中国传统的阴阳合历亦即农历至此

---

① 唐山、志凡:《南昌地区的四座东汉墓》,《江西历史文物》1981年第2期。
② 杨赤宇:《湖口县象山东汉纪年墓》,《南方文物》1986年第1期。
③ 王友松:《都昌县的汉墓》,《南方文物》1986年第2期。
④ 安福县文化局:《江西安福枫田清理东汉墓》,《南方文物》2004年第1期。

基本形成,这对节令的形成产生了深远的影响。不仅以正月为农历岁首从此固定下来,一直延续至今,而且二十四节气也因其在农时中的重要地位而成为许多传统节日的基础。《汉书·天文志》说:"凡候岁美恶,谨候岁始。岁始或冬至日,产气始萌。腊明日,人众卒岁,壹会饮食,发阳气,故曰初岁。正月旦,王者岁首;立春,四时之始也。四始者,候之日。"秦汉时期,岁时节令体系在长江流域已基本形成,元日、立春、社日、上巳、夏至、伏日、冬至、腊日等,都在长江流域流行并兴起了一系列相应的节俗活动。①

元日,又称元旦、正旦、正日、朔旦等。秦朝以十月为正,汉王朝建立后曾沿袭秦制,亦以十月为岁首,故这一时期以十月初一为正旦。汉武帝太初历颁布后,以夏历(农历)正月初一为"岁首",并一直沿袭至今。汉代人对这个标志着新年伊始的节日极为重视,举国上下都要在这一天举行各种隆重仪式进行庆贺。《续汉书·礼仪志中》云:"百官贺正月旦,二千石以上上殿,称万岁,举觞御坐前,司空奉羹,大司农奉饭,奏食举之乐。"民间的正旦活动也极为庄重、丰富。汉崔寔《四民月令》正月条描述:作为一家之长的男主人在这一天要带领全家老小,祭祀祖先。为了迎接这一天,他们很早就开始了准备工作。每年十月上辛日要为正旦的祭祀活动酿造新酒。正旦前三日,家长和负责祭祀活动的执事,要整洁身心,向先人表示虔诚和尊敬之情,正旦到来,家长和执事要先献上好酒以享祖先,期待祖先神灵降临,保佑一家人一年平安,事事如意。祭礼结束后,便开始举行丰盛的宴会。几案设在祖先的神位前,家中无论尊卑大小,依次而坐,以"年少者为先"的顺序,依次向家长敬奉椒柏酒,举觞祝福家长长寿。饮食往往带有巫术的意味,如饮桃汤、喝椒柏酒,都含辟邪祈福之意。宴会结束后,人们开始走亲访友,"谒贺君、师、故将、宗人、父兄、父友、友、亲、乡党耆老",向他们恭贺新年,表达良好的祝愿和问候。此外,东汉时,元日已有燃爆竹、贴门饰等以为辟邪驱疫的习俗。《太平御览》卷二九"元日"条引东汉纬书《易通卦验》载:"正月五更,人整衣冠,于家庭中爆竹,帖画鸡子,或镂五色土于户上,压不祥也。"

元宵节,又称正月十五、上元节、元夕节等。汉代元宵节自汉武帝以来即成为重要节日,有游夜、放灯之俗。

立春作为节气在春秋时期已出现,战国时期,立春成为二十四节气之首,并渐成为举国同庆的盛大节日。西汉时期,受儒家经典的影响,立春日已有天

---

① 夏日新:《长江流域的岁时节令》,湖北教育出版社2004年版,第1页

第五章
秦汉时期江西人物与文化

子亲耕、悬青幡、策土牛等习俗,汉武帝时,有立春之后不得行刑的规定。《汉书》卷八五《谷永传》载谷永给成帝上疏说:"立春,遣使者循行风俗,宣布圣德,存恤孤寡,问民所苦,劳二千石,敕劝耕桑,毋夺农时,以慰绥元元之心,防塞大奸之隙。"表明当时立春已不仅仅是一个节气,而是一个特别重要的节日了。立春之日,从中央到地方都要举行迎春礼。如《续汉书·祭祀志中》记,东汉朝廷立春日有迎气的仪式,"车旗服饰皆青,歌《青阳》八修舞《云翘》之舞",地方上则实行迎春仪礼,官吏"皆服青帻,立青幡",并把土做的牛和耕人置于城门外,以此仪式告诉百姓已到了立春的时节,应作春耕的准备。

社日是古代祭祀土地神的节日。社就是人们祭祀土地神的地方。《太平广记》卷三〇"时序部"引《孝经纬》载:"社,土地之主也,土地阔,不可尽祭,故封土为社以报功也。"社分二月春社和八月秋社,春社祈求风调雨顺、五谷丰登,秋社答谢社稷神所降福祥。自周代以来,社日已成为全国性节日。春秋战国时期,南方楚国已有了祭社的活动。《墨子·明鬼》篇载:"燕之有祖,当齐之社稷,宋之有桑林,楚之有云梦也,此男女之所属而观也。"墨子将楚国的"云梦"与齐之"社稷"相提并论,二者自是同一祭祀。秦汉时期,社日仍是官府与民间的重要祭祀节日。《史记·封禅书》载汉高祖刘邦夺取政权后,很快就令"县为公社",后又令"县常以春二月及腊祠社稷,以羊豕,民里社各自财以祠"。又据《续汉书·祭祀下》,社祭到东汉时又进一步明确规定:"郡县置社稷,太守、令、长侍祠,牲用羊豕。唯州所治有社无稷,以其使官。"将社稷的设置和祭祀礼仪制度化。这些官府的公社和民间的私社,自然也包括江西地区在内的州郡县。社日的主要活动是以地域和行政的社会区组织乡、里为单位举行的,不同家庭的男女老少以某一大树为中心聚会在一起,奏乐歌舞、宴饮,热闹欢快,适龄的未婚男女亦趁机选择婚姻对象。

三月上巳日,即农历三月的第一个巳日,原是先秦以来举行的一种水边祓禊活动的日子,至秦汉时期已正式成为一个重要节日。《史记集解》引徐广曰:"三月上巳,临水祓除,谓之禊。"祓禊是人们到河边用浸泡了香草的水沐浴,洗去积秽,祓除疾病和不祥的仪式。《汉书·礼仪志》曰:"三月上巳,官民皆絜(洁)于东流水上,曰洗濯祓除、去宿垢疢,为大絜(洁)。"汉代的上巳日沿袭了先秦的性爱节日习俗,此日祓除的疾病,主要是不育之症。人们往往于是日在水边大肆淫乐,以求生育。不过,随着时间的推移,到东汉时期,在汉族的大部分地区,三月上巳日祓除不祥与男女淫乐之俗就渐渐为春游所取代。

五月五日是先秦、秦汉人的忌日,也是防病和祀迎神灵的日子。先秦时期长江流域就有五月五日沐浴兰汤以避疫的习俗。《初学记》卷五"五月五日"条引《大戴礼》曰:"五月五日,蓄兰为沐浴。"该条又引《楚辞》有"浴兰汤兮沐芳蕙"句。五月正是采药蓄药的月份,先秦以来即有采药之俗。《初学记》卷四"五月五日"条引《夏小正》载:"此月蓄药,以蠲除毒气。"汉代,五月五日成为采药的象征日。《四民月令》载:"是月(五月)五日,可作醋,合止利黄连丸、霍乱丸,采蘡耳,取蟾诸,可合创药及东行蝼蛄。"长江流域燥湿,易滋生疾病,五月在俗信中属"恶月",五月采药蓄药之风尤盛。至晚在东汉时期,五月五日民俗已有系长命缕避疫,并开始与屈原联系在一起。《艺文类聚》卷四引应劭《风俗通义》:"五月五日以五彩丝系臂者,避兵及鬼,令人不病瘟,亦因屈原。"另外,此日流行朱索桃印作门饰以避邪疫。汉代五月五日之习俗为魏晋以后端午节的形成奠定了基础。

受阴阳五行学说的影响,秦汉人普遍认为,夏至是阴阳相争的日子,因此这一天要有相庆祝的举措,遂成为节日。官府停止公事休假,民间祭祖。《四民月令》载:"夏至之日,荐麦、鱼于祖祢,祠。"夏至一般都在五月,而五月又被视为恶月,秦汉时期沿古俗以桃印饰门,以镇邪恶。《后汉书·礼仪志》载:"(夏至日)以桃印长六寸,方三寸,三色书文如法,以施门户,代以所尚为饰。"民间亦流行系长命缕。

伏日也是秦汉民众注重的日子。伏日鬼行的观念在秦汉之际或已出现,并成为祭祀鬼神活动的依据。《四民月令》"六月"条记,初伏要举行隆重的祭祖仪式,闭门饮宴。

八月节。《四民月令》"八月"条载,八月来临,家中以蓍草筮白露节后良日(即秋分日),祭祀一年之中"常所奉尊神"。全家无论老少,都要整洁身心,打扫房屋,按照祠簿进行祭祀。先秦以来,月亮神话流行于长江流域,现存最早记载月亮神话的就是屈原的《楚辞·天问》,汉代秋分祭祀的一个重要仪式就是祭月。这个节日或是后代中秋节的滥觞。

农历九月九日重阳节在汉代已发育成熟为一个固定的节日。汉代重阳节的习俗主要有佩茱萸、饮菊花酒和登高,以驱疫避邪。

冬至自先秦以来就是重要节日。《史记·天官书》将冬至看作一年的四始(冬至、初岁、正月旦、立春日)之一,冬至是阳气萌生的日子。东汉蔡邕《独断》曰:"冬至,阳气起,君道长,故贺。"秦汉时期冬至日已成为隆重庄严的节日,朝廷官府冬至前后要休假五天,举行欢庆宴会。为了迎冬至,民间十月上辛日家中要酿造用于冬至节日的冬酒。举行家宴,子孙向尊长敬酒。家宴结束后,要和正旦一样谒贺君、师、耆老。至东汉末年,出现了冬至日向尊长敬献袜履的习俗,以寓践新迎福之意。此外,因冬至"阴阳争,血气散",因此在冬至前后各五天,夫妻"寝别内外"。冬至日特别的活动有祭水神玄冥、量日影、占卜等。

腊日起源于我国古代早期的感谢百神、祖先的祭祀节日。秦汉人极为重视腊日,类同正旦。腊日全家团聚要举行大规模的驱鬼避疫("傩")和祭祖礼神仪式。《四民月令》"十二月"条载:"是月也,群神频行,大蜡礼兴,乃冢嗣君师九族友朋,以崇慎终不背之义。"祭祀结束后,举行丰盛的宴会。宴会上晚辈要向长者敬酒祝贺。家宴结束后,拜贺君、师、耆老。

秦汉是典型的农业经济时代,岁令节日自然具有浓厚的农业文化色彩,祈求风调雨顺、五谷丰登、尊老爱幼等自是重要内容。这一时代,"阴阳五行""五德始终"说广泛流行,方术、巫风昌盛。这种浓重的迷信色彩必然渗透到与民众生活密切相关的岁时节令之中。因此,喜庆祝福和辟邪除怪也必然成为当时年节的两大基本内容。秦汉是中国岁时节令的初步形成与发展的重要阶段,奠定了中国传统节日的基础。秦汉是中国首次实现大一统的时代,因此岁时节令一方面融合全国各地时令节日文化,另一方面各地又往往保留着自己的时令节日文化特色。这些岁时节令通行全国,流行于长江流域,[1]江西地区亦当如是。某些节日,如除夕(除日)在秦汉时期尚未成为主流节日,笔者不予叙述;又如寒食节,南方(江西)地区尚不流行,因此笔者就不予叙述说明。

第四节
巫鬼崇拜与佛道信仰

秦汉沿袭先秦的信仰活动,并使之更为系统化、规范化。官方的宗法宗教、阴阳五行说、谶纬迷信、符命灾异、神仙方术,以及流行于底层社会的民间道教和开始进入中原地区的佛教等构成了秦汉时期汉族社会新的信仰体系。[2]秦汉

---

[1] 夏日新:《长江流域的岁时节令》,湖北教育出版社2004年版。
[2] 徐杰舜主编,周耀明、万建中、陈华文著:《汉族风俗史》(第二卷),学林出版社2004年版,第193页。

时期的江西立足本区,融汇中原、荆楚、吴越等地文化,形成了具有浓郁地域特色的新型文化,不仅巫鬼崇拜盛行,而且道、佛宗教信仰初步形成。江西成为中国儒、释、道最早融汇、兴盛的地区之一。

一、巫鬼崇拜的盛行

南方吴楚地区,盛行崇巫卜、重鬼神之风,具有悠久的历史传统。据考古发现,早在良渚文化时代,吴地就巫风盛行。春秋战国时期,南方崇信巫鬼风俗便相当盛行。①《国语·楚语》曰:"自公子以下至于庶人,其谁敢不齐肃恭敬致力于神。"正是这一民俗风尚的反映。因之举凡天神、地祇、人鬼乃至自然万物,均系祭祀、膜拜的对象,这一"淫祀"风俗直到秦汉时期仍久盛不衰。《吕氏春秋·异宝篇》载:"楚、越之间有寝之丘者,此其地不利,而名甚恶。荆人畏鬼,而越人信机。"由于虔信吉凶福祸,故仅仅由于其地名之恶而不愿居住。

秦汉时期,社会各阶层敬鬼神之风未有稍减。《风俗通义》曰:"自高祖受命郊祀祈望,世有所增。武帝尤敬鬼神,于是甚实。至平帝时,天地六宗已下及诸小神,凡千七百。"《史记·孝武帝本纪》载:"越人俗信鬼,而其祠皆见鬼,数有效。昔东瓯王敬鬼,寿至百六十岁,后世谩怠,故衰耗。"越人的鬼俗还具体表现在鸟占鸡卜的宗教仪式上。《史记·孝武帝本纪》载:"是时(汉元封二年初),南越既灭,越人勇之乃言:越人俗信鬼,而其祠皆见鬼,数有效。昔东瓯王敬鬼,寿至百六十岁。后世谩怠,故衰耗。乃令越巫立越祝祠,安台无坛,亦祠天神上帝百鬼,而以鸡卜,上信之。"楚地的敬鬼重祀之风已成为典型的地域特色。《汉书·地理志下》载:楚人"信巫鬼,重淫祀"。王逸《楚词章句》亦云:"楚国地鄙之邑,沅湘之间,其俗信鬼而好祀。"楚人是一个"信巫鬼,重淫祀"的民族,所谓"楚之衰也,作为巫音",所谓"夫人作享,家为巫史",都反映了巫觋在楚社会上扮演的角色。又据《汉书·地理志下》,吴"与楚接比,数相并兼,故民俗略同"。

值得注意的是,鬼神观念本是原始人类对未知的自然力的敬畏和探索,具有典型的地域性和粗陋性,但在有组织的政府行为参与下,这种观念得以精致化,且在全社会得以广泛的传播。秦汉特别是两汉时期,卜筮、相术、占梦、望气、风角、日月星占和杂占、谶纬等方术流行,甚至有大量的儒家学者也广泛涉及各种方术。诚如吕思勉先生所言,这些内容"后世亦恒有之,汉世所异者,则儒者信之者殊多"②。西汉武帝以后,一部分方士和儒生合流,利用和改造鬼神

---

① 李学勤:《良渚文化的多字陶文》,《苏州大学学报》1992年吴学研究专辑。
② 吕思勉:《秦汉史》,上海古籍出版社1983年版,第810页。

第五章
秦汉时期江西人物与文化

巫觋观念而制作图谶,用阴阳五行来解释儒家经传,对国家政治和社会意识产生了极其深刻的影响。东汉光武帝中元元年(56年),更正式宣布图谶于天下,成为合法的经典,称图谶为"内学",原来的经书则称为"外学"。正是统治阶级的作为,秦汉整个社会巫风弥漫,巫术盛行。应劭《风俗通义》:"(汉)武帝时迷于鬼神,尤信越巫,董仲舒数以为言。"《盐铁论·散不足》所言"街巷有巫,闾里有祝"的情形,或许就是两汉巫者充斥街巷闾里的真实写照。

秦汉以前,江西先民已有以鬼神信仰为中心的原始宗教信仰,这些原始的宗教信仰在秦汉时期已形成了规模和深入了赣地社会各层面。江西吴头楚尾,属吴楚文化圈,楚觋越巫对它都有强烈的影响。赣巫作为原始宗教文化的产物,早在殷商时期便已产生。江西新干大洋洲出土的双面神人兽面青铜头像的实物资料证明了这一点。江西是内地通往岭南陆路通道的唯一孔道,因而也成为南北文化的交合点。无论秦代向南方的大移民,还是汉代开拓南疆,都不可避免地把中原文化、习俗带入江西,因而中原文化也对本区产生不小的影响。

早期的江西"傩"就是综合中原文化、荆楚吴越文化、江西本土文化在江西地域上产生的一种文化形态。傩是以"逐疫纳吉"为宗旨,以通神驱疫,以防恶鬼"来岁更为人害"为功能的巫舞仪式——逐傩。傩相传为商汤八世孙徵制作,是先秦中原、荆楚地区的重要习俗。江西地区特殊的地理位置与文化生态,有促进傩在江西的产生、流播和植根的生存环境。有学者认为,早在先秦时期,江西傩就已出现,成为民俗的重要部分,并向周边乃至中原地区扩张,产生了较大的影响。[①]笔者认为,先秦时期江西地区或已有傩产生,但推测当时的傩当呈极原始的形态,受地理环境的影响,难以作用到中原傩文化。

秦汉时期,江西文化更受中原文化影响与作用,本区傩在新的形势下得到发展,并以明确的形态受到世人的承认。[②]南朝梁宗懔所撰的《荆楚岁时记》载:"《宣城记》云,洪矩吴时作郡庐陵,载土船头逐除"。文中所言庐陵,即今江西吉水一带;洪矩为郡守,他的逐除,亦即傩祭活动当非个人行为,而是响应中央行傩的旨意,代表地方政府组织的傩祭活动。这里清晰地表明,早在三国时期,江西地域内就已经有了"傩人所以逐疫鬼"的逐除习俗。至今仍然保存在南丰县

---

① 参见余悦、吴丽跃主编:《江西民俗文化叙论》第七章"赣傩的历史地位及文化意蕴",光明日报出版社,1995年版。

② 本段文字的叙述,参考吴尔泰《赣傩辨记》一文,文载孙建昌、吴尔泰编《民俗民艺论集》,中华文化出版社,1993年。

的《新建傩神殿碑序》也证实了这一点。《碑序》中说南丰的跳傩"既载周礼,复志鲁范,延今历三千年,传递勿替"。"周礼""鲁范",都是中原文化的核心"礼"。这无疑指明了南丰傩受到了中原文化的影响。必须指出的是,《宣城记》所述三国时期江西傩祭习俗的形成无疑是一种文化心理长期积淀的结果,而秦汉两代应该是最有条件产生这一结果的时代。由于秦统一中国,汉代进入了封建制度完善、发展与经济文化全国交流融合的重要阶段,使中原文化和江南文化的融合获得了前所未有的机运和强有力的推动力。在这样的文化背景下,傩在包括江西在内的南方地区有了新的发展。

秦汉两代傩风炽盛,政府以政令方式推动傩祭。《吕氏春秋·季冬》中有政府"命有司大傩",民间便有"岁前一日击鼓驱疫厉之鬼,谓之驱除,亦曰傩"的记载,表明秦代政府设置了管理傩事活动的职事部门,民间的傩事也已成习俗。秦朝实行"书同文""车同轨""行同俗",作为秦帝国一部分的江西,理所当然地要与朝廷保持一致,执政朝廷的命令。因此秦朝朝廷推崇的重典之傩事,不可能不在江西推行。据《后汉书·礼仪志》,汉代傩祭一仍前朝,朝廷宫室依然"方相氏掌蒙熊皮,黄金四目,玄衣朱裳,执戈扬盾,帅百隶而时难('难'通'傩')",所谓时傩,即按照规定时间来举行傩祭。汉代朝廷同样以政令的方式向全国推行傩祭。在宫室傩祭时,命"百官府各以木面兽能为傩人师",地方政府当无例外。江西在汉初即已建治豫章郡,且倚为南方屏障,故牧守多是皇室贵胄,或名将重臣。他们当然奉行朝廷敕令,在自己的辖区内推行傩祭,这恐怕也是毋庸置疑之事。当代在南丰县发现的一份关于赣傩起源的珍贵资料《金沙余氏傩神辨记》称:"……汉代吴芮将军,封军山王者……对丰人语曰:'此地不数十年,必有刀兵。盖由军山耸峙,煞气所钟,凡尔乡民,一带介在山輒,必须祖周公之制,传傩以靖妖氛。"吴芮是秦末汉初江西地区的著名人物,在秦朝为"番令",曾随天下大势反秦功成而被汉封长沙王。《辨记》所言符合历史。吴芮传傩,正是秦朝政府推行傩祭的遗风,也表明秦末汉初,江西已有傩祭活动。汉代,傩祭已是全民性的宗教或民俗活动,上至皇室王公贵族,下至普通百姓都普遍参与,江西地区自然也不例外。江西有傩文化的生存发展环境,受中原傩文化的影响和作用,在汉代已将零散的、依附于其他习俗之中的傩祭演变成独立的、系统的、融祭祀与娱人于一体的傩舞活动①(图5-4)。但傩至汉代末年,仍是比较纯粹的宗教信仰,并未显示出明显的世俗化倾向。

---

① 余悦、吴丽跃主编:《江西民俗文化叙论》,光明日报出版社1995年版,第275页。

第五章
秦汉时期江西人物与文化

鬼巫信仰经过奴隶社会的黄金时期,到春秋战国时期已走向没落。汉末,没落的鬼巫信仰仍流行于民间,成为社会的故陋之习。《后汉书·王符传》:当时"妇女中馈,休其蚕织,而起事巫祝,鼓舞事神,以欺细民,荧惑百姓"。秦汉时期,江西民间鬼神观念较为浓重,不仅有为驱逐鬼疫而跳傩舞的祭祀仪式,而且有不少祭鬼禳灾的神庙,如《高僧传·汉雒阳安清传》中所记的庐山宫亭湖庙所祭祀蛇神;又如东汉建安四年(199年),孙策领兵至豫章,敛兵不杀,民感其德,在西山梅岭建庙以祭。特别是,巫觋不仅在江西民间十分活跃,而且拥有相当的权威。《后汉书·栾巴传》载,豫章地区经常有奸巫横行,

图 5-4 傩神面装

捏造"郡土多山川鬼怪",恐吓居民,骗取钱财,"小人常破资产以祈祷"。巫鬼崇拜尽管是早期民众的较为自觉的信仰,有浓厚的社会基础。然而,巫鬼崇拜并不符合秦汉帝国统一文化的需要,而且有不少巫觋借助民众的迷信,掠取钱财,残害生灵,对社会经济文化造成了极其消极的影响。因而统治者有意对此进行整治。传统中国是一个重视伦理教化的国度,统治阶级总是力图把民间的宗教信仰纳入社会化的轨道,主张祭祀的对象为"法施于民""以死勤事""以劳定国""能御大灾、捍大患"等人物,其余的则为"淫祀"。所谓"淫祀",按《礼记·曲礼》的说法是,"非其所祭而祭之,名曰淫祀。淫祀无福"。对于民间的巫鬼活动,政权有选择地进行禁毁、致力于打击奸巫,汉桓帝时曾诏令"悉毁诸房祀"。"房祀"之谓,唐李善注曰:"房谓为房堂而祀者",宋代任广《书叙指南》卷一九曰:"私室淫祀曰房祀"。

江西地区因鬼巫信仰浓厚,巫觋横行,是统治者整治的重点区域。《后汉书·栾巴传》载,东汉顺帝期间(126-144年),豫章太守"(栾)巴素有道术,能役鬼神,乃悉毁坏房祀,剪理奸巫。于是妖异自消。百姓始颇为惧,终皆安之"。这里值得注意的是,栾巴是以"能役鬼神"的"道术",来整治"奸巫"的。栾巴对宫庭湖神庙(宫亭庙)的整治也是其治理神巫的重要事例。宫庭湖位于星子县东南的庐山下面,面临鄱阳湖。这片湖区,常有风浪,帆船通过,十分危险。据

《幽明录》和《神异记》记载:到宫亭庙经过的舟船,必须以财物许愿,以求保佑,才得以顺利通过。倘许愿后不报答者,便会遭神巫的惩罚。葛洪《神仙传》载:

> 栾巴为豫章太守,至郡,往庙中,便失神所在。巴曰:"庙鬼诈为天官,损百姓日久,罪当治之!"以事付功曹,巴自行捕逐。"若不时讨,恐其后游行天下,所在血食,枉病良民,责以重祷。"乃下所在,推问山川社稷,求鬼踪迹。此鬼于是走至齐郡,化为书生,善谈五经,(齐郡)太守即以女妻之。巴知其所在,上表请解郡守往捕,其鬼不出。巴谓太守:"贤婿非人也,是老鬼诈为庙神,今走至此,故来取之。"太守召之不出。巴曰:"出之甚易",请太守笔砚奏案,巴乃作符。符成,长啸空中,忽有人将符去,亦不见人形,一座皆惊。符至,书生向妇涕泣曰:"去必死矣!"须臾书生自赍符来,至庭见巴,不敢前。巴叱曰:"老鬼何不复尔形"? 应声即为一狸,叩头乞活。巴敕杀之,皆见空中刀下,狸头堕地。太守女已生一儿,复化为狸,亦杀之。

由于社会信仰巫鬼的基础远不能消除,所以这种对鬼神崇拜和民间巫觋的打击、整治往往只能逞效于一时。禁巫的果敢行为和为政举措也可能一时不被民众所接受,但在一定程度上达到了教育民众、让百姓安居乐业的效果。同时,也有利于道教、佛教等正统宗教地位的确立。

二、道教的初兴

作为中国本土宗教的道教,巫鬼崇拜以及方术、巫术是它的前身。道教在产生与发展过程中吸收和继承了民间的巫鬼崇拜以及神巫之术。秦汉时期盛行的巫鬼思想以及活跃的方士、黄老道徒则极大地促使了道教的形成。秦始皇向往神仙,不断求长生之药,方仙道兴盛。西汉初期的惠、文、景时期,倡导黄老之学,一部分文人创"黄老道"的经书,并且组织教派,形成原始道教。汉武帝之后,又有一部分方士则吸取黄老和浮屠之说,宣扬符命灾异、吉凶占应、祈福禳灾、轮回报应等,成为道教的先行者,寻仙访道之风盛极一时。汉成帝时齐人甘可忠撰《包元太平经》可能对后来的太平道产生重要影响。总之,"汉代是一个神仙思想、方术势力最盛的时代,上至帝王,下至愚民,莫不沉溺其中"[①]。江南是道教思想的发源地之一,早在春秋战国时期越地便流行黄老道家思想。至汉

---

① 郭箴一:《中国小说史》,上海书店1984年版,第40页。

第五章
秦汉时期江西人物与文化

顺帝时,方士于吉在曲阳得《太平清领书》,成为道教形成的重要经典。东汉末年会稽上虞人魏伯阳撰《周易参同契》,这是道教最系统和最有权威的丹经作品,被誉为"万古丹经王"。它表明越地早已具有道教传播和发展的浓厚的思想和文化基础。正是在这些条件的促成下,东汉中期,以"天师道"和"太平道"为标志的中国道教正式产生。

先秦以来,江西的名山大川、风景胜地,就是神仙方士和黄老道们活动的重要场所。至秦汉时期,江西已是道士们活跃之地,形成了浓郁的修真之风。"巫风大畅,鬼道愈炽"。江西地区浓厚的"尚鬼好祀""俗信鬼神,好淫祠"的习俗,而这种习俗所表达的对神灵的无限敬畏和祈求福祉的强烈愿望,以及由此产生的浓厚的宗教心理和氛围,无疑为道教开创了非常有利生存与发展的环境。在东汉有组织的道教形成之前,神仙方士的传说在江西已较为丰富。如在江西出土的东汉时期一些画像镜或神兽镜,在雕刻的花纹图案上,已有神仙的内容。[①]江西是道教的发迹和兴盛之地,有许多名山都与道教人物的活动有密切关系。如贵溪龙虎山、樟树阁皂山、九江庐山、萍乡武功山、宁都金精山、峡江玉笥山、新建西山、南城麻姑山、宁都华盖山、上饶灵山等,皆因自先秦秦汉以来的道教方士人物的活动而著名,它们成为江西道教兴盛的重要基础。

南昌市附近新建县西山(又称飞鸿山、伏龙山、南昌山、散原山、厌原山等)是江西境地最早有神仙传说之地。传说轩辕黄帝的乐官伶伦(洪崖仙人)曾隐居西山洪崖修道炼丹、创制音乐;驾鹤成仙而后为道教天台山之神的周灵王太子晋(王乔),也曾乘鸾鹤休憩于西山鸾冈。据《历世真仙体道通鉴》卷一四"梅福"条载,西汉末年,九江寿春(今安徽寿县)人梅福,字子真。少时求学于长安,专习儒学经典,尤对《尚书》《谷梁春秋》用力颇勤,因以豫章郡文学(掌管郡级学校的官)补南昌县尉。时值西汉皇权低落,外戚王凤、王莽等专权误国,残害忠良,天下灾异数见,乃上书汉成帝数王氏罪状却不为其所纳,还险遭杀身之祸。因而挂冠隐钓于豫章城南,即今之青云谱。东汉时人们在此建"梅仙祠"以祀奉梅福,清代青云谱成为江西著名道院,或与梅福有一定关系。西汉平帝元始年间(1—5年),梅福知王莽必篡汉室,乃弃妻入飞鸿山深处学道修真,远避尘世。为纪念其高风亮节与仰慕其仙名,人们便在山岭上建梅仙坛,山岭下建梅仙观,并改飞鸿山为梅岭。相传,此后梅福先后到抚州之麻山、丰城县、峡江之玉笥山、宜丰之梅墩等地,最后终于吴门市(今吴城镇)。南宋绍兴二年(1132

---

① 李科友:《江西的封建社会考古》(上),《江西历史文物》1982年第4期。

年),高宗赐封梅福为"寿春吏隐真人";明万历三十五年(1607年)在豫章西南建吏隐亭以祀之,南昌知府卢廷选题句云:"疏草孤忠扶赤汉,湖云千载拥丹青。"此外,汉末三国之际,葛玄亦曾在西山葛仙峰修真求仙,留有葛仙坛、炼丹井、葛仙源等道家炼丹之遗迹。

庐山又名匡庐,或缘于道教传说。据周景式《庐山记》记载,传说西周威烈王时,南楚人匡俗(续)"生而神灵",有物外之志,曾在南障山虎溪结茅庐隐居,求仙学道,"时人敬事之"。某天,得仙人指引,飞天成仙,留茅庐于山下。神仙家遂将此山称之为庐山或曰匡庐山。庐山很早以来便是神仙方士活动的重要场所,据说方辅和越庐君兄弟7人也在庐山得道成仙。传说秦朝时,有十三武士,辞去官职到南方求仙,到达庐山后,又有十人去了南昌。只有唐健威、李德殳、宋刁云三人隐居庐山洞中不肯离去。一天晚上,打雷下大雨,水把洞前的沙地冲成两条小溪。溪边崖壁上有道石刻,题"神化灵溪、玉简标题,真人受旨、玉涧潜栖"十六字。因此人们把溪称作"灵溪"。三位武士后来不知所终,乡里人建三将军庙祀奉他们。又传说秦始皇三十七年(前210年),巡视南方各地,到达荆楚一带,浮江而下,路过庐山,秦始皇兴致勃勃地登上上霄峰和紫霄峰,勒石纪念。又好神仙的汉武帝元封五年(前106年),巡狩南方各地,上庐山观望气数,得知匡续成仙,顿生仰慕,遂封匡俗"南极大明公"之号,并在虎溪茅庐前立祠以祀。据说水旱疠疫,祷之皆应。另外,庐山屏风叠上的羽章馆,据说是汉武帝为仿越人祀上帝神仙以求羽化而建筑的。自此以后,庐山作为"神仙之庐"声名与地位大为显著,道教在庐山逐渐兴盛起来。

山姿奇秀、风景殊丽的江西南城西南十里麻姑山,原名丹霞山,自古为羽流、名贤栖游之地。相传秦代隐士华子期曾居此山修道,汉昭帝时(前86—75年),就有仙人浮丘公及弟子王、郭二仙在丹霞山修道。丹霞山改名为麻姑山,则与美丽动人的麻姑仙子传说相关。《古今图书集成·神异典》载,麻姑是东汉时仙人王远(王方平)之妹,她"十八九许,于顶上作髻,余发散垂至腰。衣有文采,又非锦绮,光彩耀目,不可名状,皆世之所无也"。葛洪《神仙传》中说她是建昌人,修道牟州东南姑余山。东汉桓帝时应王方平之召,降于蔡京家。如今江西的麻姑山上有会仙亭,即相传是蔡京的住宅。麻姑年十八九已得仙道,能掷米成珠。自言见东海三次变为桑田,蓬莱之水也浅于旧时,还将变为平地。后世以"沧海桑田"比喻世事变化之急剧。又相传三月三日西王母寿辰,麻姑在绛珠河畔以灵芝酿酒,为王母祝寿,称"麻姑献寿"。麻姑修道南城传说流传极广、影响

第五章
秦汉时期江西人物与文化

很大,唐代以来麻姑山被道家称为"第二十八洞天"。

峡江县玉笥山,原名"群玉山",其改名或与道教传说相关。据元虞集《清真观碑记》中说:汉武帝大肆封禅,遍历天下名山,相传曾于此受西王母"上清宝箓图",见天降白玉笥于太白峰,武帝命人前取,风雨突作,卷玉笥而去。玉笥山因此得名。早在秦时就有孔丘明、骆法通、何紫霄等10人隐居修炼于此。传说孔丘明等9人仙去,唯紫霄终隐何君洞。汉代梅福、朱孺子也曾修真于此。

赣南金精山与张丽英成仙传说相关。相传西汉初,樵夫张芒之女张丽英,15岁时在宁都县翠微峰(原名金精山)的金精洞修炼。一日,因得太极仙翁仙桃,顿忘饥渴,面发奇光,体态飘然出尘,得道飞升成仙。据晋人干宝《搜神记》载,张丽英在金精洞修炼时,长沙王吴芮征闽过宁都,闻张仙姿,遂入山求聘。张说,这翠微峰岩石中能通神仙洞天,你若能凿开一条路,我就听你的。于是长沙王发兵凿山,洞穿如瓮,果见张披发仰卧洞天石鼓峰下,众人疑其已死,不料紫云涌起,张白日飞升,于空中语吴芮:"吾为金星之精,特降治此山耳。"据说张丽英曾作《金精十八章》,其五章云:"石鼓石鼓,悲哉下土。自我来观,生民实苦。哀哀世事,悠悠我意。不可敌兮王威!不可夺兮予志!有鸾有凤,自舞自歌。为何不去?蒙垢实多。凌云烁汉,远绝尘罗。世人之子,于我何仟!暂来会期,运往即乖。父兮母兮,无伤我怀!"诗歌表现出张丽英的悲世情怀与追求修道成仙的坚强意志。因张丽英于金精山修炼成仙,后乡人建仙女庙以祭,因女仙"应民祈雨有灵",金精山名声大彰,慕名而来修道、朝拜、云游者不断,遂使金精山成为道教圣地,宋真宗时被道家列为第三十五福地,宋徽宗崇宁年间赐封张丽英为"灵泉普应真人"。

宁都、乐安县境的大华山,俗称华盖山。据《天下名山志》云:西汉文帝时(前179—164年)浮丘真君就在华盖山传授王、郭两弟子"三五飞步术,九一上清法"和修道炼丹,历尽艰苦,直到魏景元时(260—263年)才功德圆满,得道成仙。自此,华盖山成为江西有名的道教胜地。

位于萍乡市和安福县境南部的武功山,相传早在汉时就有"泸、潇二仙人在此撼蛟"。当时山名"泸潇山"。之后有蜀人姓武者夫妇南来泸潇山隐居修炼,后皆"同日化去",乡人因其姓武,遂改山名为"武功山"。之后又有葛玄入武功山炼丹修真。武功山遂成道教名山。

樟树阁皂山是江西著名的道教胜地。相传道教创始人张陵,在汉永元二年至永建元年(90—126年),曾到过阁皂山修炼,立坛于阁皂山西峰之西坑挂壁峰,俗称"天师坛"。阁皂山真正著名,则是与灵宝道的始祖葛玄的活动密切相关。葛玄(164—244年),字孝先,丹阳句容人,从小酷爱老庄之学,安闲淡泊,内足无求,徜徉山林,周旋于括苍、南岳、罗浮、金精、玉笥、武功、天台等名山胜景之间,欲择一修道炼丹宝地,凡23年,历22处。《抱朴子·金丹篇》说他曾从左慈学道,受太清、九鼎、金液等丹经,道法高深。东汉建安七年(202年),葛玄入阁皂山,见其"形阁色皂,土良水清",灵芝百草,信手可得,喜为"神仙之宅",乃于东峰之下结庐筑坛,修道炼丹,采药行医,删集灵宝经诰,撰成多种道教早期文献。葛玄在阁皂山,前后40余年。在这期间,以阁皂山为中心,先后往返去过豫章西山、萍乡武功山、修水幕阜山、铅山葛仙山等名山修道,最终在阁皂山得道,"羽化成仙"。仙逝之后,被后世道徒尊称为"太极仙翁""葛仙翁"。

东汉末年,上饶灵山道教也逐渐兴起。生于东汉延熹五年(162)的河南颍川人胡昭,自幼博学能文,矢志不仕。为避袁绍征辟,隐于陆浑山中,钻研道学。曹操闻之,以中书令招聘。昭自陈一介书生,于军国无用,投簪而去。不久,他携全家渡江南下,至上饶灵山大济村,将家小安置好以后,即到百谷峰养真岩结庐隐居。胡昭自号松谷老人,继续悟道,采药煮茗,并建炉炼丹,以济乡人沉疴。孙吴太元元年(251年),昭于养真岩无疾而终,享年90岁。胡昭死后,据传他的仙踪不断在各地出现,显灵佑民。胡昭侄子胡超,出生于东汉中平二年(185年),幼年好学,博古通今,遁迹不仕,常遨游名山大川,访道求仙,曾得一异人授辟谷之法。后随胡昭南下,隐于灵山拥笔峰修道成仙。据大济《胡氏宗谱》载:超练就灭祟之法,有回生丹药,是灵山神医。超肉身成仙后,不知其踪。西晋泰始元年(265年),太子得奇疾不愈,武帝召天下良医,超往治之,于是病除。帝问曰:"神医何方人氏?"超答:"吾乃豫章灵山拥笔峰道士胡超也。"言毕腾空而去。晋武帝感其救太子之功,遂封胡超为"胡公真人",拥笔峰为"道士仙峰"。

三、龙虎山天师道的奠基

龙虎山天师道与中国道教组织创始人张陵密切相关。张陵(道教称为张道陵),字辅汉,沛丰邑(今江苏丰县)人。张陵自小读书,是一位勤学苦练、博览群书的儒生。由于东汉中后期社会黑暗,知识分子难以有正当出路,张陵遂不愿为官,于汉章帝建初五年(80年)转而学道,为黄老道徒。黄老道奉事太上老君,习老子五千文、黄帝九鼎丹法等,又传《太平经》。传说张陵辞官后,即入庐山修道,追求长生久视。后来云游天下,到过延陵(今江苏常州)季子(吴国王子季

第五章
秦汉时期江西人物与文化

札)庙。《酉阳杂俎》记载:"齐建元初,延陵季子庙中得木简,长一尺,广二寸,有字隐起曰'庐山道士张陵拜谒'。木坚白,字黄。"据《汉天师世家》卷二,张陵为了学道和创教,一生四处奔走,先后隐居修炼于浙江、安徽、河南等地的名山大川,均不得道。在汉和帝永元初年(90年),"独与弟子王长从淮入鄱阳,……溯流入云锦山,炼九天神丹,丹成而龙虎见,山因以名,时年六十余,饵之益壮……暨访西仙源,得制命五岳,檄召万灵及神虎秘文于壁鲁洞。复往嵩山石室,得《三皇内文》《黄帝九鼎丹书》及《太清丹经》。乃曰:昔禹平水土,益焚山泽,功垂万世。今地道失宁,妖厉不诫,吾徒无益,闻巴蜀沴气为灾,当往除之。"又据葛洪《神仙传》,当张陵思索以道益世时,"闻蜀人多纯厚,易以教化,且多名山",于是携弟子入蜀学道、布道、创教。所以道书曾有赞曰:"龙虎山中炼大丹,六天魔魅骨毛寒。自从跨鹤归玄省,道法兴隆济世间。"此外,据元人赵道一《历世真仙体道通鉴》卷一九云:"真人王长,不知何许人。从张一真人(张陵)学。真人住云锦山,散群弟子。惟王长习天文,通黄老,留侍左右。长遂负书行歌,同真人住云锦山。日侍真人,服丹战鬼,积行累功。"又《古今图书集成·神异典》引《女仙传》说:"三天法师张道陵之妻,同隐龙虎山修三元默朝之道。"还有清同治《安仁县志》承前记载说:"汉末道宗张道陵云游全国名山胜迹,寻觅洞天福地作为修真之所,路过县境云锦溪时,张陵登高环视,不禁赞叹说:'这里必有奇境!'于是逆溪水而上,抵达云锦洞,洞旁有天然岩穴,即在穴中设鼎炼丹。"至今龙虎山多处留下了张陵修道炼丹的遗迹和传说故事。其中炼丹岩前的丹灶、濯鼎池、试剑石、西仙源、碧鲁洞、天师草堂等遗迹依然存在。

张陵在龙虎山地区炼丹修道从事创教活动达30多年,当受江西地域文化的影响。他于汉顺帝时由江西带领弟子入蜀,汉安元年(142年)在鹤鸣山(今四川仁寿,一说四川崇庆)声称受太上老君之命,封为天师之位,得新出"正一盟威之道",遂造作道书,尊老子为教主,招收弟子,设立二十四治式的教区,诛伐巫教;又外以神明符咒,内用医药之术为人治病消灾,颇得群众信服,遂创立了中国最早的道教组织——天师道。因受其道、求其医者,辄出信米五斗,故民间还称早期天师道为"五斗米道"。天师道组织的创立,标志着中国道教的形成。天师道是以"道"为最高信仰、以符箓斋醮为手段,追求长生不死、成仙了道为最高目标的一种宗教团体。天师道为张陵教团自称,因其传正一盟威之道,故亦名正一道。张陵死后,其子张衡、其徒张修、其孙张鲁继续推行其道。张氏祖孙三代后来被称为"三张"或"三师"。《历世真仙体道通鉴》卷一九说张陵称天

图5 张道陵像

师,其长子衡称嗣师,衡长子鲁称系师。《笑道论》说:"陵传子衡,衡传子鲁,号曰三师。"张陵祖孙三代和张修的天师道,属于早期天师道。

早期天师道信奉的基本经典是《道德经》,以及相传是始于张陵、由张鲁完成的宗教演绎《道德经》而来的《老子想尔注》(亦称《老君道德经想尔训》)。《老子想尔注》发挥老子思想,并汲取河上公解《道德经》的某些内容,把老子提出的"道",进行了神圣化和人格化的解释,认为"道即是一",而"一散形为气,聚形为太上老君,常治昆仑,或言虚无,或言自然,或言无名"。太上老君由此和至尊之道合二为一,被尊为最高之神。《老子想尔注》要求人们信行"真道",奉持"道诫",认为"道至尊,微而隐,无状貌形象",道是至高无上的,神秘的,具有人格意志,是凌驾于人间之上的主宰之神。道能够"设生以赏善,设死以威恶"。如果人们按道的训诫去做,就可以"积善成功,积精成神,神成仙寿",最后得道成仙。在社会政治思想方面,《老子想尔注》和《太平经》一样,积极吸收黄老学说,强调"太平",认为治国之君务修道德,忠臣辅佐在行道,道谱德溢,太平就将到来。同时,它把儒家的伦理价值观和道教的修仙相结合,将《老子》崇尚道德、轻

第五章
秦汉时期江西人物与文化

贱忠义的观点改造成肯定仁义忠孝,以适应政教合一的需要,同时也获得整个社会的宽容。《老子想尔注》撰成,标志着道教宗教理论建设进入一个新的阶段,在道教史上有深远的影响。

值天下强力者纷纷割据的形势,张鲁在汉中建立政教合一的地方政权,道官祭酒既管教务,又管政务。据《三国志·张鲁传》载,张鲁自称"鬼君",初入教者称"鬼卒",教中设"祭酒",分别统领信徒。百姓有病,令自首其过。犯法宽容三次后方用刑。又在路旁设立义舍,放置米肉,行人量需取用。张鲁统治巴、汉近30年,使天师道得以比较稳定地发展。但是,东汉建安二十年,统一北方的曹操率兵十万,进攻汉中,张鲁投降。曹操将张鲁所治之民迁离汉中至中原地区,对天师道施行利用与限制的统御策略。此后,天师道科律废弛,组织濒临瓦解,发展趋于停滞。直到张鲁之子张盛定居江西贵溪龙虎山,隐居传教,对天师道教进行改革,开创龙虎宗,天师道才又得以崭新的面目继续发展下去。

据元人赵道一编修的《历世真仙体道通鉴》卷一九:"(张)盛,字元宗,历奉车都尉、散骑侍郎,封都亭侯,尝喟然叹曰:'吾先世教法,常以长子传授;而诸兄皆不娶,可使至此无传乎?'西晋永嘉中,夜望大江之东,有瑞气彻天。谓其妻曰:'是可成吾丹矣'。乃弃官南游,至鄱阳郡,望之曰:'近矣。'即山行五日,至一处,山岭秀丽,登而喜曰:'吾得之矣。'山顶有真人丹穴、井灶存焉,乃昔日炼丹修养之地,遂就其井穴左右结庐。居一年,卢氏来寻之。遂与同居此山(原注:一云卢氏携一子自蜀来处山之下)。居九年,丹成,一日尸解而去。人呼其龙虎,子孙多居山之北。"《元史·释老传》:"正一天师者,始自汉张道陵,其后四代曰盛,来居信之龙虎山。"《汉天师世家》记其事说:魏太祖(曹操)征汉中,感系师张鲁封府库退居南山有德,拜鲁为梁、益二州刺史,封镇南将军关内侯,食邑三万户。鲁"固辞不受,谓使者曰:'吾修道士也,世慕冲举,裂土之封非所领也',请还印绶。一日召嗣子盛,以经箓剑印授之曰:'龙虎山,祖师玄坛在焉。其地天星照应,地气冲凝,神人所都。丹灶秘文,藏诸岩洞,汝宜往宣吾化,修炼累功。'"又说:"四代天师,讳盛,字元宗,系师第三子也。初居南郑,克志精修,父命嗣教。魏世祖封奉车都尉、散骑侍郎,加都亭侯,不受。携印剑经箓自汉中还鄱阳龙虎山。"

汉末张盛南下龙虎山,①主要是迫于形势。曹操征服张鲁之后,接着对天师道实行羁縻与管理相结合的政治策略,为了约束和防止天师道的自由发展,强迫大量天师道徒迁徙到北方魏地,置于曹魏政权的控制之下。这样一来,天师道的组织被瓦解了,其在汉中和北方继续自由传教都已经成为不可能。因此,张鲁在临终之前,考虑到天师道以后的出路,就派嗣子张盛带上作为天师继承者象征的印剑经箓,不远千里回到祖天师张陵曾经修炼过的地方——江西龙虎山。张仁晸《留侯天师世家宗谱》记第43代天师张宇初言,"汉末而下居龙虎山者,岩栖谷隐,修炼以自筹"。天师道移居龙虎山后,由于开始处于隐遁自保的状态下,不显于时。但张盛住龙虎山,却奠定了龙虎山天师道发展与兴盛的基础。据《汉天师世家》所载,张盛"得祖天师玄坛及丹灶故址,即其地为居。以三元日自登坛传箓以授四方学道之士。动千余人,自是阐为科范率以为常。"张盛居龙虎山后,还在张陵炼丹处建起祠庙,即后来的"正一观",又在附近建了传箓坛,尊奉张陵为掌教"正一天师",并以《正一经》为主要经典,遇三元日登坛传箓,以授四方学道之士。因此,张盛回到龙虎山,不仅使天师道中心由巴蜀转移到江西,而且使原有的龙虎山道教重振。

张盛回归龙虎山,使中国道教尤其是江西道教有了比较稳定的发展基地,传至唐末,已成为著名于世的天师道"龙虎宗",元代受朝廷敕封,称正一道,在中国道教史上居于极其重要的地位。龙虎山也成为正一道的祖庭,成为天下修道寻仙者的重要参访、流连之胜地。

四、佛教的初步传播与发展

佛教传入中国,始于西汉末年。《三国志·魏书》卷三〇注引《魏略·西戎传》:"哀帝元寿元年(前2年),博士弟子景庐受大月氏王使伊存口授浮屠经。"这是迄今发现佛教传入中国的最早记录。早期佛教得到中国封建统治者的崇信、重视和提倡。《后汉书·楚王刘英传》载,汉光武刘秀之子刘英"喜黄老,学为浮屠,斋戒祭祀"。东汉明帝永平十年(67年),派郎中蔡愔、博士弟子秦景等去

---

① 关于张盛南下龙虎山的时间有数种观点,主要有东汉末年说、西晋永嘉末年说。近年江西道教学者郭树森先生通过比较全面的考证后认为,汉末说较为有力。笔者认同汉末说。关于郭氏论证,参见其著《道教文化钩沉》之《张盛南下龙虎山考》一文(华夏翰林出版社 2005 版);《江西省宗教志》(方志出版社 2003 年版)第 173—174 页,亦有相类似的说明。另,有人认为张盛并没南下,而是终于洛阳。参见刘昭瑞:《考古发现与早期道教研究》,文物出版社 2007 年版,第 46—50 页。

第五章
秦汉时期江西人物与文化

图 6 安世高像

印度求佛法。他们在大月氏遇到天竺僧迦叶摩腾、竺法兰,将他们迎来中国,用白马驮着佛经到了洛阳,建起白马寺,翻译出了《四十二章经》。桓帝、灵帝时期,有更多的西域僧人来华译经,传扬佛法,影响日渐广大。值得注意的是,先秦、秦汉时期的鬼神观念包括鬼魂报应生人和精灵转世投胎观念,与佛教也有相合相通之处,这为佛教在中国生长提供了良好的心理土壤。

江西佛教大约也始于东汉中后期,与全国佛教传播发展的先进区域同步。据清光绪《江西通志·胜迹略·寺观》记载,汉明帝永平年间(58—75年),僧祖印于长江边的彭泽县建安禅寺;桓帝元嘉元年(151年),僧如志在赣东北的浮梁县建双峰寺。另据清道光《临川县志·寺观》载,赣东临川县于东汉章帝时(76—88年)建起白山寺。这一时期江西出现僧迹佛寺,可以算得上是中国最早的一批寺院,说明江西是中国佛教传播的最早区域之一,并不受其地理蛮荒状况的制约。不过,学术界对这些寺院是否真的存在或建筑得如此之早,还是存在疑问。"考虑到初始僧侣的流浪生存形式,以及江西的佛寺建筑历史的阶段性,这些早期寺院的建造可能十分简陋,也许只是一种聊蔽风雨的草寮而已,既然其僧有法名流传,后人为他修寺以资纪念,也许是情理之中的事了"[①]。

江西僧流与佛寺究竟确切来于何时、起于何地虽难以定论,但从佛教典籍

---

① 段晓华、刘松来:《红土·禅床——江西禅宗文化研究》,中国社会科学出版社2000年版,第10页。

中查找线索，则有西域僧人安世高，大约于东汉灵帝建宁末年来到江西，留下了传法足迹。据南朝梁僧祐《出三藏记集》载，安世高名清，世高其字，本是安息国（今伊朗一带）的太子，自幼聪敏俊异。"后王薨，将嗣国位，乃深悟苦空，厌离名器，行服既毕，遂让国与叔，出家修道。""既而游方弘化，遍历诸国，以桓帝之初，始到中夏。"安世高自东汉桓帝建和二年（148年）到灵帝建宁末年（172年）居洛阳，毕二十余年光阴与精力，精通了华语，潜心译介佛典，共译有《佛说大安般守意经》《阴持入经》等三十余部。

安世高的佛教理论体系属小乘佛学的禅数之学。禅，即禅定、静虑和禅观之意。僧尼通过坐禅入定产生的智慧，领悟到佛祖所示的人生观与世界观，从而息心获得智慧与解脱，臻达涅槃寂静的最高精神境界。"数"谓"数法"，指阿毗昙（意译为对法、无比法、胜法，因以数把教法分类，故译数法，也译作"论"，是对《阿含经》或教法的论释），对佛教基本理论概念分类多系上数字，如四谛、八正道、十二因缘、五蕴、十八界等。阿毗昙学在佛祖涅槃后一二百年即盛行，属于"说一切有部"理论体系。安世高宣扬小乘佛教教义和数息止观的坐禅修持方法，对后世禅学产生了一定的影响，对唐代江西成为禅学重心当也有一定的作用。安世高所传的《阴持入经》《安般守意经》、大小《十二门经》《大道地经》等诸经，既注重对名相概念的分析推演，亦强调修习行法的实践功夫，从教义佛理和戒律禅法两方面引导人们崇向佛国。尤其深具影响的是《安般守意经》，当代名僧太虚法师在《佛学入门》中说："安氏既由修禅定起诸神通，智慧亦大，使人对之起仰慕信崇，此经遂为当时修禅之根本法。"由于汉代社会盛行神仙方术，小乘禅法的"神通"境界与道家的得道升仙在普通百姓心目中无甚区分，可说同样具有吸引力，而安世高的"坐禅数息"的修习方式多少与当时的道家方士们提倡的"吐纳养气"的修炼方式相似，所以他宣扬的坐禅法不仅成为早期中土佛教修持的主要方式，更是作为一种外来的神仙方术而被普通百姓所接受。安世高的译经传道，极大地推动了汉末佛教的迅速传播与发展。

大概是在汉灵帝末年，由于洛阳一带发生战乱，他离开中原，沿长江而下往江南传化。先至今江西境的浔阳、庐山、豫章等地，后游历浙江会稽因被人误伤而亡。安世高下江南的过程中，江西境内的活动是重要的一页。《高僧传》卷一《汉雒阳安清传》载，安世高振锡江南时，云"我当过庐山，度昔同学"。当安世高与商旅一行行船达宫亭湖庙（宫亭庙）时，船受风阻。众人奉牲请福祈祷时，身为蟒蛇的宫亭湖庙神遂请安世高入庙，并告诉安世高说："吾昔外国与子俱

第五章
秦汉时期江西人物与文化

出家学道,好行布施,而性多瞋怒,今为宫亭庙神,周回千里,并吾所治,以布施故,珍玩甚丰,以瞋恚故,堕此神报。今见同学,悲欣可言。寿尽旦夕,且丑形长生,若于此舍命,秽污江湖,当度山西泽中。此身灭后,恐堕地狱,吾有绢千匹,并杂宝物,可为立法营塔,使生善处也。"安世高遂"梵语数番,赞呗数契",超度蟒蛇,将其化身为少年。其后即取绢物,辞别而去。此后,"庙神歇灭,无复灵验"。安世高超度庐山宫亭湖庙神的故事,体现出因果报应的思想及学佛者所应去除的障碍,同时也在一定程度上表明了安世高在进入赣地之后弘法的曲折过程,新兴的佛教为了宗教利益已展开了对民间神灵的整治。安世高以法术超度宫亭湖庙神(蟒蛇),类似道教方术之作为,显示出早期佛教趋附中国文化的性格特征。事实上,初入中土的佛教对社会风俗的影响基本上集中于社会上层,人们对佛教的理解也仅限于修性和长生成仙。①

据上引《高僧传》,安世高过庐山后获取宫亭湖庙的财物后,"便达豫章,即以庙物造立东寺",此东寺即后名大安寺。清光绪《江西通志·胜迹略·寺观》云:"大安寺在省城北,初名东寺,西域僧安世高,本安息国王子,避位来此,遂名大安寺。"将二书所记结合起来考察,安世高在南昌弘法驻锡而造寺,这是较为可靠的汉代江西寺院史料。安世高尽管在江西过境而稍事盘桓,在江西佛教史上却是相当显著的足迹,奠定了江西作为佛教重要区域的基础。在安世高建豫章东寺后,东汉末期,相继有僧来江西弘法建寺。赣县契真寺,相传肇建于东汉灵帝时期(168—189年),初名"弃假寺",址于今赣县田村上村上北天竺山,继而改名"契假寺"。据清同治《奉新县志·寺观》载,白云寺,东汉献帝建安年间(196—219年),兴建于奉新县南乡虬峰。肇始人失考。清同治《湖口县志》载,武安禅林,传为东汉建于湖口大垅乡花尖山。这些寺院的建立,表明佛教在江西境内已有一定的发展和规模。

总之,东汉中后期,佛教已在江西地域弘传、发展,虽主要集中于交通相对方便的区域,却对后来佛教在江西境内的广泛传播起着相当的影响和作用,在佛教史上当占有一定的地位。

秦汉时期,江西巫风盛行,是全国有名的"淫祀"区域之一。无论是道教还是佛教的发生、发展与传播,都是立足于在本区巫鬼信仰的基础之上。由于江西处于南部中国较为重要的地理位置,是荆楚文化、吴越文化、巴蜀文化、岭南文化、中原文化传播融汇之地,使它较早地形成了中国特色的地域文化——儒、道、

---

① 彭卫、杨振红:《中国风俗通史》(秦汉卷),上海文艺出版社2002年版,第617页。

佛三家融汇的最早的地区之一,却依然留存着浓郁的巫鬼崇拜。秦汉江西佛、道的发展与传播,奠定了江西成为中国古代佛、道重要地域的基础。秦汉时期,巫鬼、佛、道精神在赣地弥漫传播,相互作用,综合影响,深入赣民之心灵。当然,随着江西道教、佛教的不断发展,有意识地限制、打击巫鬼信仰,以扩占自己的信仰区域,能使道、佛精神思想渐入民心,并对本区的巫鬼崇拜产生一定的消解作用。尽管如此,本区的巫鬼信仰亦吸收了源于佛道二教的若干神祇,内涵得到丰富发展,外观越发斑斓多彩,成为亦巫、亦佛、亦道的新型神巫体系。

附录

附表一 江西考古发现的汉代墓葬一览表

发现地点	数量（座）	所属区域	墓葬时代	出土文物类别	发掘时间（年/月）	材料来源
南昌市	1	赣中	东汉	陶案、罐、青瓷小碗、铜钱等	1958.3	李科友：《江西考古调查发掘大事记》，《江西历史文物》1986年8月增刊
南昌市	2	赣中	汉代	陶器、铜器、铁器、铜钱	1958.4	同上
南昌市	9	赣中	东汉	陶器、铜器、铁器	1958.6	同上
南昌市青云谱	2	赣中	东汉	陶器、铜器、铁器	1959.12	同上
南昌市青云谱	8	赣中	汉代	陶器、铜器、铁器及鎏金铜瓿、鎏金合、银环	1960.	同上
修水县上奉乡	1	赣西	西汉	陶器、铁器	1961.2	同上

续表：

发现地点	数量（座）	所属区域	墓葬时代	出土文物类别	发掘时间（年/月）	材料来源
永新县埠前乡	1	赣西南	东汉	陶器、铁器	1963.11	李科友：《江西考古调查发掘大事记》，《江西历史文物》1986年8月增刊
南昌市老福山	1	赣中	西汉	木椁、漆器、木器、铜器、玉器等	1964.10	同上
南昌市	1	赣中	东汉	陶器、铜器、铁器、铜钱（货泉、五铢钱）	1964.12	陈文华：《南昌市郊清理东汉墓一座》，《文物工作资料》1965年第2期
南昌市东郊	1	赣中	东汉	铜器、铁器、陶器、青瓷器及金戒指、石珠、铜钱等	1965.1	陈柏泉：《南昌东郊发现一座东汉墓》，《文物工作资料》1965年第1期
南昌市丝网塘	1	赣中	汉至六朝	陶器、青瓷器、铜器、铁器及五铢钱等	1965.1	薛翘：《南昌市丝网塘清理一座汉墓》，《文物工作资料》1965年第3期
新建县梦山水库东侧	14	赣中	东汉	陶器、铜器及五铢钱	1965.10	李科友：《江西考古调查发掘大事记》，《江西历史文物》1986年8月增刊

附录

续表：

发现地点	数量（座）	所属区域	墓葬时代	出土文物类别	发掘时间（年/月）	材料来源
樟树市郊武陵	2	赣中	东汉	陶器、青瓷器、铁器及红铜印等	1972.3	黄颐寿：《江西清江武陵东汉墓》，《考古》1976年第5期
南昌市塘山乡	13	赣中	西汉	铜器、象牙手镯、玉璧及陶器、滑石器、青瓷器等	1973.1	江西省博物馆：《南昌东郊西汉墓》，《考古学报》1976年第二期
南昌市老福山	1	赣中	西汉	铜戈、石鼎及陶器	1973.9	程应麟：《第四机床厂人防工地发现西汉墓一座》，《文物工作资料》1973年第5期
南昌市青云谱	1	赣中	东汉	陶器、铜器及五铢钱	1973.10	余家栋：《南昌市青云谱发现东汉墓》，《文物工作资料》1973年第6期
萍乡市	1	赣西	东汉	陶器、铜器、铁器	1974.冬	《萍乡市郊区清理一座东汉墓》，《文物工作资料》1976年第4期
修水县渣津	1	赣西	东汉	陶器、铁器及黛砚等	1976.1	余家栋：《修水渣津发现东汉墓》，《文物工作资料》1976年第1期
九江县玉兔山	3	赣北	东汉	铜器、铁器、青瓷器、陶器	1980.5	梁蒿立：《九江县玉兔山发掘一批古墓葬》，《江西历史文物》1981年第1期

续表：

发现地点	数量（座）	所属区域	墓葬时代	出土文物类别	发掘时间（年/月）	材料来源
赣州市蟠龙乡	1	赣南	东汉	画像砖2幅及陶器、铁器等	1980.10	薛翘、张嗣介：《赣州发现汉代画像砖墓》，《江西历史文物》1891年第3期
乐平县凤凰山	1	赣东北	东汉	陶器	1980.冬	罗瑞祥：《乐平清理一座汉墓》，《江西历史文物》1987年第1期
南昌市郊区京山、招贤、塘山等乡	4	赣中	东汉	铜器、铁器、陶器及金戒指、玉剑佩、五铢钱等	1973—1980	唐山、志凡：《南昌地区的四座东汉墓》，《江西历史文物》1981年第2期
上犹县梅水乡	11	赣南	东汉	陶器、铁器	1982.3—4	李坊洪：《上犹县东汉墓群的调查》，《江西历史文物》1984年第2期
万载县大桥乡	1	赣西	东汉	陶器、铁器	1982.7	刘建等：《万载县曾家湾东汉墓》，《江西历史文物》1983年第3期
南康县蓉江镇	1	赣南	西汉	陶器、铜器	1982.9	黄谟彬：《南康县清理一座西汉墓》，《江西历史文物》1984年第2期

附录

续表：

发现地点	数量（座）	所属区域	墓葬时代	出土文物类别	发掘时间（年/月）	材料来源
永新县江畔乡	1	赣西南	东汉	青铜棺椁、玻璃器	1982	李志荣：《永新古墓出土青铜棺及玻璃器》，《江西文物》1991年第3期
南昌市老福山	1	赣中	西汉	青瓷器、陶器和五铢钱、"大泉五十"等	1983.1	许智范：《南昌市老福山西汉墓》，《江西历史文物》1983年第3期
于都县岭背乡	2	赣南	东汉	画像砖	1983.4	万幼楠：《江西于都发现汉画像砖墓》，《文物》1988年第3期
南昌市青云谱	1	赣中	东汉	青瓷器、铜器、五铢钱等	1983.10	许智范：《南昌考古散记》，《江西历史文物》1984年第1期
宜春市厚田乡		赣西		不详	1983.春夏间	李科友：《江西考古调查发掘大事记》，《江西历史文物》1986年8月增刊
湖口县象山	1	赣北	东汉	陶器、青瓷器及石杵 有砖铭"永初七年九月""永初四年七月"	1983.11	杨赤宇：《湖口县象山东汉纪年墓》，《江西历史文物》1986年第1期
宜春市白泥山	1	赣西	西汉	木椁、陶器、铜器、青瓷器	1984.11	黄颐寿：《宜春西汉木椁墓》，《江西历史文物》1986年第1期

续表：

发现地点	数量（座）	所属区域	墓葬时代	出土文物类别	发掘时间（年/月）	材料来源
高安市城郊		赣中	战国两汉	不详	1985.春	李科友：《江西考古调查发掘大事记》，《江西历史文物》1986年8月增刊
瑞昌市横港乡	2	赣北	东汉	青瓷器	20世纪80年代上半叶	刘礼纯：《瑞昌县发现两座东汉墓》，《江西历史文物》1985年第1期
乐安县戴坊镇	1	赣中	西汉	铁器、铜器、清瓷器及陶器残片	1986.春	黄爱宗、梁爱民：《乐安出土的古兵器》，《江西文物》1989年第3期
都昌县	墓群	赣北	汉代	陶器、铜器	1986	王友松：《都昌县的汉墓》，《江西历史文物》1986年第2期
宜春市下浦乡	墓群	赣西	汉代	陶器、清瓷器、铜器、铁器、银器及五铢钱等	1988.5—9	江西省文物考古研究所、宜春市博物馆：《江西宜春下浦坝上古墓群发掘报告》，《江西文物》1991年第2期
宜春市南庙乡	1	赣西	东汉	陶器、铜器、铁器及五铢钱	1989.9	曾和生：《江西宜春东汉墓清理简报》，《南方文物》1993年第3期

附录

续表:

发现地点	数量（座）	所属区域	墓葬时代	出土文物类别	发掘时间（年/月）	材料来源
赣县三溪乡	2	赣南	东汉	青瓷器、陶器、铁器	1990.2	赖斯清:《江西赣县三溪东汉墓》,《南方文物》1993年第1期
德安县九冈岭	9	赣北	东汉	铜器、铁器、石器、陶器及铜钱等	1993.5—8	江西省文物考古研究所、江西省德安县博物馆:《江西德安九冈岭汉墓群》,《南方文物》1998年第3期
定南县焦坑乡	1	赣南	东汉	陶纺轮、画像砖、	1995	赣南地方历史文化研究室:《南方文物》2001年第4期
樟树市薛家渡	1	赣中	东汉	陶器、青瓷器	1996.7	江西省文物考古研究所、江西省樟树市博物馆:《江西樟树薛家渡东汉墓》,《南方文物》1998年第3期
南康县三益乡	1	赣南	东汉	青铜器	1996	赣南地方历史文化研究室:《南方文物》2001年第4期

续表:

发现地点	数量(座)	所属区域	墓葬时代	出土文物类别	发掘时间(年/月)	材料来源
高安市碧落山	3	赣中	西汉	原始瓷坛、木耳杯、陶盂、陶纺轮等	1998.8	江西省文物考古研究所、江西省高安市博物馆:《江西高安碧落山西汉墓》,《南方文物》2002年第2期
新余市	1	赣中	西汉	青瓷器、陶器	2001.8	徐若华:《江西新余发现西汉墓》,《南方文物》2005年第4期
新余市南安乡	1	赣中	东汉	铁匕(墓已被盗)	2001.8—9	《江西新余东汉窑炉、东汉至隋唐墓葬清理简报》,《南方文物》2003年第2期
安福县枫田镇	3		东汉	铜器、陶器、铁器及五铢钱、琉璃鼻塞等	2002.5	安福县文化局:《江西安福枫田清理东汉墓》,《南方文物》2004年第1期
南昌市昌北区	1	赣中	东汉	不详	2002.9	《南昌发现一座距今约2000年的汉墓》,《江南都市报》2002年9月2日

附录

续表：

发现地点	数量（座）	所属区域	墓葬时代	出土文物类别	发掘时间（年/月）	材料来源
南昌市昌北区	2	赣中	东汉	铜器、陶器、青瓷器	2003.8	《大型汉墓惊现南昌昌北》《南昌汉墓旁边发现又一座古墓》，《信息日报》2003年8月20、30日
南昌市昌北区	3	赣中	东汉	陶器、铁器	2003.10	《〈三座晋墓洪城重见天日〉追踪：墓室主人是东汉富人》，《江南都市报》2003年10月0日
南昌市昌北区	1	赣中	东汉	陶器、铁器	2006.6	《〈工地挖土机"惊醒"六朝墓〉追踪：第一件文物出土"身份"难辨》，《江南都市报》2006年6月5日
新余市珠珊镇	1	赣中	东汉	对角几何纹、钱纹、鸟纹砖及陶片（墓已被盗）	2006.11	《村民修果园掘出东汉墓》，《江南都市报》2006年11月11日
莲花县工业园区罗汉山	1	赣西	西汉	"汉安成侯印"金质印章和陶器、铜器、金器、玉器、铁器等	2007.6	《莲花发现汉景帝之孙墓》，《江南都市报》2007年6月6日

附表二　江西出土汉代钱币一览表

发现地点	发现时间	出土概况	材料来源
南昌市	1958.3	铜钱	李科友：《江西考古调查发掘大事记》，《江西历史文物》1986年8月增刊
南昌市	1958.4	铜钱	同上
修水县横山乡	1964.5—6	"大布黄千"24枚	薛翘、程应麟：《修水县发现战国青铜乐器和汉代铁生产工具》，《文物工作资料》1964年第4期。
南昌市	1964.12	货泉、五铢钱	陈文华：《南昌市郊清理东汉墓一座》，《文物工作资料》1965年第2期
南昌市东郊	1965.1	铜钱	陈柏泉：《南昌东郊发现一座东汉墓》，《文物工作资料》1965年第1期
南昌市丝网塘	1965.1	五铢钱	薛翘：《南昌市丝网塘清理一座汉墓》，《文物工作资料》1965年第3期
新建县梦山	1965.10	铜钱	李科友：《江西考古调查发掘大事记》，《江西历史文物》1986年8月增刊
婺源县东北	1971.秋	五铢钱，罐装，锈蚀严重	杨浩、查冠久："番汉兴"洗——汉越民族关系的历史见证》，《南方文物》1996年第1期
南昌市青云谱	1973.10	五铢钱数十枚（东汉墓）	余家栋：《南昌市青云谱发现东汉墓》，《文物工作资料》1973年第6期
南昌市郊区京山、招贤、塘山等乡	1973—1980	五铢钱数十枚（东汉墓）	唐山、志凡：《南昌地区的四座东汉墓》，《江西历史文物》1981年第2期

附录

续表：

发现地点	发现时间	出土概况	材料来源
萍乡市	1976.8	五铢钱铜范。铜钱范长15.7、宽7厘米，重1550克。此范一次可铸八枚五铢钱。可能是西汉昭帝时物品（市博物馆收购）	刘敏华：《西汉五铢钱铜范》，《江西历史文物》1987年第2期
宁都县东名公社（今东韶乡）	1979.8	汉、唐、两宋、金铜钱，共7串、71市斤、7516枚，其中汉代钱币有半两、五铢（三种）、剪轮五铢、货泉（村民建房取土时发现）	刘劲峰：《宁都县出土一批古代铜钱》，《江西历史文物》，1980年第2期
南昌市老福山	1983.1	铜钱数十枚，已锈迹粘结，可辨认"五铢""大泉五十"两种（西汉晚期墓）	许智范：《南昌市老福山西汉墓》，《江西历史文物》1983年第3期
宁都县大沽乡	1983.3	汉、唐、两宋、金铜钱共43.5公斤，其中汉代钱币有半两、五铢（两种）（村民建房取土时发现）	蒿爱华：《宁都县新出土一批古代铜钱》，《江西历史文物》1984年第2期
南昌市青云谱	1983.10	五铢钱	许智范：《南昌考古散记》，《江西历史文物》1984年第1期
乐安县	1985.9	自汉至清各代铜钱，共86公斤，约1万枚。其中两汉：五铢4枚、剪轮五铢7枚、私铸五铢1枚、新莽货泉1枚。（村民建房取土时发现）	黄爱宗、罗春生：《乐安出土一批古铜钱》，《江西历史文物》1987年1期
赣县南塘乡	1986.7	汉代铜钱，散装于罐中，部分锈蚀严重，经拣选1511枚、4.4公斤。其中五铢1498枚、磨边五铢5枚、剪边五铢5枚、新莽货泉2枚、布泉1枚。（村民发现于田圳边）	赖斯清：《赣县出土汉代钱币》，《江西文物》1989年第1期

续表：

发现地点	发现时间	出土概况	材料来源
横峰县岑阳镇	1987.10	铜钱盛于陶瓮中，原约35公斤，清理后存27公斤、8648枚，其中新莽货泉34枚、私铸五铢46枚，余皆两汉五铢。（村民挖土时发现）	黄国胜：《横峰出土汉代钱币》，《江西文物》1989年第2期
万安县	1988.3	出土20多公斤，清理1.5公斤，595枚。其中西汉四铢"半两"4枚、五铢284枚、东汉五铢210枚、磨廓五铢和剪轮五铢86枚、新莽货泉11枚。（村民盖房取土时发现）	陈凯华：《万安县发现汉代铜钱窖藏》，《江西文物》1990年第1期
靖安县官庄乡	1988.12	共15公斤，4283枚，罐装。其中大泉五十、货泉各1枚，余皆两汉三国魏晋时期五铢钱。（村民耕田时发现）	何标瑞：《靖安出土一批古钱币》，《江西历史文物》1989年第3期
宜春市下浦乡	1988.5—9	五铢钱7枚（汉墓）	江西省文物考古研究所、宜春市博物馆：《江西宜春下浦坝上古墓群发掘报告》，《江西文物》1991年第2期
宜春市南庙乡	1989.9	五铢钱4枚（东汉墓）	曾和生：《江西宜春东汉墓清理简报》，《南方文物》1993年第3期
安远县镇岗乡	1990.9	共59.2公斤、10130枚。为两汉各式五铢钱和新莽货泉、布泉。	钟荣昌：《江西安远湾里出土汉代窖藏铜钱》，《南方文物》1993年第1期

附录

续表：

发现地点	发现时间	出土概况	材料来源
高安市大城乡	1991.9	盛于陶罐，共10.5公斤、4000余枚。其中西汉四铢"半两"20枚、上林三官五铢10枚、五铢190枚；东汉早期五铢339枚、晚期五铢1222枚、"四出"五铢5枚；新莽"大泉五十"3枚、"货泉"68枚、"布泉"3枚。（村民开荒种地时发现）	肖锦秀：《江西高安大城出土汉代铜钱》，《南方文物》1998年第1期
高安市相城乡	1992.12	秦汉至两宋各代铜钱，共32公斤、15000余枚，其中大部分为两宋钱，秦汉钱币有半两、五铢、货泉、大泉五十等。（修高速公路时发现）	肖锦秀：《江西高安发现铜钱窖藏》，《南方文物》1997年第2期
德安县九冈岭	1993.5—8	五铢钱1枚（东汉墓）	江西省文物考古研究所、德安县博物馆：《江西德安九冈岭汉墓群》，《南方文物》1998年第3期
安福县枫田镇	2002.5	五铢钱8枚（东汉末年墓）	安福县文化局：《江西安福枫田清理东汉墓》，《南方文物》2004年第1期

参考文献

［汉］司马迁:《史记》,中华书局1965年版。
［汉］班固:《汉书》,中华书局1965年版。
［南朝宋］范晔:《后汉书》,［晋］司马彪:《后汉书志》,中华书局1965年版。
［南朝梁］沈约:《宋书》,中华书局1974年版。
［晋］陈寿:《三国志》,中华书局1965年版
［唐］房玄龄等:《晋书》,中华书局1974年版。
［唐］魏征等:《隋书》,中华书局1973年版。
［汉］荀悦:《汉纪》,商务印书馆,《四部丛刊》本。
［汉］刘珍等撰、吴树平校注:《东观汉记》,中州古籍出版社1987年版。
［晋］袁宏撰、周天游校注:《后汉纪校注》,天津古籍出版社1987年版。
［宋］司马光:《资治通鉴》,中华书局校点本1956年版。
［汉］氾胜之著、石声汉今释:《氾胜之书今释》,科学出版社1959年版。
［汉］氾胜之著、万国鼎辑释:《氾胜之书》,农业出版社1980年版。
［汉］桓宽、王利器校注:《盐铁论校注》(增订本),天津古籍出版社1983年版。
［汉］贾谊撰、方向东集解:《新书集解》,河海大学出版社1994年版。
［汉］崔寔著、缪启愉辑释、万国鼎审订:《四民月令辑释》,农业出版社1981年版。
［汉］刘安、张双林校释:《淮南子校释》,北京大学出版社1997年版。

参考文献

[汉]王充、黄晖校释:《论衡校释》,中华书局1990年版。
[汉]王符、[清]汪继培笺、彭铎校正:《潜夫论笺》,中华书局1979年版。
[汉]许慎:《说文解字》,中华书局1985年版。
[汉]应劭、王利器校注:《风俗通义校注》,中华书局1981年版。
[汉]刘熙:《释名》,上海古籍出版社1978年版。
[秦]吕不韦撰、陈奇猷校释:《吕氏春秋校释》,学林出版社1984年版。
佚名撰、陈直校正:《三辅黄图》,,陕西人民出版社1980年版。
周天游辑注:《八家后汉书辑注》,上海古籍出版社1985年版。
陈奇猷:《韩非子新校注》(上下册),上海古籍出版社2000年版。
[北魏]郦道元著、[民国]杨守敬、熊会贞注疏:《水经注疏》,江苏古籍出版社1999年第2版。
[北魏]郦道元著、[清]汪士铎图、陈桥驿校释:《水经注图》,山东画报出版社2003年版。
《大清一统志》,文渊阁《四库全书》本。
[晋]葛洪:《西京杂记》,丛书《稗海》明刻清修本。
[晋]常璩:《华阳国志》,巴蜀书社1984年版。
[梁]萧统:《文选》,[唐]李善注,中华书局1995年版。
[南朝梁]任昉:《述异记》,民国扫叶山房本。
[清]严可均辑:《全上古三代秦汉三国六朝文》,中华书局1958年版。
[清]王先谦:《合校水经注》,巴蜀书社影印清光绪二十三年新化三味书室刊本,1985年版。
[清]王先谦:《汉书补注》,中华书局1983年影印本。
[清]孙星衍等辑、周天游点校:《汉官六种》,中华书局1990年版。
[清]王谟:《江西考古录》,北京出版社2000年版。
[清]雍正《江西通志》,文渊阁《四库全书》本。
[清]顾祖禹:《读史方舆纪要》,中华书局2004年版。
[清]陈宏绪:《江城名迹记》,文渊阁《四库全书》本。
[清]杜文澜辑:《古谣谚》卷六九《秦始皇造陵时民歌博物志》,周绍良整理,中华书局2000年版。
[日]安居香山、[日]中村章八辑:《纬书集成》,河北人民出版社1994版。
[宋]熊方等:《后汉书三国志补表三十种》,中华书局1984年排印版。

[宋]沈括：《元刊梦溪笔谈》，文物出版社1975年版。

[宋]李昉等：《太平御览》，中华书局影印本1960年版。

[宋]乐史：《太平寰宇记》，中华书局2000年版。

[宋]赵与时：《宾退录》，上海古籍出版社1993年版。

睡虎地秦墓竹简整理小组：《睡虎地秦墓竹简》，文物出版社1978年版。

[唐]徐坚等：《初学记》（共三册），中华书局1980年版。

王明编：《太平经合校》，中华书局1960年。

王国维：《水经校注》，袁英光、刘寅生整理标点，上海人民出版社1984年版。

徐沁君校注：《新校元刊杂剧三十种》，中华书局1980年版。

杨伯峻：《春秋左传注》（全四册），中华书局1981年版。

袁珂：《山海经校注》（增补修订本），巴蜀书社1993年版。

张家山二四七号汉墓竹简整理小组：《张家山汉墓竹简》，文物出版社2001年版。

[周]管仲：《管子》，商务印书馆，《四部丛刊》本。

安作璋、熊铁基：《秦汉官制史稿》（上下册），齐鲁书社1984/1985年版。

陈文华：《论农业考古》，江西教育出版社1990年版

陈文华、陈荣华主编：《江西通史》，江西人民出版社1999年版。

陈文华编著：《中国农业考古图录》，江西科学技术出版社1994年版。

陈梧桐、李德龙、刘曙光：《西汉军事史》（军事科学院主编《中国军事通史》第五卷），军事科学出版社1998年版。

董恺忱、范楚玉主编：《中国科学技术史·农学卷》，科学出版社2000年版。

段晓华、刘松来：《红土·禅床——江西禅宗文化研究》，中国社会科学出版社2000年版。

丁毅华：《湖北通史·秦汉卷》，华中师范大学出版社1999年版。

傅筑夫：《中国经济史资料》（秦汉三国编），中国社会科学出版社1982年版。

葛剑雄：《西汉人口地理》，人民出版社1986年版。

葛剑雄：《中国人口史》第一卷，复旦大学出版社2002年版。

郭箴一：《中国小说史》，上海书店1984年版。

郭树森：《道教文化钩沉》，华夏翰林出版社2005版。

江西省宗教志编纂委员会:《江西省宗教志》,方志出版社2003年版。
何光岳:《百越源流史》,江西教育出版社1989年版。
黄今言:《秦汉赋役制度研究》,江西教育出版社1988年版。
黄今言:《秦汉经济史论考》,中国社会科学出版社2000年版。
黄今言:《秦汉商品经济研究》,人民出版社2005年版。
黄今言主编:《秦汉江南经济述略》,江西人民出版社1999年版。
霍印章:《秦代军事史》(军事科学院主编《中国军事通史》第四卷),军事科学出版社1998年版。
梁家勉主编;《中国农业科学技术史稿》,农业出版社1989年版。
李国强、李放主编:《江西古代科学技术史》,海洋出版社2007年版。
林剑鸣:《秦汉史》,上海人民出版社1989年版。
林剑鸣主编:《秦汉社会文明》,西北大学出版社1985年版。
刘昭瑞:《考古发现与早期道教研究》,文物出版社2007年版。
吕思勉:《秦汉史》,上海古籍出版社1983年版。
吕思勉:《吕思勉读史杂记》(上下),上海古籍出版社1982年版。
马植杰:《三国史》,人民出版社1993年版。
彭卫、杨振红:《中国风俗通史·秦汉卷》,上海文艺出版社2002年版。
彭明瀚主编:《江西省博物馆文物精华》,文物出版社2007年版。
祁守华编:《中国古代煤炭开采利用轶闻趣事》,北京煤炭工业出版社1996年版。
[日]岐阜县美术馆编:《中国江西省文物展(图录)》,(日本)株式会社大冢巧艺社1988年版。
孙建昌、吴尔泰编:《民俗民艺论集》,中华文化出版社1993年版。
谭其骧主编:《中国历史地图集》第二册,中国地图出版社1982年版。
唐长孺:《魏晋南北朝史论丛》,三联书店1955年版。
田昌五、漆侠主编:《中国封建社会经济史》(第一卷),齐鲁书社/文津书社1996年版。
王子今:《秦汉交通史稿》,中央党校出版社1994年版。
王鹏飞:《王鹏飞气象史文选》,气象出版社2001年版。
王水根:《赣文化通志·考古篇》,江西教育出版社2004年版。
吴宗慈主编:《江西古今政治地理沿革图》,江西省文献委员会1937年7月印行。

谢世俊:《中国气象史稿》,重庆人民出版社,1992年版。

许怀林:《江西史稿》,江西高校出版社1993年版。

严耕望:《中国地方行政制度史》(甲部),《秦汉地方行政制度》,台北中央研究院历史语言研究所1997年版。

余悦、吴丽跃主编:《江西民俗文化叙论》,光明日报出版社1995年版。

余伯流、陈荣华主编:《江西经济史》,江西人民出版社2004年版。

余家栋:《江西陶瓷史》,河南大学出版社1997年版。

中国秦汉史研究会编:《秦汉史论丛》第六辑,江西教育出版社1994年版。

中华书局编辑部编:《云梦秦简研究》,中华书局1981年版。

周銮书主编:《江西历代名人传》,百花洲文艺出版社2002年版。

周振鹤:《西汉政区地理》,人民出版社1987年版。

周振鹤:《汉书地理志汇释》,安徽教育出版社2006年版。

后 记

东汉桓帝延熹二年(159年),曾任豫章太守的尚书令陈蕃在举荐徐稚时,称豫章是"江南卑薄之域",此话虽有些偏颇,但道出了当时中原人对江西地区的普遍印象,也反映了豫章郡在朝廷政治地位的卑微。此种认识形成之因,一是豫章地区确实开发晚、起点低,与中原地区差距较大;二是先秦时期鄙视南方、以"荆蛮"概称楚国观念的延续。受此影响,秦汉史书多不关照豫章,便可以理解了。因而,《江西通史·秦汉卷》虽已完稿,却明显给人以"先天不足"之感,正如我在本卷引言中说的那样,材料的缺失"是我们碰到的最大难题",它"既不像先秦卷文字记载几乎空白,却有厚实的考古资料苦苦支撑","又不如魏晋以后特别是唐宋以后各卷,常为材料取舍而犯愁"。在这种情况下,要把零散的史料与单薄的考古材料结合起来整合成卷,其中的苦楚我们深有体会,而书中的不足则唯愿读者理解并教正。

《秦汉卷》的撰写任务最初由赵明和我承担,我们共同拟定了全书的初步框架并提交了本卷样稿,后因赵明工作繁忙被迫中断写作,编委会考虑到本卷编撰的难度,特请原江西省考古研究所所长许智范和江西师范大学历史系副教授温乐平参与编写。《隋唐五代卷》作者陈金凤教授亦欣然相助,加入了本卷的编撰队伍。这使一度陷于焦虑不安的我,走出困境,重新振作。

本卷除引言共分五章,具体分工为:许智范撰写第二章第三节、第四章第一节,并多次通览全稿,指正错谬;温乐平撰写第三章第一节、第五章第二节并修改增补第四章第三节;陈金凤撰写第五章第四节并修改增补第五章第一、

二、三节；卢星撰写引言、第一章、第二章第一、二节、第三章第二、三节、第四章第二节初稿、第五章第一节，同时承担全书框架的修订、统稿以及附表的编制、地图的制作修改及图片的整理工作。

尤其需要说明的是，本卷的完成不仅仅是各位作者通力合作、辛勤笔耕的结果，更是《江西通史》编委会成员、工作人员、出版社编辑人员以及江西考古界同仁心智和汗水的结晶。在写作过程中，总主编钟起煌始终给予关心、指导和鼓励；副总主编邵鸿、彭适凡、方志远和总编室主任孙家骅对本书初稿细心审阅、绳愆纠谬，提出过不少建设性意见。出版社编审林学勤、游道勤对书稿文字体例不当乃至史料错漏之处，多所匡正。插页彩照及书中插图多幅选自赵可明所摄《江西省博物馆文物精华》和［日］岐阜县美术馆编《中国江西省文物展（图录）》；江西省考古研究所徐长青、萍乡市博物馆刘敏华、莲花县文物管理所吴栋山也分别为我们提供了庐陵汉城遗址、东汉五铢钱铜范、西汉"安成侯印"等珍贵照片，为本书增色殊多。特别令人难忘的是，恩师周銮书在弥留之际，用饱含勉励的目光、细若游丝的语气再三嘱咐我，要读通"四史"，挖掘材料，用心去做。谆谆教诲，刻骨铭心！

在本书即将付梓之际，谨向所有关心、支持、帮助、指导过我们的师友、同仁致以谢忱！

卢星
2008年8月
于江西师范大学

图书在版编目(CIP)数据

江西通史.秦汉卷/钟起煌主编;卢星等著. —南昌:
江西人民出版社,2008.12(2017.8重印)
(江西通史/钟起煌主编)
ISBN 978-7-210-04026-2

Ⅰ.江… Ⅱ.①钟…②卢… Ⅲ.江西省-地方史-秦汉时代 Ⅳ.K295.6

中国版本图书馆 CIP 数据核字(2008)第 213101 号

江西通史·秦汉卷

卢星 许智范 温乐平 等著
责任编辑:林学勤
封面设计:同异文化传媒
出版:江西人民出版社
发行:各地新华书店
地址:江西省南昌市三经路 47 号附 1 号
学术出版中心电话:0791-86898330
发行部电话:0791-86898815
邮编:330006
网址:www.jxpph.com
E-mail:swswpublic@sina.com web@jxpph.com
2008 年 12 月第 1 版 2017 年 8 月第 3 次印刷
开本:787 毫米×1092 毫米 1/16
印张:16.625
字数:280 千字
ISBN 978-7-210-04026-2
版权所有 侵权必究
定价:60.00 元
承印厂:江西华奥印务有限责任公司印刷